取悦症

不懂拒绝的老好人

［美］哈丽雅特·布莱克（Harriet Braiker）著 姜文波 译

机械工业出版社
CHINA MACHINE PRESS

图书在版编目（CIP）数据

取悦症：不懂拒绝的老好人 /（美）布莱克（Braiker，H. B.）著；姜文波译．—北京：机械工业出版社，2015.6（2024.6 重印）
书名原文：The Disease to Please：Curing the People-Pleasing Syndrome

ISBN 978-7-111-50494-8

I. 取… II. ①布… ②姜… III. 人际关系学 – 通俗读物 IV. C912.1-49

中国版本图书馆 CIP 数据核字（2015）第 128823 号

北京市版权局著作权合同登记 图字：01-2010-3814 号。

Harriet B. Braiker. The Disease to Please：Curing the People-Pleasing Syndrome.
ISBN 0-07-138564-9.

取悦症：不懂拒绝的老好人

出版发行：机械工业出版社（北京市西城区百万庄大街 22 号 邮政编码：100037）
责任编辑：董凤凤
责任校对：董纪丽
印　　刷：固安县铭成印刷有限公司
版　　次：2024 年 6 月第 1 版第 16 次印刷
开　　本：147mm × 210mm 1/32
印　　张：10.25
书　　号：ISBN 978-7-111-50494-8
定　　价：59.00 元

客服电话：（010）88361066 88379833 68326294

目录

第三部分 情感逃避型“好人”

治愈取悦症的 21 天行动计划

前　言

1999年6月，我以嘉宾的身份参加了一场讨论“不懂拒绝的老好人”的“奥普拉脱口秀”。奥普拉向观众们介绍说，她本人也长期受到这种行为的困扰，尽管她付出了巨大的努力，但这种“毛病”却很难克服。而且，她和我一样相信，还有非常多的人被这种自我强加的压力折磨，牺牲了自己的健康和快乐来换取别人的满意。

我从很多年以前就开始关注这一主题了。我曾经做了25年左右的临床心理学者，在这期间，我治疗过数百位有这样困扰的来访者，**他们总是把别人的需要摆在第一位，从来不会对别人说“不”，始终在争取周围每个人的认可，努力想让除了自己以外的每个人都高兴，这种强迫症已经严重地扰乱了他们的生活，可以称得上是一种“取悦症”**。

我的第一本书《E型女性》（*The Type E Woman: How to Overcome the Stress of being Everything to Everybody*）强调指出，想要使每个人都满意是造成女性紧张的一个根源。自那以后，就相关的主题我又写了一些书籍和论文。

但是，在上这个节目之前，我并没有打算写本书，可以说，是奥普拉直接促使我做出了这个决定。在录制节目的过程中，奥普拉先后两次转向我说：“哈丽雅特，你的下一本书应该以此为主题。”我要感谢她的建议和鼓励。

本书关心的不是那些偶尔才会竭力想让别人满意的人。事实上，为了讨好别人而不懂得拒绝是一种让人衰弱的心理疾病，会造成影响深远的严重后果。

在我从事临床实践的25年里，我的来访者一直在给我带来知识和灵感。他们不管是女性还是男性，都促使我对这种疾病给受害者的健康、人际关系以及生活质量造成的危害有了更深刻的理解。这些来访者让我始终坚信，通过有针对性的努力，凭着对改变的渴望，人的心灵一定能克服取悦症以及很多其他的障碍，重新拥抱快乐。

本书中的案例分析都来自我接待过的来访者，当然，出于保密和隐私的考虑，案例没有使用真实姓名，细节也做了改动。我相信，这种只有真实生活才能提供的色彩和深度，一定会让本书变得更充实、更有价值。

怎样从本书中得到最大收获

本书基于很多小的步骤，将帮助你逐步摆脱恼人的取悦症。你可以这样开始：

首先，你不用从头到尾地阅读本书。如果你像我所知道的大多数习惯于取悦别人的“好人”一样，那么我想你目前可能非常忙。我在写作本书的时候就考虑到了读者时间紧张的问题。

你可以先阅读第1章，然后再完成真相小测验：你有“好人情结”吗？这个测验将帮助你分析自己，准确地找出最重要的根源，揭示你是哪种类型的“好人”，是认知型、习惯型还是对消极情感的逃避型。（跟大多数“好人”们一样，你多半同时受到这三种因素的影响，但其中的一种可能是主导因素。）

在知道了自己所属的类型之后，如果你眼下没时间读完全书，可以直接跳到跟你关系最大的部分：**认知型“好人”、习惯型“好人”或者情感逃避型“好人”**。然后，如果你已经做好了准备，就可以直接进入治愈取悦症的21天行动计划。要实施行动计划，最有效的方法就是每天一个步骤，连续 21 天完成。请记住：积跬步才能至千里——不要急于求成。

阅读本书你最好准备一支荧光笔，用来标出那些让你深有感触或者对你意义重大的章节、段落、故事、语句和领悟。请尽管在书的空白处写下你的想法和“但愿如此”。在你最需要安慰、指引和安全感的时候，请合上你的书。

本书对于需要你特别注意的那些内容做了特别标识。当你发现还有其他内容对你特别重要时，可以自己画上箭头或星号加以标记。

当你已经开始康复，而且也有了空闲时，请回过头去翻阅那些最初略过的部分，并重新阅读那些对你最有帮助的章节。

请记住，你并不孤独，这个世界上还有成百上千万和你一样的取悦者。你可以考虑在自己的社区内成立互助小组，以便你和其他同病相怜的人可以互相帮助。

在本书出版的同时，我也在着手创建 www.diseasetoplease.com 这个网站，希望借此平台提供更多信息，帮助当地社区成立互助小组，并为大家提供一个发布消息和提出问题的场所。如果你也关心这个主题，欢迎你访问这个网站，跟其他已经克服此困扰或者正在为此而努力的人一道，相互交流和学习。

我期待你通过这个网站提出你的任何问题，分享你有关为了使别人满意而无法说“不”的经历，我热切地希望本书能带给你帮助，这也是我的写作初衷。

哈丽雅特·布莱克（Harriet B. Braiker）

加州洛杉矶

第 1 章

取悦症三角形：讨好他人的代价

你是个“滥”好人吗

如果你跟大多数不懂拒绝的老好人一样，那么你可能已经知道这个问题的答案了。而且，如果你正遭受这种“好人情结”的折磨[㊀]，那么你会更关心有没有方法改变，而不是“好人”这个标签儿本身。

但是，千万别急着跳过本章。你会发现下面的小测验很有帮助：不仅能帮你判断你的“好人情结”的严重程度，而且还能帮你确定你是哪种问题类型的“好人”。

你很快就会知道，这些根源可以分成三类：认知型、习惯型以及情感逃避型。弄清楚自己的病根在哪里，这将有助于你有的放矢，以便你的改善和恢复能尽快达到最大效果。

下面的小测验共有 24 项，可以测试你的取悦倾向，以及找出那些让你的取悦症越发严重的根本原因。请仔细阅读每一项，确定其中的描述是否符合你的情况。如果符合或基本上符合，就选择“符合”，如果不符合或基本上不符合，就选择“不符合”。不要想得太多，也不要费力气分析每个问题。你的回答只需反映读完每项描述之后的直觉判断。

㊀ 也可以指取悦症（Disease to Please）。

测验：你有“好人情结”吗?

1. 让我生活中几乎每一个人都喜欢我，这对我极为重要。　符合 / 不符合
2. 我认为发生冲突一点儿好处都没有。　符合 / 不符合
3. 我应该始终把自己喜欢的人摆在第一位，而把自己的需求摆在第二位。　符合 / 不符合
4. 我希望自己能避开冲突和对抗。　符合 / 不符合
5. 我常常为他人做得太多，甚至听任自己被别人利用，就为了能让别人不以其他原因拒绝我。　符合 / 不符合
6. 我需要别人的认可。　符合 / 不符合
7. 对我来说，接受有关自己的消极情感，这要比表达对于他人的消极情感容易得多了。　符合 / 不符合
8. 我相信，如果我为别人所做的一切能让他们需要我，那么我就不会被孤立。　符合 / 不符合
9. 我痴迷于帮助和取悦他人。　符合 / 不符合
10. 我竭尽全力避免跟家人、朋友或同事发生冲突或对抗。　符合 / 不符合
11. 在我为自己做任何事情之前，我多半会尽我所能地先让他人满意。　符合 / 不符合
12. 我几乎从来不会为了保护自己而跟他人对抗，因为我非常害怕激起愤怒或冲突。　符合 / 不符合
13. 如果我不再把他人的需求摆在第一位，那么我会变成一个自私的人，大家就不会再喜欢我了。　符合 / 不符合

14. 不管跟谁正面对抗或冲突，这都会让我感到非常焦虑，甚至会令我生病。　符合 / 不符合
15. 对我来说，即使是表达建设性的批评也非常困难，因为我不想让任何人生我的气。　符合 / 不符合
16. 我必须始终让别人高兴，哪怕不考虑自己的感受。　符合 / 不符合
17. 为了让自己值得别人喜欢，我必须随时付出我的全部。　符合 / 不符合
18. 我相信好人会赢得他人的认可、喜爱和友善。　符合 / 不符合
19. 我必须满足他人对我的所有期望，绝不让他们失望，即使我知道他们的某些要求是过分的、无理的。　符合 / 不符合
20. 有的时候我感到，我为别人做那么多好事，似乎就是为了讨好他们，以“换取”他们的喜爱和友好。　符合 / 不符合
21. 任何有可能会让别人生气的言行，都会让我感到非常焦虑和不安。　符合 / 不符合
22. 我很少把工作派给别人。　符合 / 不符合
23. 当我对别人的请求或需求说“不”时，我会感到内疚。　符合 / 不符合
24. 要是我没能做到随时付出我的全部，我会觉得自己是个坏人。　符合 / 不符合

打分和解释

你的“好人情结”有多严重？这个问题的答案要看你测试的总分。统计一下你选择“符合”的个数，那就是你的总分。请参照下面给出的分数范围来解释你的取悦症程度：

- 总分在 16 ~ 24 分：如果你的分数落在这个范围，那么你的好人情结根深蒂固，已经非常严重了。你可能已经感受到，取悦症在严重损害你的情感和生理健康，以及你的人际关系。幸运的是，你目前的痛苦可以成为康复计划中强大的动力，不过，你必须马上行动，治愈顽疾，重新掌控自己的生活。
- 总分在 10 ~ 15 分：如果你的总分落在这个范围，那么你已经有较严重的好人情结了。要打破这种有害的模式，你必须要在它进一步恶化之前，专注、努力地做出改变。
- 总分在 5 ~ 9 分：如果你的总分落在这个范围，那么你有不太严重的好人情结，你已经对自我亏待倾向有了一定的抵抗力，然而，你取悦于人的习惯仍然有可能威胁你的健康和幸福。你要强化自己的意志力，争取完全摆脱它。
- 总分低于 4 分：如果你的总分低于 4 分，那么目前来看，你可能只有轻微的好人情结，甚至完全没有。然而，应该警惕的是，取悦症是自我强化的循环，能够迅速地发展，并突然摧垮你对自己生活的控制感。作为一种预防措施，你可能希望事先了解它。

你是哪种类型

为了确定你的好人情结的主要根源，你需要按照三类根源把上述测验项目分成三组，看看自己每组各得多少分。

1. 想知道自己是不是更多地受取悦于人的**思维**（或者说心态）控制，请把1、3、5、8、13、17、18和24这8个题作为一组，然后数数自己选择了多少个“符合”。
2. 想知道自己是否主要受取悦于人的**习惯**（或者说行为）支配，请把6、9、11、16、19、20、22和23这8题作为一组，数数自己选择了多少个“符合”。
3. 想知道自己是不是主要受制于取悦于人的**情感**（或者说感受），请把2、4、7、10、12、14、15和21这8题作为一组，数数自己选择了多少个“符合”。

得分最高的那个组别，就是给你造成取悦问题的主要根源：

- 如果你得分最高的组别是思维或心态，那么你就是一个**认知型的“好人”**；
- 如果你得分最高的组别是习惯或行为，那么你就是一个**习惯型的“好人”**；
- 如果你得分最高的组别是情感或感受，那么你就是一个**情感逃避型的“好人”**。

如果你有两个或三个组别的得分并列最高，那么就意味着你的取悦症没有唯一的主要根源。对你的取悦问题而言，并列的两类甚至所有三类原因都同等重要。

取悦症三角形

接下来让我们分析一下，取悦症的三个心理要素是怎样组合在一起的。这三个要素构成了一个三角形，行为、思维和情感是三条边，而且它们彼此互为原因和结果（见图 1-1）。例如，强迫行为受畏惧和逃避情绪驱动，并由扭曲的、有缺陷的思维所支持。同样，焦虑情绪可以引发逃避行为，而逃避行为反过来又跟有缺陷的或错误的思维方式有关系。

图 1-1　取悦症三角形

取悦症三角形可以说明，为什么你在思维、行为或情感上做出小改变，就能让你的取悦症康复过程取得大的进展。因为这三条边是相互联系的，所以任何一条边上的小改变，都将引起整个三角形的改变。

既然你已经了解了你的取悦症三角形，你就能够控制好自己的改变过程，确定改变的主次先后。

认知型“好人”

如果你是一个认知型“好人”，那么你就会陷入沉重的自我亏待心态中，使得自身的取悦症问题一直持续。如果你属于这一类型，那么驱使你取悦于人的动力就是这种思维定式：**你需要并且必须争取让每一个人都喜欢你**。你坚持认为，他人的需求必须高于你自己的需求，而你衡量自尊和定义自我的依据，就是你为他们做了多少。

当你有取悦于人的心态时，**你相信讨好能让你免遭他人的拒绝以及其他刻薄的对待**。而且，在把苛求的规则、严厉的批评以及完美主义的期望强加给自己的同时，你还渴望普遍的认可。总之，你因思维而陷入了这种定势，如今则在很大程度上需要靠思维康复。因此，你的努力应该首先专注于理解和纠正取悦于人的心态。

习惯型“好人”

如果你是一个习惯型“好人”，那么你就会被迫牺牲自己的需求而照顾他人的需求。如果你属于这一类型，你就会**为他人做得太多，几乎从来不说“不”**，很少给他人派活儿，并且会变得无力招架、疲于应付。这些自我亏待、导致压力的模式，既损害你的健康和你最亲密的人际关系，同时还会牢牢控制你的行为，因为它们的驱动力是你过度的需求——你需要每一个人的认可。如果你符合这些描述，那你最好把努力的重点放在理解和打破取悦于人的习惯上。

情感逃避型“好人”

对这一类型来说，取悦症主要是因逃避令人害怕和不安的情感而导致的。如果你属于这一类型，那么你会发现，别说真的跟他人发生有火药味儿的对抗和冲突了，仅仅是有这样的预感都会让你非常焦虑。

你的取悦综合症主要是作为一种逃避策略，意在保护你自己，让你不再畏惧愤怒、冲突和对抗。但是，正如你可能已经知道的，这种策略有缺陷。由于逃避模式会持续存在，所以你的畏惧非但不能减弱，反而会增强。

因为你逃避难以应付的情感，所以你从不给自己机会学习怎样有效地处理冲突，或者怎样恰当地应对愤怒。结果，你非常轻易地把控制权交了出去，交给了那些通过恐吓和操纵来支配你的人。

因此，如果你的取悦症的主要根源是情感逃避，那么你的改变过程最好先以取悦于人的情感为重点。你应该努力克服畏惧，更好地理解和应对愤怒及冲突；你的这些努力将给你带来巨大的回报。

最后，也可能在你的取悦症中，没有哪一个根源或者说哪一条边更突出。如果是这样，那么对你的病症而言，取悦于人的心态、习惯和情感就起着大致等同的作用。因此，你可以在任何一个方面开始自己的改变过程，效果是一样的。

尽管大多数好人们能在自己的困境中找到一个突出的因果特征，但是你要记住，取悦症三角形有三条边。你渴望并且也必须尽快找到有效的办法，解决这个令人苦恼的问题。要想有个主次先后地开始你的改变过程，找到最主要的根源是最有效的方法。

然而最终，为了彻底、永久地康复，你需要在思维、行为和情感这三个方面全面解决自己的问题。为此，本书给出了治愈取悦症的 21 天行动计划，旨在帮助你纠正错误思维，打破不良习惯，克服畏惧情感，从而彻底根治这种难以对付、令人沮丧的取悦症。

取悦于人的隐藏代价

取悦于人是个古怪的问题。乍看起来，它可能根本不像问题。事实上，“好人”这个字眼儿给人的感觉更像是恭维话，或者像是讨人喜欢的自我描述，你可能巴不得像荣誉勋章一样戴着它呢。

不管怎么说，想办法让别人高兴，这有什么不对的呢？我们不是都应该努力让自己所爱的人，甚至还有自己非常喜欢的人高兴吗？要是能有更多的好人，我们的世界肯定会更美好，是不是？

“取悦于人”对很多人来说是个动听的词，但其实质却是严重的心理疾病。

取悦症是一种强迫的甚至成瘾的行为模式。作为一个“好人”，你会感到你被取悦他人的需求控制了，你对他人的认可上瘾了。与此同时，你还会感到你无法控制这些需求给你的生活造成的紧张和压力。

如果你有这些麻烦，你的取悦需求就不仅限于对他人真实的请求、邀请或要求说“行”，而是毫无原则地照单全收。你的情感定在了你认为他人想要或期待的频率上。仅仅是认为另一个人可能需要你的帮助，就足以使你忙得应接不暇。

你面临的困境是：在对他人真实或假想的需求保持高度敏感的同时，你往往还要对自己内心的声音置若罔闻。你内心的声音可能是想保护你，让你不要做出过多的承诺，总跟自己的利益过不去。

如果你是一个这样的“好人”，你的自尊就完全同你为别人做多少事、你为此有多卖力、对方有多满意联系在一起了。在你看来，满足他人的需求就是妙方，它能给你换来爱和自尊，能让你免遭抛弃和拒绝。但是实际上，这个妙方根本不奏效。

为了赢得每一个人的认可，这样的“好人”几乎会不惜付出任何代价。但是，这种认可瘾能麻痹行动。例如，当你要满足几个人的需求时，你会感到分身乏术，并且害怕遭到否定。这种害怕能让你动弹不得，不知所措：你该满足谁呢？你该怎样选择呢？要是到头来谁都对你不满意，该怎么办呢？

如果当好人代价太高

取悦者会执迷不悟地把自己看成是好人，而且认定别人也是这么看的。他们的身份就源于这种好人形象。而且，尽管他们可能相信，当好人能让他们避免跟朋友和家人发生不快，但是实际上，他们因此付出的代价还是太高了。

首先，由于你为人太好，所以别人可能会利用你的好心好意。你的与人为善可能会蒙蔽你的眼睛，让你看不到别人正在利用你。此外，为了始终保持好人形象，你就不能表现出愤怒和不悦，不管这样的情感表露多么正当。

其次，你会避免批评别人，以免被别人批评。为了避免对抗，人们太容易采取阻力最小的途径了；心理学家把这叫作“冲突避免”（conflict avoidance）。就像批评一样，对抗和愤怒也是危险的情感体验，是你无论如何都要避免的。

被自己的畏惧驱使

你的好实质上是对消极情感深深的畏惧。

事实上，取悦于人在很大程度上受情感畏惧驱使：畏惧拒绝，畏惧抛弃，畏惧冲突或对抗，畏惧批评，畏惧孤独，畏惧愤怒。你坚信只要当好人，总是替别人着想，你就能避免这些消极情感。这种防御信念的影响是双向的：首先，你利用自己的“好”来防止和躲避他人针对你的消极情感——只要你为人非常好，总是努力让他人满意，他们干吗要生你的气？干吗要拒绝或批评你？其次，为了竭尽全力地经营和表现自己的“好”，你不允许自己对他人有消极情感。

你越是认定自己应该当好人，而不是当个真实的人，你就越是会遭受怀疑、不安以及畏惧的纠缠和折磨。

他人的接受和认可似乎总是可望而不可即。而且，就算你令他们满意了，你还是会发现，你对拒绝、抛弃、愤怒或对抗的畏惧并不会因此减轻。事实上，你的畏惧会随着时间的推移而加深。

取悦症会造成心理障碍，阻止你发出和接受这些消极情感。因此，它会严重损害你极力想要满足和保护的人际关系。如果你不能表达消极情感，你的人际关系就会变得不再真实。你会被看成是平面的纸板人像，而不是立体的、丰满的、多侧面的血肉之躯。

在任何人际关系中，如果你的好不让你表达自己的不快、生气、心烦或失望，或者不让你听到他人的抱怨，那么你就没有什么机会解决双方关系出现的问题。冲突避免不是成功人际关系的要素，而是不良人际关系的严重症状。你应该认识到，人与人之间的消极情感是不可避免的，你必须学会有效地应对，而不是一味逃避。

消极情感是人类的血肉所固有的部分。从生物学的角度来说，我们必定会感受到恐惧和愤怒，而当别人想要伤害我们或者是我们所爱的人时，我们也一定会做出防御反应。如果冲突得到建设性的处理，愤怒得到恰当的表达，那么消极情感也能成为强有力的沟通工具，可以帮助我们维护现实世界中的人际关系，最大限度地消除当中的问题，增添其中的快乐。

事实上，忽视这些消极情感是非常危险的。有很多人会发现，表面上我们否认了对他人的愤怒和怨恨，但是在内心里，我们会感到焦虑、恐慌和沮丧。

受到压抑的消极情感可能会表现为偏头痛、紧张性头痛、背痛、胃痛、高血压等与紧张相关的症状。在平静的表面之下，怨恨和沮丧在翻腾，威胁着要喷涌而出，变成公开的敌视和失控的愤怒。最终，这些生理和情感问题会损害你的健康以及你最亲密的人际关系。

这样的人不止你一个。跟你一样受取悦症折磨的男女数以百万计，他们都能证明这种疾病对他们的情感、生理以及人际关系的健康造成的影响。不由自主地牺牲自己，竭力满足他人的需求，这只会让你变得越来越紧张、虚弱和疲倦。为了撑大自己的承受极限，好替别人做更多的事情，“好人”们很可能会求助于酒精、毒品或食物，用这些东西来安慰和麻醉自己。在慢性疲劳综合症、酒精和毒品滥用、饮食失调以及体重失控等问题中，我们很容易看到取悦症所起的负面影响。

作为一个经验丰富的老好人，尽管你一直在努力让每一个人高兴，但是你很少会对自己所做的一切感到满意。你会不断地扩大取悦对象的范围。这种压力以及不可避免的精力消耗，会让你产生深深的内疚和无能感，而为了压制这样的感受，你会更加努力地取悦别人。

除非你采取行动，打破牺牲自己以取悦别人的恶性循环，否则到了最后，你就会撞上众所周知的那堵墙。你的精力会耗尽，你可能会有一种彻底放弃的感觉。

你不必让事情发展到这种绝望的地步。你不希望自己极力避免的失望、拒绝和愤怒，一下子涌上来，变成公开的敌视；你也不希望把自己的愤怒憋在肚子里，造成令人麻痹的沮丧。

如果你任由取悦症的恶性循环发展下去，无能感、内疚感和失败感就会滋长。随着时间的推移，长期压抑的愤怒和怨恨会变成毒素，侵蚀甚至毁掉你所珍视的人际关系。最终，你试图避免的抛弃（“好人”们最害怕的东西）可能会变成可怕的现实。

“我已经为别人做了一切，但是没有人给我回报，”我的一个来访者痛苦地说。“我对每个人都那么好，可他们把那看成是理所当然的。”

从这个角度来说，取悦于人显然是很严重的问题。你再也不能认为自己不过是个热衷于让别人开心、为别人做事的好人而已。

但是，听起来如此单纯甚至与人为善的一件事，怎么就变得疑问重重而又如此危险了呢？取悦于人怎么会变成了病态的取悦症？

如你所知，取悦症有三个相互关联的要素：一套有关自己和他人的错误的思维和信念，强迫行为，对消极情感的逃避。这三者的结合导致了取悦症，构成了取悦症三角形。

好消息是，你能够阻止取悦症的发展，让你能够马上就改变。为此，你只需要从行为、思维或情感方面的小改变开始。因为每个改变都必然会促成下一个，所以你很快就会看到，就像码成排的多米诺骨牌一样，取悦于人的习惯会一个接一个地倒下。

你在情感、思维或行为上更多的改变会产生更好的效果吗？这是肯定的。但是，你应该保持自己的节奏，以小的步骤开始。

第一部分

认知型“好人”

前面讲过，认知型“好人”的根源问题在于：取悦于人的心态。这些心态构成你个人“思维设备”的一部分，就是你考虑取悦时用到的那部分。快速地检查一下这个设备，我们会发现很多种心理工具：思维方式、信念、自我强加的规则、有关自我和他人的预期、对自我和自尊的评价以及所有思维信息至关重要的处理方式。

取悦于人的心态存在逻辑上的缺陷和错误。它们不仅是错误的，而且是有害的、危险的，因为它们会导致沮丧、焦虑、自责和内疚等消极情感，让你陷在适得其反的紧张循环中难以自拔。

你的思维方式会对你的情感产生非常强烈的影响，而作为一个理性的人，你依靠自己的思维来控制自己的行为。取悦于人的心态是危险的，因为它们唆使你为自己取悦于人的习惯找理由，从而任这些习惯变得根深蒂固。它们还纵容你继续逃避消极及可怕的情感，而后果就是你从来没有学过克服或控制这些情感。

正如你将会看到的，在你的孩提时代，有些取悦于人的心态可能是恰当的，甚至是有益的。但如今你是成年人了，大多数这样的心态对你不利。你需要修复和纠正自己的错误思维，因为你目前的思维方式已经不再适合你了。正相反，它们把你牢牢地困在了取悦症的陷阱中。

说得形象点儿，你的头脑被自己有缺陷的、错误的思维方式毒化了，至少是被污染了。用如今的网络语言说，你的头脑中了取悦于人的病毒，它在破坏你硬盘上的大部分数据，其中包括你跟他人相处时的情感和行为。

例如，取悦于人的心态牢牢地根植于强制的当好人的自我概念中。你不仅期望别人普遍认可你无与伦比的好，而且还期望自己的内心能始终感到愉快。

“好”是取悦者的心理盔甲。在你心灵深处，你相信当好人能让你赢得别人的喜爱，能保护你免受刻薄、拒绝、愤怒、冲突、批评以及反对的伤害。但是，当你跟另一个人有了消极的相处经历（这是我们人生的一部分，是不可避免的），你的思维方式会让你感到自责。这是因为在取悦于人的心态中，如果你遭到了拒绝或受到了伤害，你会认为原因是你不够好。这种想法跟于己不利的沮丧只有一线之隔。

你会理解孩提时代留下来的这种魔幻思维。在那时，你所接受的灌输可以保护你。作为一个小孩，你的魔幻思维是正常的，可爱的，而且很可能是无害的。但现在你是大人了，这种魔幻思维是幼稚的，不恰当的，因此已经不再适合你了。

包括你自己在内，没有谁认为你是一个自私的人，这一点对取悦于人的心态也至关重要。但是，你对“自私”的界定过于广泛，而且有些重要的方面存在本质上的错误。维护自身利益跟为人自私有着重大区别。你可以选择做圣人，牺牲自己来满足家人和朋友的需要。但是，这样做并不能证明你不自私，而只能证明你喜欢伤害自己。

只要重新定义和纠正你对“自私”或“好”等词语的解释，你就迈出了从取悦症陷阱中脱身的第一步。

你可能对这些取悦于人的想法和信念忍受得太久了，以至于觉得它们就是正确的。但是，在进入下一章之前，你需要认清这样一个事实：取悦于人的心态是错误的。

在阅读这部分内容时，你的目标应该是弄清楚为什么你的想法是错的。你要坚定地对自己说，你的思维能够并且也应该纠正。探讨心态的每一章都以“态度调整”结尾，为纠正和改变自我损害的思维模式提供了可靠、具体的指导。

当你读到很多取悦症的案例时，你可能会发现自己跟他们同病相怜。有时候，我们能在别人身上看到我们在自己身上看不清的东西。当你思考这些案例以及研究我们的讨论时，请注意这些信息怎样才能直接应用在你自己身上。这些材料将帮助你形成一些重要的认识，让你更深刻地理解，用有缺陷的心理程序来处理人际关系这种重要的东西，你会付出怎样的代价。

当你改变自己的思维时，你也将跟着改变自己的情感和行为。请记住，只要纠正你的思维，只要迈出一小步，你就开启了改变的连锁反应，最终让自己从取悦症中完全解脱。

第2章

有害的思维

作为一个老好人，可能自以为自己擅长让别人高兴，但是实际上，他们的真正特长在于让自己感到痛苦、可怜、力不从心。

读到这里，或许你刚刚意识到你是多么擅长让自己难受。作为一个取悦者，你让自己听任居高临下的命令摆布，苛求自己遵守严格的个人准则，并用一些不切实际的判断标准来衡量自己。而且，你做这一切就是为了当个“好人”！

但是，你为什么不能对自己好一点儿呢？

搞破坏的“应该”

原因就在于，你的思维被很多苛求的、错误的“应该”陈述污染了，扭曲了。

这种病毒会让很多“应该”和“必须”侵入你的思维，瘫痪你的头脑计算机，破坏你的情感能力，让你无法感到快乐、满足、自信或成功。

相反，由于你一直在给自己施加压力，在苛刻地评判自己，所以你成了这种独裁控制的受害者。当你未能丝毫不差地服从自己内心的命令时，你就会让自己感到内疚、自责、沮丧、消沉。当别人不能满足你的准则中隐含的期望时，你就会感到愤怒、挫折和失望，想要指责别人。

取悦于人的10条戒律

或许，你还没有充分意识到你对自己有多苛刻。那就请你看看下面列出的取悦于人的10条戒律吧。要想达到这些要求，有谁会感受不到持续不断的压力呢?

取悦于人的10条戒律

1. 我应该总是满足他人对我的要求或期望。
2. 我应该照顾周围的每一个人，不管他们是否向我求助。
3. 我应该总是倾听每一个人的诉说，并尽力帮他们解决问题。
4. 我应该始终当个老好人，永远不伤害任何人的感情。
5. 我应该总是先人后己。
6. 我应该永远不说“不”，不管是谁给我提出什么样的要求或请求。
7. 我应该永远不让任何人失望，不管以什么方式。
8. 我应该始终保持愉快和乐观，永远不在他人面前表现出任何消极情感。
9. 我应该总是尽力让别人满意和高兴。
10. 我应该尝试永远不拿自己的需要或问题去麻烦别人。

实际上，还有一条隐藏的戒律：我应该彻底、完美地满足自己的所有这些“应该以及不应该”的期望。

7 个致命的应该

取悦于人的思维还涉及很多对他人的期望：你对别人非常好，尽力让别人高兴，因此你对别人“应该”怎样对待你也有所期望。

这些有关他人的期望，很多都属于“隐藏的应该”；也就是说，它们隐含在上述更明确的戒律中，或者是那些戒律的必然结果。然而，有关他人的“7 个致命的应该”是非常强烈的要求，当他人未能充分地满足它们时，你就会因此产生消极情感。

但是，对他人的消极情感，比如愤怒、怨恨或失望等，其表达无疑会被取悦于人的第 8 条戒律所禁止：你应该始终保持愉快和乐观，永远不在他人面前表现出任何消极情感。最终，这种自我强加的困境造成的结果是：（1）你会因为对他人的消极情感而内疚；（2）你会怪自己没能很好地让别人满意，因此没能让别人一直善待你。下面是有关他人应该怎样做的取悦规则：

1. 他人应该感激我、喜欢我，毕竟我为他们做了那么多。
2. 他人应该永远喜欢我、认可我，因为我一直在很努力地讨他们欢心。
3. 他人应该永远也不拒绝我或批评我，因为我始终在努力满足他们的愿望和期望。
4. 他人应该善待我、关心我，毕竟我对他们一向那么好。
5. 他人应该永远也不伤害我或亏待我，因为我对他们非常好。
6. 他人应该永远也不抛弃我，因为我一直很努力地让他们离不开我。
7. 他人应该永远不生我的气，因为我在竭尽全力地避免跟他们冲突、争执或对抗。

这些有关他人应该怎样、不应该怎样的规则，揭示了取悦于人的防御特征。几乎毫无疑问的是，满足或者帮助满足他人的需要，这会给你自己带来快乐和满足。不过，取悦于人的防御准则是要防止你送上的“热脸”换来他人的“冷屁股”，这似乎是一个更强烈的动机。

然而，这个准则是错误的。

别再用“应该”和“必须”强求自己

这 7 个致命的“应该”都很容易重新表述为偏好。例如，我更希望他人不拒绝我和禁止他人拒绝你的警告相比，要更加现实得多，而且还给对方留下了余地，允许对方出于个人成见而不是因为你的缺点而拒绝你。

同样，如果说别人不能离开你，这实质上是禁止他人离开。相比之下，如果你说“我更希望他人，尤其是我爱的那些人，不抛弃或者不拒绝我”，这会更加合情合理。前面的禁令暗示着你完全控制着别人能做什么，而实际情况显然不是这样。相反，后面的偏好表述包含着一种默认：他人有做出选择的自由，即使他们可能会辜负甚至伤害你。

认知疗法[1]是被普遍采用的一种疗法，旨在改变有缺陷的思维，消除由此导致的消极情绪和情感。作为这种疗法的实践者，戴维·伯恩斯等人发现，苛求的“应该”表述是思维中的一个典型缺陷，会导致沮丧、焦虑以及其他情绪问题出现。（这里的“应该表述”是一个总称，其中包括所有以“应该”、“应当”、“必须”或“一定要”开头的命令短语，以及它们的否定形式，比如“不应该”或者“不得”等。）要学着使用更灵活且更准确的偏好、接受和容忍表述，取代你原来僵硬的命令。

认为过度使用应该表述会损害情感健康和幸福，这一概念起源于

20世纪70年代，要比认知疗法早了大约30年。作为精神分析的伟大先驱之一，卡伦·霍尼[2]首先提出了“应该的暴行”（tyranny of the should），用来强调个人规则的奴役暴力。

作为理性情绪行为疗法[3]（现代认知行为疗法的前身）的创始人，阿尔伯特·埃利斯玩儿了个文字游戏，使用了动词形式的“应该”（should-ing）和“必须”（must-urbating）来传达个人要求的刺激性、破坏性影响。

按照埃利斯的观点，“友好神经质者”（包括几乎所有受焦虑、沮丧以及其他消极的情绪状态折磨的人）是“自寻苦恼的生物”，会因相信三类主要的“必须”或“应该”而让自己痛苦。[4]这三类“必须”或“应该”是：

1. “我必须把事情做好，必须让别人满意或者让某些重要的人喜欢，否则我将毫无价值。”（这种强求会导致沮丧和焦虑。）
2. “你必须友好、温和或认可地对待我，否则你就是错误的、刻薄的。”（这种强求会引发愤怒、责怪和失望。你可能会怪自己不够友好或者取悦努力不够，因此没能博得他人的认可或善意。）
3. “生活状态必须或者应该是我想的那样，否则生活就是糟糕的、不幸的或者悲惨的。”（这种强求会导致挫折、恐惧、迷茫、埋怨、愤怒、焦虑和沮丧。）

因为这些“必须”和“应该”基于强烈的需求和愿望，所以埃利斯坚持认为相信它们是人的天性。因此，问题不在于愿望或需求本身，而在于把愿望或需求表述为强制性的或苛刻的要求。

埃利斯以及其他一些认知疗法治疗师建议，应该用反映你的渴望或愿望的矫正表述来取代应该表述，就像前面我刚刚说过的，“7个致命的应该”很容易重新表述为偏好，而不使用“应该”。这样，因现实不符合错误的期望而产生的消极情绪反应也会缓和，甚至会彻底消除。

例如，你没有理由要求他人必须喜欢你或欣赏你，即使你竭尽全力地讨他们欢心。当然，能得到他人的喜欢是值得高兴的事；如果他人喜欢你是因为你的为人（包括你在待人接物中表现出的善意），而不是因为你被迫为他们所做的一切，那就更值得高兴了。

同样，你可能希望成为他人可以依赖的朋友。然而，考虑到生活中会有很多意外的事件和困境，强求自己永远不说“不”，永远不令他人失望，这样的要求实在过于苛刻，你根本无法保证。不过，你可以跟朋友表达你的意愿和偏好，为自己留下回旋的余地：有时候，由于某些你无法控制的因素，或者出于纯粹的自我保护，你可能必须对他们说“不”。

尽管你可能会去努力，但你不能把你的意愿强加给世界。

当你要求他人、世界或生活总体上应该什么样，如果你坚持苛刻僵硬的期望，那么这只会给你带来困惑、沮丧、失望甚至更糟糕的心理状态。

如果你强求他人、世界或生活以某种方式对待你，那么当他们没有或不能顺从你的意愿时（这是不可避免的），你就必然会因此感到愤怒、失望和沮丧。如果你对自己强求特定的行为或感觉，尤其是你的要求还不切实际或无法达到，那么你就注定会因此感到内疚和无能。

结论就是，唯一一件你真正应该做的事情，是尽可能地把那些“应该”从你的思维中清除。当你抛弃那些苛求的“应该”，用另外一种方式来表述你的请求、愿望或偏好时，你就会在情感上获益。

你是在忠告，还是在把你的“应该”强加给别人？

你可能有点儿意识到了你强加给自己的苛刻准则，然而，你或许不认为自己对别人挑剔或吹毛求疵。但是，当你以忠告的形式跟别人分享你那些严格的准则，告诉他们应该做什么、不应该做什么时，你好心好意的帮助就很容易被误解为自鸣得意的反对、优越的傲慢、刺耳的批评甚至是指责。

琼已经48岁了，有两个已婚的儿子和一个读大学的女儿。平生第一次，她决定寻求心理治疗，因为去年过节期间缠上她的沮丧一直折磨着她。琼说自己的情绪问题是从圣诞节时开始的，起因是家人在一年一次的节日聚餐上的谈话。

“我的家人都回来过节了，”琼解释说。“大家一起分享着我准备好的晚餐。我、我丈夫、两个儿子、儿媳妇、小孙女还有我的女儿都在。”

“吃饭时，我说了一些话，大意就是我认为自己是个大度、宽容的好人。全家人都笑了起来，只有我不明白他们笑什么。”

“我要他们一定得告诉我究竟有什么好笑的。我的儿子和女儿说，我是他们认识的最挑剔、最固执、控制欲最强的人！他们说，我的脑袋里总是装满了谁都不想听的‘免费建议’。我的女儿说我就是一部‘应该复读机’。她居然学我，说‘你应该做这个做那个’。看起来，这让每个人都觉得很好笑，除了我。那真是太让我伤心了！”

“两个儿媳妇更温和一些，但是就连她们也同意我儿子和女儿的说法。她们说，她们知道我的本意是好的，知道我只是想尽力帮助家人解决问题而已。但是她们俩也说，我让她们觉得好像她们达不到我的高标准，我的方式才是唯一正确的方式。而且，让她们俩感到不快的是，我时常跟她们唠叨怎样才能让她们的丈夫——我的儿子——开心。”

“我崩溃了，”琼说。“我从来没意识到自己的‘帮助’会给别人造成消极影响。我爱我的家人和朋友。我丈夫一直说我为别人做得太多了。有时，我会意识到我的某个孩子或朋友似乎烦我或者生我的气了，但我始终不明白那是为什么。我过去一直以为，那是因为我给他们的帮助和支持还不够，或者有可能是因为我给出的意见太诚恳了。现在看起来，似乎我的所有努力都是事与愿违。这太让我难受了，我几乎连床都爬不起来了。”

通过治疗琼的病情好转了，她也明白了她的意图是好的，但她的方法是有缺陷的。她还意识到，她的“应该”准则源自她的母亲。她承认，在她和姐妹们年少的时候，母亲也同样没完没了地给她们“善意的忠告和建设性的批评”，结果也是让她们感到不满，觉得自己无能。

琼在治疗结束时说：“尽管真相令我非常痛苦，但我还是认为，那个晚上家人给了我最好的圣诞礼物。他们让我知道了，我是在硬把自己的准则灌进他们每个人的喉咙，而那绝不是我的本意，因为我爱他们。”

你可能也像琼一样，一心想帮助和支持遇到困难的亲人和朋友。但是，让你意想不到的是，把你的“应该”强加给别人，这可能会让他们沮丧和愤怒；他们会觉得自己做得很差劲，因为那不是“你的”方式。

你还可能过于急切和热心：别人只需要你当一个同情的倾听者，你却过早地催促别人采取你的解决办法。通常，最有效的支持就是当好共鸣板，把你听到的反射回去，为你的朋友和家人营造一个安全的环境，方便他们以自己的节奏和方式思考和解决问题。

准确思维的力量

除了包含苛刻、不恰当的命令之外，“取悦于人的 10 条戒律”和“7

个致命的应该”还包含其他的错误思维，这也会导致消极情感。“应该”这种表述往往含有夸张的意味，比如“永远”“永不”或者“每一个人”等，使得原本就不切实际的命令变得更加难以实现。

绝对的词语和夸张的语言是思维扭曲的标志，而思维扭曲是导致沮丧、焦虑等消极情绪的重要因素。情绪没有对错之分，但思维却有准确与不准确之别。只要尽可能地保持思维的理性、缜密和准确，你就能最大限度地减轻情感的不适和消极的情绪。

如果你对自身和他人的看法是准确的，它们就可以给你的内心和社交生活绘制一张有效的路线图。有了正确的路线图，你就知道你在哪里、你在往哪儿去，尤其是在跟别人打交道时。相反，当你的看法不准确时，你理解自身和他人的能力就会削弱，就像一张不准确的路线图会让你失去方向感和地理方位一样。

当然，造成问题的根源是过度取悦。当你有能力控制自己取悦他人的努力时，你就已经踏上了取悦症的治愈之路。

只要把取悦思维中的“永远”和“永不”换成更和缓的语言，比如“大多数时候”“有时候”或者“很少”等，你就会大大减轻绝对或夸张的时间要求给你造成的紧张和压力。

最后，“7 个致命的应该”可以包含条件从句，把你对他人的期望（你觉得他人应该怎样对待你）跟你认为他人对你负有的义务（你相信这是你努力取悦他人的结果）联系起来。就你而言，这些有条件的准则透露出一种优越感，甚至有潜在的操纵意味。

比如，要是你直接命令一个人说“你必须喜欢我，因为我替你做了很多”，那么对方会怎样回应？当你大声说出来时，准则的强迫性就变得很明显了。

除非他人已明确表示，只要你让他们高兴，他们就会喜欢你或善待你，否则，你的条件就是单方面的，很可能注定要落空。让别人喜欢你、欣赏你，这可能是令人愉快的，但是，别人并没有这样的义务，不管你以往对他们有多好。

固执地以为你对别人好，他们就应该对你好，这只会让你对别人感到格外失望、愤怒和怨恨。

此外，条件思维是一个陷阱，会让你陷入自责和反唇相讥。如果你坚持“只要你对别人足够好，别人就会对你好”的虚假逻辑，那么当别人让你失望时，你就只能自责了。

来自过去的声音

当你在自我思想或对话中听到居高临下的“应该”时，那其实是你的良知发出的声音。在那个声音中，有你的父母、老师、哥哥姐姐、辅导员或其他权威形象，正是他们，在你人生的不同阶段，给你制定了那些一直跟着你的准则。

成年后，作为一个好人，你的良知仍然会让你顺应他人的期望。你会向别人证明，你愿意先人后己；这其实就是继续把别人奉为高于你的权威。尽管你可能在像父母一样照顾别人，并且在履行你作为成年人的义务和责任，但是你的良知仍会把你当成一个听话或不听话的孩子。

当你遵守自己苛求的“应该”准则时，你的良知会给你象征性的赞扬。但是，当你未能遵守它们时，你的良知就会自责，感到内疚。

作为一个好人，你的良知在给你双重惩罚。因为你衡量自我表现的标准是别人是否对你满意，而不仅仅是你是否对自己满意，所以你的内疚还会掺杂羞愧。对自己失望会导致内疚，而相信别人对自己失望了则会导致羞愧。

尽管作为一个好人，你既讨厌批评别人，也不想受到别人的批评，但是当你对自己尖刻起来时，你却可以非常野蛮粗暴。通常，除了更多的“应该”和“不应该”（“我本应该更努力”、“我不应该生气或怨恨”等）之外，你的自我批评独白很可能还充满了其他导致沮丧的语言和扭曲的思想。

你可能会用“自私”“自我为中心”或“不讨人喜欢”等标签来斥责和侮辱自己，甚至更野蛮地骂自己“傻瓜”“笨蛋”或“蠢货”。而且，就像一个放大或缩小的心理魔术一样，你倾向于放大或夸大自己的缺点和不足，缩小或忽视他人的毛病或恶行。

取悦于人的完美主义

做一位这样的好人很少会真正对自己满意，你渴望和需要每个人的认可，但却不肯认可你自己。

每当新的一天到来时，你仍然继续通过取悦他人来证明自己的价值。很显然，在你的心理账户中存不下做过的好事。不管你过去靠讨好和付出挣得了什么价值，你如今的反应仍像是你的价值永远很可疑，每当有新的请求或需求出现时，你的价值就要再次接受考验。这就仿佛是每天一睁眼你都觉得自己一文不名。

是什么驱使你不停地取悦他人呢？是如影随形的无能感？还是挥之不去的自我怀疑？你总是觉得自己做得不够、努力不够、付出不够或者说得不够，没能让他人真正满意。

但是，这种令人不安的无能感，其真正的根源并不是你的取悦努力或取悦能力的不足，而是在你的“应该”准则字里行间潜藏着完美主义。

别忘了我后来补充的第十一条戒律：我应该彻底、完美地满足自己的所有这些“应该以及不应该”的期望。你强迫自己坚持的完美主义标准要在两个层面上衡量。

首先，你要求自己时刻取悦每一个人。其次，你要求自己时刻保持积极的情绪。因此，即使取悦他人和拒绝自己已经让你精疲力竭了，你还是得表现出愉快、乐观的态度。万一你的情绪不小心变坏了，你也绝对不能在他人面前表现出来。

让自己坚持这样的完美主义标准，这无异于自我强加的情感虐待。

如果那听起来太夸张或者太极端，请设想有一位母亲正在命令孩子满足这样的要求。“你必须总是让我满意，”母亲严厉地对年幼的孩子说。“我提出的每个要求，我给你的每个指示，你都得赶紧照着去做，不管你当时在干什么，也不管你舒不舒服。而且，你必须时刻面带笑容，保持愉快。要是我听见你抱怨，或者看见你脸上有一丝不快，你就等着受罚吧。只要你有一丁点儿做得不完美的地方，我就再也不爱你了。听明白了吗？”

这听起来像是童话中恶毒的继母精神错乱的呵斥。或者，用更黑暗、更现实的话说，这位母亲可能是自我陶醉的“最可爱的妈咪”，在对自己的孩子进行情感和精神虐待。诚然，跟这位虚构的“母亲”比起来，你的自我对话可能不这么赤裸裸，但是你强加给自己的完美主义期望和评价标准，却绝对跟她不相上下。

在生活的不同领域给自己设定高标准，这原本没有什么不对的地方。然而，追求完美会令人沮丧，并且注定会失败。相反，追求卓越会给人以激励，因为这个目标是可以实现的。

态度调整：搞破坏的“应该”

请集中精力用下面的纠正措施来对抗搞破坏的“应该”。在你这样做的过程中，请记住阿尔伯特·埃利斯的建议，尽量避免使用“应该”和“必须”来苛求自己和别人。

★ 每当你的思维被“应该”“应当”“必须”和“一定要”所污染时，它就会变得刻板、僵硬、极端。灵活、适度、平衡的理性思维会更有利于你。

★ 把你的“应该”强加给他人，这是胁迫和控制的做法。相反，你要试着使用“我更喜欢……”“……可能会更好”或者“我希望你……”等说法，代替“你应该”“你不应该”等操纵和强迫的说法。

★ “取悦于人的10条戒律”以及“7个致命的应该”是苛刻的规则，想完全遵守几乎是不可能的，而且那也不会让你开心。至于你喜欢怎样对待他人，以及你希望他人怎样对待你，遵循一些更现实的原则和准则会好得多。

★ 做任何事情都不必强求完美，包括让别人高兴或者让自己心里舒服。强求完美会令人沮丧，而追求卓越则给人激励。

第 3 章

不当好人也没关系

如果要用一个词来概括取悦者的性格，那肯定是“人好”。但是，如果你患有取悦症，那么“人好”就不仅仅是性格描述了。为人好其实代表着一个成熟的信念系统，这个系统规定了你应该怎样对待他人，以避免不愉快的事情发生在你身上。

然而不幸的是，这种做法不一定行得通。你可能早就知道了，好人有时也会碰上不愉快，会遭到他人的拒绝、抛弃、鄙视、讨厌或伤害，尽管他们可能不该受到这样的对待。而且，好人还时常被看似自我强加的情感负担所困扰，比如担忧、焦虑、沮丧甚至恐慌等。

卡罗琳 9 岁那年，妈妈被诊断出了乳腺癌。她清楚地记得，爸爸和妈妈的医生告诉她，一定要让妈妈开心，别让她紧张生气，这样才有利于她的康复。卡罗琳非常害怕妈妈会永远离开自己；她相信，要是自己听话，当一个乖乖女，妈妈就不会死。

在妈妈的乳房发现肿块的几个星期之前，卡罗琳被老师严厉地训斥了一顿，因为她在学校的操场上嘲笑和戏弄一个有残疾的孩子。老师还给卡罗琳的爸妈写了封信，措辞严肃地讲述了事件的经过，并且要求他们到学校来讨论女儿的行为。

收到这封信后，卡罗琳的父母非常生气。

“我们一直教你要心地善良，要友善地对待每一个人，”妈妈流着泪说。“可今天我发现，你对那个坐轮椅的小姑娘非常残忍、刻薄。你太让我和你爸爸丢脸了！”

父母惩罚了卡罗琳，一个星期不准她出去玩儿。她只能待在自己的房间里，反思自己的不友善给那个小姑娘造成了多大伤害。爸妈还吩咐她写三封道歉信：一封给那个残疾小姑娘，一封给小姑娘的父母，第三封给自己的父母，因为她太令他们失望了。

卡罗琳在信中说，自己不应该刻薄地伤害那个小姑娘，她为自己的“不友善”感到后悔和羞愧。她跟父母发誓，自己以后再也不会对别人冷漠和刻薄了。卡罗琳记得，自己当时非常内疚和懊悔。

年幼的卡罗琳相信，就是自己在操场上惹的那次麻烦让父母生气了，并且害得妈妈生了病。不是连医生都说了吗，要想完全康复，妈妈需要心情平静，不能生气。卡罗琳觉得，如果说没有紧张和压力有助于妈妈的康复，那么自己惹妈妈生气和紧张，肯定就是害妈妈生病的罪魁祸首。

在妈妈生病的那几个月里，卡罗琳每天祈祷时都暗暗发誓说，只要妈妈不死，自己愿意永远做个乖乖女。她跟自己保证说，只要妈妈能活下来，自己以后就再也不会取笑或逗弄任何人，包括弟弟。

幸运的是，卡罗琳的妈妈没有死。但是，卡罗琳却变成了一个不折不扣的“好人”。甚至长大以后，卡罗琳依旧相信当好人能帮她避免坏事发生。反过来，当她偶尔不小心说了不友好的话，或者跟家人、朋友或员工发了脾气时，她就会非常害怕那会引起严重的后果。

尽管卡罗琳的反应有点儿极端，但实际上，每个取悦者都会固执地坚信当好人的概念。不管别人对他说什么或做什么，他们本质上都会禁止自己做出消极的回应。通常，好心的他甚至不会承认自己对别人有消极的想法或情绪。

但是，当好人需要付出相当大的代价，大到你恐怕不愿意再付出了。当你能够认可“不当好人也没关系”这一看似简单的陈述时，你就在摆脱取悦症的道路上迈出了一大步。

不过先别急，你得先完成下面的小测验，看看在你目前的思想中，你对当好人的承诺有多坚定。

测验：你的好人指数有多高?

阅读下面的每项陈述，确定它们是否符合你的情况。如果陈述符合或基本符合，就选择“符合”；如果陈述不符合或者基本不符合，就选择“不符合”。

1. 我为自己是个好人而骄傲。 符合 / 不符合
2. 对我来说，即使该拒绝别人，我也非常难以启齿。 符合 / 不符合
3. 我可能过于替别人着想了。 符合 / 不符合
4. 对我来说，承认有关自己的消极感受要比表达对他人的消极情感容易多了。 符合 / 不符合
5. 如果出了什么问题，我通常会觉得那是我的错。 符合 / 不符合
6. 我相信自己应该始终当好人。 符合 / 不符合
7. 我可能为别人做得太多了，为人太好了，甚至任由自己被人利用，为的就是不让别人以其他理由拒绝我。 符合 / 不符合

8. 我真的相信好人会赢得他人的认可、喜爱和友情。　符合 / 不符合

9. 我认为跟别人发火很不好。　符合 / 不符合

10. 我不应该跟我所爱的人生气。　符合 / 不符合

11. 我害怕要是我对别人不好，我就会受到忽视、拒绝甚至惩罚。　符合 / 不符合

12. 我相信自己应该始终当好人，即使那意味着任由别人利用我的敦厚。　符合 / 不符合

13. 当好人，让别人高兴，这是我保护自己免遭拒绝、反对和抛弃的方式。　符合 / 不符合

14. 如果我批评了别人，我就不会再认为自己是个好人了，即使他们就该遭到批评。　符合 / 不符合

15. 我努力做个好人，就是为了让别人喜欢我。　符合 / 不符合

16. 有的时候，我觉得我好像需要讨好别人来“换取”爱和友情。　符合 / 不符合

17. 当好人常会阻止我对别人的消极情感的表达。　符合 / 不符合

18. 我相信别人会认为我是一个彬彬有礼、和蔼可爱的人。　符合 / 不符合

19. 我认为我的朋友应该喜欢我，因为我为他们做了很多。　符合 / 不符合

20. 我想让每个人都认为我是个好人。　符合 / 不符合

打分和解释

数数你选择了多少个“符合”，那就是你的总分。参照下面的分数范围来解释你的得分：

- 总分在 14 ~ 20 分：你已经“好”过头了。实际上，你的好心好意很可能已经对你的人际关系和情感健康产生了消极影响。你正在为当好人付出太高的代价。如果你把对自己不那么有害的品质放进自我概念的核心，取代当好人，你的改变速度就会加快。
- 总分在 8 ~ 13 分：你的取悦症状跟你“宁可亏待自己也要对别人好”的极端需求强烈相关。放开你当好人的自我概念，这会让你的改善加速。
- 总分在 5 ~ 7 分：你仍然很在乎别人是否认为你是好人，尽管不像大多数取悦者那么严重。你要发扬自己的很多优点，但是请记住，当好人不在其中。你离危险的心理地带仍然很近，所以你还是应该对宁肯亏待自己也要当好人的倾向保持警惕。
- 总分在 0 ~ 4 分：你不怎么在乎当个好人。但是请检查一下，确定你没有掉进否认的陷阱。如果你真的已经克服了当好人的心理需求，那么你就已经在康复道路上取得了显著进展。

讨人喜欢＝好

作为一位做了 25 年临床心理的学者，我可以向你保证，性格通常有趣得多也复杂得多，远不是某个词语或描述（比如“好”）能够概括的。尽管如此，我的确知道，如果你的某种个性品质是在早年形成的，并且已经成为了自我概念的核心要素，那么这个标签就会对你一生的思想、情感和行为产生强烈影响。

“好”就是一个这样的标签，家长、老师以及其他大人常把它贴在听话的孩子身上。“你可真是个好姑娘啊！”或者“那真是个好孩子！”，这些是我们时常能听到的赞美之词。或许，你自己也常常这么说。

“好”还约定俗成地被家长和其他成年人所使用，比如说“你应该当好人”，因为它意味着有教养、有礼貌并且最终能被社会所接受。它还常常被用来区分道德和不道德的行为，描述禁止性规定，尤其是用在少女身上，比如说“好女孩不去酒吧”或者“好女孩不跟男生鬼混”。

然而有趣的是，在用到成年人身上时，“好”这种品质经常会打折扣，甚至被贬低。比如说，我们常常会听到“她人很好，但是……”或者“他是个好人，但是……”之类的话。让“好”打折扣的“但是”通常会引出某种消极的个性品质。

词典把“好”定义为讨人喜欢或令人愉快。一般来说，好人往往被看成是平面的、二维的，而不是立体的、三维的，缺乏深度和清晰度。他们确实不会讨人厌，但他们的性格没有清晰的棱角或轮廓。在群体或组织中，好人绝对不会兴风作浪。他们不会触怒别人，但也很少会给别人留下深刻的印象。（我的女儿小时候曾经说过，她更喜欢迪士尼动画中的“坏蛋”，而不是“好人”，因为那些坏蛋“更有趣”。）

事实上，有些“好”人甚至恰恰因为顺从、逢迎和讨人喜欢而受到指责，而这些品质在很大程度上就是“好”的代名词。体现在一个女性人物身上，简·奥斯丁的描述准确地刻画了这种针对“好”的微妙但消极的反应：

她不过是个好脾气、热心肠的年轻女人；我们很难讨厌她，因为我们根本没把她放在眼里。

既然“好”原本就有“讨人喜欢”的含义，那它成为取悦者自我概念的核心就很好理解了。然而在另一方面，既然“好”作为性格特征和自尊来源似乎最多只有模糊的价值，那取悦者为什么会觉得它是如此不可抗拒的行为准则呢？为什么与“好”相悖的行为会引起这么大的焦虑和苦恼呢？

“好”是情感盔甲

要想找到答案，你得理解当好人在取悦者的信念系统中所起的保护作用。“好”作为人际关系保护层的价值，要比它作为性格特征的价值大多了。

确切地说，取悦者相信当好人能帮他们避免令人不快的经历，比如被别人拒绝、孤立、抛弃、反对和激怒。毕竟，如果你不兴风作浪或者不晃船，其他的乘客就不应该想要把你扔下船去。

但是，好人们通常会更进一步，以确保他们在别人眼中不是一般的好，而是非常好。为此，他们往往会过分努力地表现出他们的体贴和关心。在极端的“好”中存在着感知保护：毕竟，如果你对别人那么好，谁会想要伤害你呢？

想想你对本章前面的小测验的回答，尤其是第 7、8、11、13、15、16 和 19 项。如果你发现自己符合其中的某些陈述，那么至少在某种程度上，你就是在把“好”作为一种人际保护。如果你符合所有这 7 项陈述，那么你显然期望对别人好能帮你赢得他们的感激、喜爱和认可。接着，你相信（并且希望）你的好和友善能保护你，让你免遭拒绝、抛弃、反对或者其他的情感伤害。

表面上看，这种信念系统似乎很合理。实际上，作为现代紧张及紧张诱发疾病概念的奠基人，著名的科学家和哲学家汉斯·塞尔耶博士有保留地认可了这种信念。塞尔耶认为，人类要想避免人际压力的困扰，最好的办法就是对他人友好和付出。他相信，这是一种至关重要的生存之道，因为他对人造成的压力是致命的。[5]（几年前我写了一本书，名为《致命的爱人与恶毒的人们》，[6]其中就探讨了这些有毒的人际关系。）

塞尔耶把自己的压力管理哲学称为“利他的利己主义”。这个有点儿拗口的名词，意在传达这样的含义：利用慷慨来赢得他人的友善，这其实是为了你自身的利益。塞尔耶认为，如果你对他人友好和付出，那么他人就会倾向于对你友好，因此就不大可能给你造成压力和紧张。

那么，用作保护层的“好”，跟塞尔耶博士利他的利己主义的明智建议有什么区别呢？塞尔耶博士明白，当好人不能时刻保护你免受每个人的伤害。他坚信，肯定有人能够并且将会在情感上伤害你——不管你对他们好不好。之所以会这样，可能是因为对方本质上就可恶、有偏见或者心胸狭窄，也可能是因为他对你怀有积怨故而报复，或者只是因为他情感上不够健康或不够成熟，不懂得怎样爱与被爱。

相比之下，把当好人奉为信条，深信当好人具有一种魔力，可以帮你避免来自他人的刻薄或伤害，按照这样的逻辑，要是对别人好没能帮你避免别人的冷落或伤害，那一定是你对别人还不够好，你必须付出更多的努力！

还记得你的“魔幻”思维吗

深信当好人会保护你免受他人的伤害，这种不可抗拒但终归有缺陷的信念，根植于儿时的魔幻思维。“魔幻思维”是指思想和行为难以区分的一种心理状态。如此一来，思想将跟行为一样有力。

当然，如果真是这样，那么它将会赋予几乎任何一个有思考能力的人以魔力。在孩子令人兴奋而又幼稚的思维中，一个简单的愿望就足以达到这样的效果。

孩子常常用天生的魔幻思维来击退恐惧。在孩子的头脑中，想象出有条件的协议是为了维持控制幻觉。例如，孩子可能会跟壁橱中想象出来的怪物达成协议：“如果我上床睡觉并让所有的灯都开着，你们就不能跑出来或伤害我。”

同样，为了逃避父母将要离婚的真实可能，孩子可能会在心里谈条件：“如果我很乖，什么都听爸妈的话，那他们就不会分开。”我们很容易理解，为什么“做好孩子”会成为孩子赖以保护自己的魔幻条件之一。

在正常发育过程中，到了大约七八岁时，孩子会认识到想与做、愿望与现实是有差距的。到了青春期，大多数魔幻思维已经变成了基于现实的计划和行动，或者是文化上可接受的形式，包括宗教信仰和祈祷。

然而，有些天真的思维方式（魔幻思维）直到你长大成人依旧可能存在。尤其是当这样的思想能帮你减轻恐惧和焦虑时，它们就更是有可能存在好几十年。当你用逻辑和成年人的现实来严格地检查它们时，你可能会发现它们并不占支配地位。然而，你仍旧坚信它们的保护承诺。

因此，相信当好人能给自己提供保护，这是儿时魔幻思维的延续。害怕遭到拒绝、抛弃、孤立或反对，害怕这样的经历可能造成沮丧和情感痛苦，这些恐惧就是你现在需要遏制的“怪物”。但是，跟孩子想象出来的衣橱中的怪物不同，对拒绝、疏远以及孤独的恐惧是基于现实的，而不是基于幻想的。

你是否仍有“魔幻”思想

对孩子来说，做好孩子与逃避坏结果之间的联系不仅是魔幻的，而且还有牢固的现实基础。大多数孩子会通过直接体验认识到，如果他们服从父母的规则和偏好，也就是说，如果他们是“好”孩子，那么他们就会得到表扬或者免受惩罚。在另一方面，大人也会一再地向孩子们证明，如果他们“不好”，如果他们违反规则或者质疑父母或学校的命令，那么他们就会受到批评和惩罚。因此，做好孩子至少可以防止某些坏事的发生，这是非常真实的。

小孩往往会在“好”的现实基础之上增加魔幻思维的无限能力，从而使“好”的保护力量变得复杂。这意味着做“好”孩子可能被赋予了虚幻的力量，孩子们认为，这样的力量能帮他们避免那些不受他们控制的坏结果。例如，为了阻止父母离婚，这样的孩子可能会在心里许诺说，自己一定会做个好孩子。

正如我们前面在卡罗琳的案例中看到的，如果特别有破坏性或特别痛苦的早年经历，跟个体对“好”的保护力量深信不疑的信念联系起来，那么这样的经历就能产生持久的影响。如果在孩子的头脑里，“好”跟实际防止或改善痛苦经历联系在一起，或者反过来，“不好”的做法或想法跟痛苦经历的发生联系在一起，那么痛苦经历的影响就会更加持久。

在我接待过的来访者当中，有很多人都能把他们渴望当好人的心理需求，追溯到他们儿时的特定痛苦经历。在有些案例中（比如卡罗琳），这样的经历是严重的病痛折磨着家庭成员，或者就发生在孩子身上。在另一些案例中，痛苦的经历可能是致死或致残的事故，也可能是父母或兄弟姐妹的早亡。

试图恢复没有失控的外表，这是对严重精神压力的正常心理反应，尤其是在关系重大的时候。在这样的情况下，为了影响疾病或事故带来的后果，孩子可能会跟更高的神灵讨价还价，承诺自己会“做个好孩子”。

在咨询过程中，卡罗琳发现了做好孩子跟挽救妈妈生命之间的联系。而且她渐渐明白了，当她对别人不好时，儿时的“魔幻思维”就会立刻引发恐惧，使她担心坏事将因此发生。

卡罗琳的案例生动地说明了当好人的心理保护作用。在卡罗琳幼小的心里，她用自己永远做好孩子的承诺换来了妈妈的生存。因此，她一直坚信当好人是必要的手段，但最终却弄巧成拙。

作为一个长期坚持的好人，卡罗琳几乎没有能力建设性地表达消极情感。她知道别人利用了她善良的天性，但她无法保护自己。当她在医生指点下来找我时，取悦症已经让她精疲力竭了，但她还是害怕说“不”，也不敢设定任何界限，因为这样做“不是好人”。

卡罗琳对当好人的依附连接着一个好结果：她妈妈的生存。但是在其他的案例中，痛苦经历的坏结果更为普遍。父母可能过早去世，一个兄弟姐妹可能因意外事故而永久残疾。父母可能离婚了，孩子们为此非常自责，他们的愿望和努力付诸东流。

尽管如此，很多取悦者保持了当好人的强迫冲动，即使他们儿时的痛苦经历结局很不幸。有些人能把自己的冲动追溯到这样的想法：当好人会防止更坏的事情发生。或者更可悲的是，有些取悦者把儿时的内疚发扬光大了：假如当初他们“更好”、更乖，那些坏事也许根本不会发生。

长期、慢性的取悦症患者在忙于讨好别人时，往往意识不到自身的取悦症病毒是在儿时开始发展和扩散的。

从本质上说，迷信或魔幻的思维是不准确的。相信当好人应该或能够保护你，让你免受拒绝、孤立或其他消极生活经历的伤害，这会给你的情绪和行为强加沉重的负担。一直当好人，这种负担根本不是正常人能够承受的，而且也是不恰当的。

不总是当好人也没关系。

当坏事发生在好人身上

表面上看来“相信当好人”的保护力量是无害的，但是实际上，这种信念是一个认知雷区。

坚信当好人具有无上的保护力量，这种想法最大的问题在于它根本行不通。你可能是世上最好的人，但世上也一定会有人不喜欢你——也许恰恰是因为你太好了。

事实是，不管你为人多好，都不能保证你免遭他人的拒绝、冒犯、排斥、反对甚至抛弃。一个人可能因为你的种族、民族、性别或性取向而对你有偏见，进而很可能会荒谬、可恶地拒绝你。你的友好不会改变他的态度。或者，如果另一个人嫉妒你，那么她可能会故意反对你，不管你为她做了多少好事。这很不公平，但生活本就如此。

请再审视一下你有关生活是否公平或者是否应该公平的假定。相信当好人应该能保护你免受他人的伤害，这种信念深深地根植于“生活是公平的”这一基本期望。

因此，像你这样的好人面对的难题是，当世界不像你想的那样运转时，当别人不管你对他们多好也要伤害你时，你就很可能会感到困惑和沮丧。你的反应还可能包括愤怒，因为在某种程度上，你相信如果你对别人好，他们就应该善待你，而现在你的这种期望也破碎了。当然，你为人太好了，不会把怒气发到对你不公平的人身上。相反，你多半会把怒气向内发泄，怪罪自己为人还不够好，或者是出于别的原因而理应受到不公平的对待。这样在你的心里，生活就仍然是公平的。然而，你会为自责付出代价，代价就是沮丧。

请思考片刻。在公平的世界里，好人身上只会发生好事，因为他们理应过得幸福快乐。如果生活是公平的，坏事就只会发生在坏人身上，因为他们理应受到麻烦和不幸的惩罚。

可现实的问题是，坏事的确会发生在好人身上，哪怕是像你这样的好人。

如果你相信生活是公平的，当好人应该能帮你避免坏事，那么你就是在陷害自己，当坏事不可避免地发生在你身上时，你就会受到自责和沮丧的打击。

在认为当好人应该能保护你免受他人伤害的信念背后，暗藏着某些危险，如诱人的三段论或者错误的逻辑。这种错误推理会得出令人沮丧和内疚的结论：

如果生活是公平的，人们就会得其所应得。

一件坏事（比如拒绝、抛弃）发生在了我身上。

因此，我就应该遭到这种对待。

或者

如果我为人很好，那么谁都不会拒绝或伤害我。

我刚刚遭到了拒绝和伤害。

因此，我不像自己想的那么好，或者我还不够好。

这种情绪和思想上的螺旋下降会让你陷入消极和混乱中。此外，这种错误的逻辑会促使你付出更大的努力来取悦和讨好别人，从而推动取悦症的恶性循环。

修改你认为生活公平的最初假定，这会让你在纠正错误思维的道路上迈出一大步。但是，如果你固执地坚信当好人能保护你，那么当生活让你受到痛苦的打击时，你就很可能会陷入自责、内疚和沮丧。请记住，只要纠正取悦症三角形中的一个边，你就能破坏恶性循环，最终让自己踏上康复之路。

不要奖励虐待

你可能还把当好人作为奖牌，以为它能克服别人的冷遇和亏待。然而在这种情况下，当好人其实是最弱的花色。

向一个正在从情感上伤害你的人示好，这是不恰当的回应。正相反，这只会奖励他对你的虐待。实际上，你对他的好就是容许甚至鼓励他的虐待。

总是当好人，不计代价地避免冲突或对抗，屈从于挑剔和强势的伙伴或上司的意志，这种倾向很有可能让你陷入不良的人际关系当中，使你的情感受到伤害和蹂躏。

在发生冲突的情况下，即使攻击是单方面的，讨好对方也等同于单方面的心理缴械。在受到攻击时还向对方示好，这等于是放弃防御，会让你非常容易受到伤害。

荒谬的是，如果你是言语和情感虐待的对象，那么你的示好不仅不能保护你，而且还会让伤害或虐待你的对方更加肆无忌惮。

这并不是说取悦最先促使别人虐待你。促使他们虐待你的那些原因，深藏在虐待者的性格和人生经历中。例如研究表明，受到虐待的儿童长大后会成为虐待者。

但是，尽管你受到的虐待不是由你引起的，可你的讨好和取悦肯定会纵容虐待者，让他变得更放肆。你可能会以为，你更努力地讨好某个对你不友好的人，这是在遏制和消减对方的虐待。但实际上，你这恰恰是在怂恿他变本加厉。

你可能满心希望你的好、你的爱和友善最终会占上风，会改变对方对你的态度和行为。然而不幸的是，尽管你好心好意，可这种做法几乎永远不会奏效。相反，你对虐待行为持续的参与和无心的奖励，只会让虐待者更加大胆地侵蚀你的自尊。最终，你甚至会渐渐地相信，不管怎样，别人的刻薄、敌视和侮辱就是你应该得到的对待。

当然，当你受到不友好和不恭敬的对待时，你必须学会恰当地捍卫自己的权利。然而首先，你必须改变错误的信念，别再相信讨好可以保护你，可以克服侮辱或刻薄的对待。

讨好与“肥妞儿”

苏珊是取悦于人的行家。她今年38岁，是3个孩子的母亲。作为家中的独女，她还要照顾年迈的父母。她在当地的一所学校教五年级，她自己的孩子也在那里就读。她还是家长教师协会的骨干。

另外，苏珊还为丈夫的小咨询公司记账。有时，她要自己下厨，准备丰盛的晚宴来招待丈夫的客户。苏珊还是一个活跃的志愿者，在一个慈善组织中负责募款委员会的大部分工作。

苏珊承认，她不记得自己最后一次对别人说“不”是什么时候了。她意识到自己正承受着巨大的压力，可能不应该再这么劳碌了。她知道，自己的很多人际关系非常不平衡，她所付出的努力远远大于回报。

从儿时起，体重就一直是让苏珊头疼的问题。她带着哭腔开玩笑说，她那多余的50磅体重，减掉后又长了回来，反反复复大概有100次了。她理解自己取悦于人的行为模式跟体重问题之间的联系。

“我一向觉得我必须对别人格外好，尽可能地让别人高兴，不然他们就会因为我太胖而不喜欢我。看起来好像是，从我见到别人那一刻起，我就在努力地说服他们不要嫌弃我。我真的害怕如果我受到了嫌弃，有人就会叫我‘肥妞儿’。”

“从儿时起，我的情感就时常受到伤害。其他的孩子都取笑我，管我叫‘矮胖子’或‘肥妞儿’之类的。我能做的就是努力让他们因为别的喜欢我。”

“作为一个小姑娘，我乐意为别的孩子做任何事情，只望他们不会因为我胖而嫌弃我。我真的任由别人利用我。我替他们做家庭作业，帮他们伪造家长给老师的便条，让他们照抄我的答卷——不管谁对我有任何要求，我都会照做。”

“当我长成少女时，我的情感关系很混乱。我几乎乐意跟任何男孩发生性行为，就是为了避免遭人嫌弃。”

“不用说，我还是经常遭到嫌弃和拒绝。但是长大以后，我仍然像小时候一样，对每个人都好得很过分。到了现在，我甚至等不及别人要求我做什么了。我会弄清楚他们需要什么，然后满足他们。”

有很多人跟苏珊一样，因为害怕会遭到嫌弃而饱受取悦症的折磨。他们的外貌或性格有某个方面让他们感到不光彩，会伤害他们的自尊。

这种意识中的“缺陷”可以是生理上的，比如肥胖、明显的残疾或畸形、丑陋的相貌、枯黄的头发或者矮小的身材，也可以是心理上的，比如感到自己愚蠢、没知识或者没钱。

你可能也像苏珊一样，担心别人会因你真实存在或想象中的“缺陷”嫌弃你，于是你觉得自己不得不讨好别人。用心理学的话说，你在把有关自我的消极情感投射到别人身上。你还可能在用讨好进行防御，以补偿你所认为的自己外表或性格上存在的严重缺陷。

真正的缺陷在于这种策略，而不在于你的外表或性格。这种策略会产生事与愿违的后果，因为它会不断地侵蚀你的自尊，从而让你进一步陷入取悦症的恶性循环。一方面，即使别人真的认可你，你的自尊仍会受到削弱，因为你会把他们的认可归功于你为他们做的那些事，而不是你作为一个人的价值（她之所以喜欢我，仅仅是因为我对她好，为她做了很多事）。与此同时，在你的其他取悦习惯的强化之下，你会更加坚信讨好既是有效的保护伞，又能补偿你意识中的“缺陷”。

另一方面，如果别人嫌弃你，你的错误信念就会得到印证，使你更加坚定地以为你根本就不配别人的认可。在这种情况下，你的自尊伤口会加深。此外，你会觉得，为了避免再受到痛苦的拒绝和嫌弃，你以后必须更加努力地讨好别人。

解决之道在于你要认识到，你最需要得到你自己的认可。当你着手处理让你感到羞耻的实际问题，并把你作为人的本质价值跟你的外表或背景特征区分开来时，你的自尊伤口就会开始愈合，取悦症就会放松对你的控制。

态度调整：不当好人也没关系

你可以用下面的修正思维替换“你必须不计代价地当好人”的错误思想。仅仅用修正陈述代替一种错误思想，你就可以启动治愈取悦综合症的过程。

★ 当好人不是总能保护你免受他人的亏待。如果你抱有这样的幻想，那么当你受到不公平的对待时，你就很可能会感到内疚和自责。

★ 如果有人对你刻薄或不友好，不要讨好他们或者假装没事儿，那会纵容他们。

★ 如果你不得不损害自己作为独特个体的价值、需求或身份认同，那么当好人的代价就太高了。

★ 对你来说，与其心口不一地讨好别人，进而让自己变得沮丧、焦虑或不舒服，还不如心里怎么想就怎么说更好。

★ 不当好人也没关系。

第 4 章

把别人摆在第一位

取悦症的核心是这样一个信念：**必须把别人摆在第一位**。作为一个好人，你几乎肯定认为应该先人后己，而且，你多半相信不那样就是自私。

然而，你可能没有意识到的是，这些信念的背后存在一幅令人不安的、消极的图像，描绘着他人的动机和性情。从心理学角度来看，取悦者的世界是危险之地，充满了强势、苛求、挑剔、奸猾和严厉的人。这些人的需求占据着必须优先满足的首要位置，哪怕是牺牲你自己的利益。

在我们揭示和研究这些暗藏的信念之前，请先完成下面的小测验，看看你对"必须先人后己"有多认同。阅读下面的各项陈述，确定它们是否符合你的情况。如果符合或基本符合，就选择"符合"，如果不符合或者基本不符合，就选择"不符合"。

测验：你把别人摆在第一位吗?

1. 我相当注意满足别人的需求，哪怕是牺牲我自己的需求或愿望。 符合 / 不符合

2. 跟我所爱的人相比，我自己的需求应该总是摆在次要位置。　符合 / 不符合
3. 为了真正值得别人喜欢，我必须随时付出自己的全部。　符合 / 不符合
4. 在生活中，我首先关心的是让别人高兴。　符合 / 不符合
5. 不管在什么情况下，我更多的是替别人着想，而不是考虑我自己。　符合 / 不符合
6. 当我生活中的其他人心烦时，我会认为我应该为他们做些什么。　符合 / 不符合
7. 我应该总是满足他人对我的要求或期望。　符合 / 不符合
8. 我最大的责任就是照顾我生活中的其他人。　符合 / 不符合
9. 我通常会采纳跟我关系最密切的那些人的信念和看法。　符合 / 不符合
10. 我在生活中努力遵循这样的信条：给予要远远高于获取。　符合 / 不符合
11. 在为自己做任何事情之前，我多半会尽力先让别人满意。　符合 / 不符合
12. 对我来说，不管以什么方式向别人表达我的求助或需求，那都是非常难以启齿的。　符合 / 不符合
13. 我觉得为了博得别人的喜爱，我必须让他们高兴。　符合 / 不符合
14. 我很习惯为别人做事却不要求或不期待任何回报。　符合 / 不符合

15. 如果我不再先人后己，那么我就会变成一个自私的人，大家就不会喜欢我了。 符合 / 不符合
16. 在人际关系中，我所希望的付出要远远多于我所期待的回报。符合 / 不符合
17. 我必须总是让别人高兴，哪怕牺牲我自己的情感或需求。符合 / 不符合
18. 我时常感到别人期望从我这里得到的东西有些太多，但我总是尽力不让他们失望。 符合 / 不符合
19. 当我自己的需求跟别人的需求冲突时，我总是把自己的需求放在最后。 符合 / 不符合
20. 如果我没有把别人的需求看得比自己的需求更重要，我就会感到非常内疚。 符合 / 不符合
21. 有那么多人对我提要求或者需要我，这有时会让我愤愤不平，但是我从来没有让自己的不满表现出来。 符合 / 不符合
22. 有很多时候，我觉得别人理所当然地该来帮助我，然而事实却令我很失望。 符合 / 不符合
23. 我的朋友和家人经常来找我帮助他们解决问题。 符合 / 不符合
24. 因为要满足那么多人的需求，我常常感到紧张和疲惫不堪。符合 / 不符合
25. 我有时会担心，如果我对别人表达自己的需求，我会遭到拒绝、忽视或指责。 符合 / 不符合

打分和解释

数数你选择“符合”的个数，那就是你的总分。参照下面的分数范围对你的总分作解释：

- 总分在 17 ～ 25 分：你的取悦症牢固地基于先人后己的信念。就这一点而言，你甚至只能看到跟照顾他人的需求。强调先人后己很可能让你感到非常紧张，使你的内心充满你甚至无法承认的怨恨和怒气。当你改变这种总是先人后己的思想时，你的康复过程就会取得重大突破。
- 总分在 10 ～ 16 分：你的思想有典型的先人后己的取悦倾向。尽管你看起来对“必须把别人摆在第一位”的信念有所节制，但你最好警惕取悦症背后的这一核心假定。改变自己不利的先人后己的信念，这是治愈取悦症的一个关键。
- 总分在 0 ～ 9 分：你只有很轻微的先人后己的思想倾向。然而，如果你患有取悦症，你的行为会恰恰相反。尽管你可能不是有意识地相信别人比自己更重要，但你的取悦习惯却反映了这种信念。你要更深刻地理解你的思想怎样跟迎合他人的倾向相一致，强化你的需求跟他人的需求一样重要的信念，从而加快你的康复。

培养他人不照顾你

40 岁的萨拉有 4 个孩子，是个极端的老好人。因为她是个家庭主妇，挣钱养家全靠丈夫努力工作，所以她相信自己有责任从丈夫进门那一刻起就照顾好他，直到他上床睡觉。而且，她对孩子们也是百依百顺。

因为萨拉自己小时候家境比较困难，父母分别上白班和夜班，所以萨拉希望自己的孩子能有妈妈在家陪着，并拥有爸爸给他们创造的舒适生活。因此萨拉相信，为了让孩子们在学校取得好成绩，过得开心，自己不应该让孩子帮忙做家务。

但是，尽管萨拉好心好意，对丈夫和孩子百依百顺，可结果却事与愿违。

多年来，萨拉努力地满足家中每个人的需求，从来没有要求过家人的帮助或支持。后来，她被诊断出得了急性风湿关节炎，必须住院治疗，然后还得卧床修养 6 周。萨拉的医生是她的好朋友，她要求萨拉“别再像个女仆一样尽心竭力地伺候家人”。

出院回家之后，家人的反应让萨拉震惊，深深地伤了她的心。他们非但没有亲切而又高兴地报答萨拉这些年来的照顾和养育，相反却对萨拉生病所带来的麻烦表现出了相当大的恼怒和怨恨。

起初，萨拉为自己生病拖累了家人而感到很内疚，但是很快她的心中就充满了怒火和怨气。

为了应付眼前的困难，萨拉请自己的母亲来帮忙照顾自己和家人，直到自己恢复健康。然而等她恢复健康后，她鼓足勇气把家人叫到一起，跟他们讲了自己养病期间的一些反思。

“我的孩子们自私而且调皮捣蛋，我的丈夫被惯坏了而且不懂感恩，这完全是我的过错，”她对惊愕的家人说。“但是从今天起，我们家的一切将变得完全不同。”

萨拉进一步宣布，她要正式“罢工”了。她说，她不会再替他们做事了，直到他们每个人承担起照顾自己和照顾彼此的责任。

“可悲的是，我非要病得这么厉害才能看清自己在犯错误，”萨拉说。“我以为我把家人照顾得这么周到，我就是一个好妻子、好妈妈了。在我生病之前，我一直让所有家人以为，我不需要他们的任何帮助。我使得他们忽视我，纵容他们只考虑自己。”

当萨拉在心理治疗过程中努力克服取悦症时，她反思了自己这么多年来一直想给两个女儿和两个儿子树立榜样。

“我本打算自己操持好家务，好让孩子们把精力集中在学习和他们自己的活动上。我想让孩子们发挥出最大潜力，不管是儿子还是女儿。我总是告诉他们要争取成功，要为了理想而努力。”

“但是，当我想到我给他们树立的坏榜样时，我真的吓坏了。我一直在教我的女儿们，女人就该逆来顺受！甚至更糟糕的是，我一直在告诉我的儿子们，男人理应享受女人的百依百顺。我当然绝对不希望自己的子女养成这样的观念。”

“现在我意识到，如果我不尊重自己，我的孩子们也就不可能学会尊重我或者尊重他们自己。”

“当我妈妈来照顾我时，她帮我做了一次严肃的态度调整。她提醒我说，在我小的时候，尽管我们家经济相当困难，我们却彼此关爱和照顾。”

“我意识到自己在培养一帮讨厌的家伙，因此，我立即决定改变这一切。他们的确在改变，但非常缓慢。偶尔我必须再次罢工，提醒大家履行他们各自的责任。”

“最精彩的部分在于，我真的相信因为我促使家人实现了自我改善，所以他们更尊重我也更爱我了。”她最后说。

在某种意义上，萨拉生病是幸运的。就因为生病，萨拉才能在治愈取悦症的道路上迈出了第一步。

萨拉的故事还很生动地说明了，因为好人们总是把别人摆在第一位，所以很容易忘了自己的需求。

作为一个好人，会训练自己否定自身需求，同时，他们还会在无意间告诉别人不要关心他们。

像很多其他为人父母的取悦者一样，萨拉把自己的孩子摆在第一位，努力想成为一个“超级妈妈”，而她的这种行为得到了大量的文化和社会强化。周围的人赞扬她很能干，而她也喜欢履行她给自己规定的职责，直至她意识到了她在付出怎样的代价。

你很容易成为自身能力的受害者。你越是证明自己能干，别人就越是期待或要求你去干。然而最终，取悦于人和先人后己的恶性循环会让你变得紧张、疲惫和沮丧。到了这时，你的需求会发出绝望的尖叫，希望有人能听见。但是，就像萨拉一样，你的需求也可能是在无声地尖叫，没人听见也没人回应。

照顾自己是自私吗

大多数好人都会非常扭曲地把照顾他人跟照顾自己对立起来考虑。在他们看来，这两者不能共存，是非此即彼的关系。

这两种选择看起来是：①要么你是完全无私的，总是把别人的需求摆在自身需求的前面；②要么你就是完全自私的，总是把自身需求摆在第一位，甚至为达目的不择手段。

很显然，作为一个好人，你选择了前者。毕竟，总是把别人的需求摆在第一位，哪怕牺牲自身利益，这恰恰是取悦症的本质。然而，要是你知道就因为你这么无私，你实际上是把别人的需求置于了你根本无法予以满足的危险之中，你还会坚持吗？

请思考这样一个类比：假设在一个月内，你要单独负责喂养 7 个蹒跚学步的小孩。你的任务是要确保这些孩子别挨饿。

为了达到目的，你每顿饭都让孩子们愿意吃多少就吃多少。而且，你决定把自己那份省下来不吃，以防下一顿饭没到孩子们又饿了。

因为总是把孩子们的饥饿摆在第一位，你渐渐变得非常迫不得已，以至于你忽视自己身体发出的饥饿信号。事实上，因为你把喂饱孩子们看成是你的首要需求，所以你决定彻底放弃吃饭。

然而最终，你因饥饿而变得非常虚弱，以至于再不能给孩子们准备饭食了，也不能喂他们吃饭了。于是，尽管你把孩子们的需求摆在第一位是出于好意和无私，你的做法却是失败的。很明显，你的策略存在缺陷。

也许你的首要需求是照顾别人。但是，因为你忽视自己的健康和幸福，而你又是看护者，所以你也在让自己所照顾的那些人面临危险。

如果你牺牲自己来照顾他人，并因此让自己一直处于紧张和疲惫不堪的状态，那么你就是在自找疾病、沮丧、紧张以及其他严重的麻烦。尽管你是出于好意，但结果却只能是那些依赖你的人也会跟着受苦。

你还可以有对大家都好的第三种选择，那就是你要秉持开明的利己主义。这意味着你要照顾好自己，有时甚至要把自己的需求摆在第一位，与此同时，你也要考虑他人的需求和福利。这样一来，你仍然在满足他人的需求，让他们能从你的自我照顾中受益。跟自私不同，开明的利己主义可以防止他人因你的自我牺牲而受苦。

看似矛盾的是，为了真正对那些跟你最亲近、对你最重要的人履行责任，你必须有能力照顾好自己。但是，你现在面对的问题是，多年来的取悦已经让你几乎听不到内心需求的声音了。

没有人喜欢过分的给予者

你必须记住的一个最重要的教训是，牺牲自己不是交朋友的办法。事实上，大多数人都很难喜欢他们中间自封的、自以为是的“圣人”。

作为一个好人，你可能会觉得给予远比获取的人际关系更可靠。你可能还认同这样的错误观念：即便是在朋友和家人中间，给予也总是远远胜过获取。

慈善和无私是值得肯定和赞美的，但问题在于，你不该把自我牺牲和无私奉献用于你的个人关系中。当你一直向朋友和家人付出，却不允许他们给你回报时，你实际上是在拒绝他们，不管你是有意还是无意。你固执地坚守给予者的姿态，拒绝接受任何回报，这就等于不让别人享受给你回报的愉悦和快感，而那原本是他们应有的权利。

如果你一味付出，始终不愿接受任何回报，那么你的动机就会变得可疑。

尽管你的本意可能是想跟别人分享你的财富，但你可能会让接受者感到无法以同样的方式回报，因而在无意中贬低了对方。或者，你的好意可能会被误解为“收买”友谊的企图，在这种情况下，给予者和接受者都被贬低了。

过分无私或谦让的好人，可能会在无意中让别人觉得尴尬、不安甚至受到了蔑视。当你总是把别人的需求摆在第一位，以至于你的自我否定变得显而易见时，你的做法就有可能加倍让别人感到内疚。别人可能会说你是一个“真正的奉献者”，但他们可能也会希望你到别处去奉献。

最终，当你给别人帮忙但又不让别人给你回报时，你就会在无意中让别人觉得他们欠了你的。尽管你可能完全是出于好心，但接受者可能会对你感到怨恨和愤怒，因为是你操纵了他们，让他们处于了尴尬和不安的境地。

允许别人报答你的好意和付出，而不是让他们觉得欠了你的，这会让他们更加感激和喜欢你。

迎合他人的隐藏代价

萨拉的故事以及像她一样的老好人有多普遍？实际上，这样的故事并不稀罕。看起来，不管取悦的动机可能是什么，只要他踏上了迎合别人需求的道路，结果就几乎必然是事与愿违。事实上，正如下面这个故事中体现的，这样的结果往往是相当不幸的。然而最可悲的是，这样的结果其实是可以预料的。

35岁的米兰达想不明白，为什么她至今仍然单身。她看起来对男人挺有吸引力，有不少男人愿意跟她约会。事实上，大多数跟她约会的男人都对她颇感兴趣，至少有段时间是这样。但是，米兰达的恋爱关系总是难以长久。或迟或早，每一个跟她谈过的男人都跟她分手了。

真正让米兰达困惑和苦恼的是，跟男人保持成功的恋爱关系是她这辈子最大的渴望。她就是想不明白，自己究竟做错了什么，因为她是一个努力讨别人喜欢的人，尤其是对男人。

讽刺的是，正因为米兰达总把男人摆在第一位，未能照顾到自己的需求，所以才造成了今天这种局面，而这原本是她极力想要避免的。尽管这么多年来经历了一次又一次分手，但米兰达仍然没有认识到，她不由自主地取悦别人，近乎盲目地迎合她的那些男朋友，其实是适得其反。

“我必须把男人摆在第一位，尽我所能地取悦他们，”她固执地说。“要不然，他们不会爱我。”

因此，米兰达一旦发现自己喜欢上了某个男人，就马上把自己放在低声下气、唯命是从的位置上。她会毫无节制地关注、崇拜和赞美这个男人。她相信，要想赢得男人的爱，她必须证明自己会始终把对方的需要摆在第一位。

为了达到这个目的，米兰达愿意做任何事情，去任何地方，答应任何要求，只要能让对方高兴。她愿意看任何一部对方喜欢的电影，或者任何一档对方喜欢的电视节目，也愿意到对方所选的任何一家餐馆，吃对方所点的任何食物。只要对方喜欢，她还愿意为他下厨房，而如果对方不饿，那她也愿意跟着少吃一顿。

当男友喜欢去健身房时，米兰达也会变成一个狂热的健身者。如果男友闲着没事，她也会整天泡在家里看电视。她的穿着打扮是为了让男友喜欢；为了迎合男友的品位，她愿意换发型、改化妆习惯或者改变自身外表的其他方面。

米兰达的想法永远排在男友的后面。事实上，她“发现”自己几乎同意对方所相信的一切，为的就是告诉对方，在她眼里，他是多么聪明、多么迷人。

一开始，米兰达的男友几乎个个都感到很受用、很高兴。米兰达有本事让每个男人都感到自己很特别；她会告诉对方，他在她的眼中是多么聪明、多有才华、多么迷人。但是，随着时间的推移，对方最初的热情和兴趣就会逐渐消退。

冷酷的现实是，男人们眼中的米兰达，在经过一段时间之后就会“时过境迁，物是人非”。过不了多久男人们就发现，米兰达的逢迎和恭顺会让她变得讨厌透顶。

因为没有自己的看法或见解，所以米兰达无法真正在思想层面上跟对方互动，只能像面镜子一样照出对方的想法。由于每换一个男友她的兴趣和活动都会跟着改变，所以她从未真正地培养出长久的爱好或才华，甚至除了想当男友的“另一半”之外，她都不知道自己还有别的什么需求。即便是这个“另一半”，也不是独立、互补的另一半，而只是对方的摹本或复制品，只不过外表是女性。因此，她没有多少东西能帮男友丰富人生经历或扩大知识面。

取悦于人最终让米兰达成了令对方讨厌的负担。她相信，她愿意把男人摆在第一位，愿意满足他的任何要求和愿望。但事实上，有一样东西是健康的男人最想要也最需要的，而她却无法给予，那就是在自知和自重的基础上与对方分享真我的能力。

顺从他人的要求

作为一个好人，你的感觉天线要随着他人的需求、偏好、愿望、要求和期望转动。你把他人需求的心理“音量”开得很大，却把自身需求的“音量”开得很小，近乎无声。

有的时候，他人的需求或要求会说得很明确；有的时候，他人并未对你提出明确的要求，然而你仍然会觉得，你必须响应含蓄的要求。你的心理雷达一直在扫描人际空间，捕捉他人明确的或者含蓄的要求。这些微妙、暗示的要求叠加在那些持续不断、理直气壮的明确要求之上。

在理论上，来自他人的要求是无限的，而你用以响应的资源却是有限的。你只是一个人；你能利用的时间只有白天不睡觉时那么多，而且不管你多健壮，你的精力也不可能是无限的。然而，因为你首先考虑的是“先人后己”这个简单却不利于自己的原则，所以你不习惯或者不擅长把任务派给别人。你很少寻求帮助或支持，即使勉强开了口，你也担心会遭到惩罚或拒绝。而且，你几乎从不就别人的需求或要求谈条件，因为这样做你得把自己的需求摆在前面，因而很有可能会让你遭到反对，或者被贴上“自私”的标签。

因为没有能力说“不”，也不擅长分派任务、要求帮助、商谈条件或区分轻重缓急，所以他人的要求会不经过滤、不受控制、源源不断地涌来。而且，你想时刻取悦于所有的人，这种强迫性的尝试尽管多半是徒劳的，但却会让他人对你的要求变得越来越多、越来越重。因为高度紧张或压力过大，你的响应能力会受到损害并大打折扣。

紧张的心理影响非同小可。首先，这么多要求所造成的高度紧张，会威胁你的情感和生理健康。其次，当你感到自己无力满足他人对你越来越多的要求时，你的自尊就会骤然跌落。尽管如此，你把别人摆在第一位的强迫行为还是不会停止。

在危险的世界里赢得喜爱

面对这么高的心理和生理代价，为什么“先人后己”这个核心观念，还会如此深深地刻进你的心里呢？要回答这个问题，我们需要研究心理学家所谓的“沉默假定”，或者说是“先人后己”信条背后的潜在观点。

在你“必须把别人摆在第一位”的信念中潜藏着一个威胁：如果你不把别人的需求摆在自身需求的前面，你就会遭到拒绝、反对或抛弃，被别人看成是自私的人，或者受到其他惩罚。再深一个层次，潜在的威胁来自“别人的世界本质上是危险之地”这种观点。根据你的沉默假定，那个地方住着多半会控制、苛求、拒绝、利用或惩罚你的人。你必须随时满足他们的需求，甚至常常得牺牲自己的需求。因此毫不奇怪，在满足别人的需求之前，联想到自己的需求都会让你的内心充满恐惧、焦虑和内疚。

要想揭示你的潜在观点和沉默假定，一个最有效的办法是问问自己，如果你不随时牺牲自己来取悦别人，那会怎样？如果你不把别人摆在第一位，如果你不竭尽所能地让别人高兴，那又会怎样？

如果你跟大多数取悦者一样，那么你就相信，假如不把别人摆在第一位，你就会被看成是自私的人。而且你还相信，假如你是自私的人，你就不值得别人喜爱。最终，自私、不招人喜爱的人会遭到抛弃，落个孤独凄惨的境地。因此，这一价值体系背后的沉默假定是：

- 别人的世界不是安全之地；如果你不满足别人的需求，你就会遭受消极的后果；
- 你必须一直奉献自己并取悦别人，这样才能赢得持续的喜爱和关心；
- 如果你不奉献自己，不把别人的需求看得比自身需求更重要，你就会被看成是自私的人；
- 自私的人会遭到抛弃，落到孤独凄惨的境地。

这些潜在假定把“他人至上”升格为信条。换句话说，在你这个取悦者的世界观里，他人以及他人的需求必然高于你自己的需求。

但是，如果你的世界观错了呢？它对消极后果的确有点儿言过其实，不是吗？

态度调整：别再把别人摆在第一位

请用下面的纠正陈述来对抗“先人后己”的有毒思想。请记住，只要改变一个想法，就能启动治愈取悦症的整个过程。

★ 如果你总是把别人的需求摆在前面，不能照顾好自己，那你就极有可能无法照顾好那些对你最重要的人。

★ 既关心别人，也照顾好自己，这是完全有可能的。

★ 自私与开明的利己有巨大的差别。

★ 你不必非得跟想要控制、惩罚、拒绝或利用你的人相处。你可以选择跟什么人交往。

★ 只有当你用取悦于人、对己不利的信念和行为束缚自己时，你才会变成别人的奴隶。

★ 给予并不总是高于获取；人际关系中的最佳平衡是既给予也获取。

★ 你自己的需求、愿望和想法跟别人的一样重要。对你来说，它们甚至有可能更重要。

★ 如果你不能让大家明白你也有需求，而他们也有责任帮你满足需求，那你就是在自寻烦恼和失望。

第5章

事情多到做不完

如果你像大多数取悦者一样，你跟时间的关系就会很古怪。一方面，你的时间从来都不够，你没时间放松和娱乐，甚至完全没时间做点儿私事。而另一方面，你似乎又总能挤出时间来完成任务，尤其是当那些任务牵涉他人提出的需求时。

你可能列了长长的"待做事项"清单，用来提醒自己注意那些暂时没时间做的事情。你很少为已完成的任务称赞自己，只知道拼命用"应该""必须"以及完美的自我评价标准来逼迫自己。

事实上，作为一个取悦者，你的认同感、你的自尊甚至是被爱的价值，都源于你为别人做的一切。在大多数情况下，你是什么人似乎全取决于你做了什么事。

什么事都亲自做

过分地把自尊跟你为别人做事联系起来，这样做的一个后果是无法把任务分派给别人。这种后果的危险在于，你的个人生活和工作生活都会因此产生令你疲惫的紧张甚至带来压力。如果你什么事都亲自做，又没有足够的帮助和支持，那么最后你的时间和资源必然会耗尽。你会发现自己承受着巨大的压力，而为了补偿这种压力所造成的无能感，你会变本加厉地逼迫自己。

压力不仅会危及你自己的生理和情感健康，而且还会传染给你周围的那些人，殃及你的家人、同事、朋友甚至每一个跟你有联系的人。另外，压力还会对你精心培养的“好人”品格产生扭曲、消极的影响，把你从一个讨人喜欢的人，变成一个令人害怕、暴躁易怒的家伙。

你不肯把事情尤其是工作交给别人，原因可能很复杂。首先，你可能想牢牢地控制自己的工作或项目。不交给别人，你就有机会独享成功的功劳和赞扬，这是相当大的诱惑。但是，你要记住，如果项目搞砸了，你也要承担所有的责任。

你可能会辩解说，之所以不愿意把工作交给别人，是因为没人能像你那样兢兢业业地把工作做好。这或许是事实，但独自承担所有工作肯定会有严重的负面影响，尤其是在同事或下属希望帮你一把的时候。

如果你把工作全盘控制在自己手里，从不分派责任和义务，你就会阻止别人从工作中学习，剥夺他们发展技能和事业的机会，或者不让他们像你一样从工作成就中增强自尊。你不愿意真正地把工作分派给下属，这会令他们产生怨恨和背叛之心，而你可能对此毫无准备。

不能有效地分派工作，这还会让你身陷管理琐事的泥潭。不管多小的事你都亲自过问，这也许能让你感到安全，甚至能缓解你的担忧，但是这样一来，你很可能会让高级管理层觉得，你只是个管理者，而从来不是个领导者。

这种坏印象会在你的头上形成众所周知的“玻璃天花板”。尽管你可能很难承认，但如今人们的确有这样一种认识，那就是初级管理者以及其他过分关注细节的人，不能着眼于长远的战略思考，而这恰恰是高级领导者必须具备的能力。在企业组织中，高管负责在战略层面上思考和制订计划，而普通管理者负责在战术层面上执行高管的指示。你希望自己属于哪个群体？

从心理学的角度来说，能力和努力被认为是补偿特质。这意味着如果一个人让大家觉得能力高，那么人们也会认为，他不必像能力低的人那么努力。反过来说，如果一个能力低的人取得了成功，人们通常就会认为他肯定付出了不同寻常的努力。

现在，请用类推的方法思考，如果一个企业管理者让大家觉得比谁都勤奋，那么这可能会产生一些适得其反的效果。可能你不会相信，但实际的影响的确是，在观察者的眼中，这个管理者的能力会因此打折扣，人们会认为他是为了弥补能力的不足，所以必须工作得如此勤奋。不幸的是，如果这个管理者是女性，那么这种倾向会尤其强烈。你认为勤奋工作是成功和晋升的保证？那你就错了。

所有工作都自己做，这还会造成另一个错觉。正是因为这个错觉，当很多中层管理者和副总裁的职位在合并中被撤销，或者用当代的公司语言来说，当他们的“职能被外包了”时，他们会感到惊愕，不敢相信那是真的。这个错觉就是，如果你靠勤奋和努力让自己变得不可或缺，那么对你来说，晋升和职位安全就有了保障。这是一个危险的、完全错误的信念。

在任何商业环境中，允许谁（包括CEO）变得必不可少都意味着糟糕的管理。事实上，那就等于是埋下了一个定时炸弹，然后等着它爆发，就像下面的案例中那样。

凯是特殊项目经理，在一家规模不大但很成功的公关公司工作。她的职责是为客户策划和协调所有特殊活动。

凯对老板非常忠心，工作更是勤奋。老板在10年前雇用了42岁的凯，当时她的丈夫刚刚过世没几个月，因此她非常感激自己的老板。“在我需要从痛苦和忧伤中走出来时，我的老板给了我一个真正的机会，”凯说，“在我丈夫去世的时候，我根本不需要为了赚钱而工作；但是，这份工作让我找到了活着的价值和意义。”

不管什么工作，只要她认为“重要”，她就不肯交给别人去做，尽管她手下有两个全职助理。凯认为，项目的每一个细节都对结果至关重要。因为凯不愿意放弃对手上任何工作的掌控，所以她只能事必躬亲，除了那些最单调或最琐碎的杂活儿，比如装请柬、粘信封、把包裹或邮件送去收发室等。

“这样，”凯为自己辩解说，“如果出了什么严重的差错，我就怪不到别人了。”

但是凯的两个助理觉得他们被贬低了，他们的职业发展受到了阻挠。他们跟管理层抱怨说，他们看不出凯派给他们的那些杂活儿有什么意义。他们提醒老板，公司聘用他们，是想让他们学习特殊项目的运作，而不是为了让凯把他们变成“表面风光的职员、杂役和奴才”。

总的来说，凯性情温和，令人愉快——除非她承受着相当大的压力。每有特殊项目来临时，凯都会把自己以及公司的其他员工扔进高压锅里。

在这期间，凯几乎是没日没夜地工作，再三地检查每一个细节。整个公司的员工都难逃脱这种紧张气氛的影响。因为凯在压力之下性情大变，所以其他员工背地里都叫她“炮筒子”或“女巫”。如果出了什么差错，她会冲着自动售货机尖叫，在自己的办公室里大哭，高声咒骂，说粗话，厉声地下命令，甚至怪罪那两个助理，尽管她说过，如果出了差错，她只会怪自己。曾经有四次，凯当场就把助理骂跑了，结果随着特殊活动日益临近，她把自己弄得更加疲惫不堪。

活动开幕之后，凯会为自己的“恶劣行为”感到懊悔。她会买来鲜花或其他礼物，送给同事和助理以示歉意。她乞求他们的谅解和宽恕，承诺自己下次“一定会保持冷静”。但是，这一切还是会反复重演。

公司的总裁从来没有处罚过凯。他会替她向员工道歉，为她的不当行为找借口，同时也会提醒大家，“没有人能像凯一样尽职尽责”。

凯负责的活动一般都非常成功，赢得了客户以及地产和商业媒体的赞扬。因为凯有能力让客户满意，所以过去老板一直愿意容忍她在压力之下的夸张行为。他认为，没有人能取代凯，所以哪怕凯的崩溃行为会把其他员工逼走，会令士气一落千丈，留下她也是值得的。

然而现在，容忍的代价可能已经变得太高了。凯的6个现任和前任助理都对公司提起了诉讼，其中一条诉讼理由就是，凯对他们的“虐待”以及管理层对凯的“优待”，构成了对他们的骚扰和歧视。

凯感到不幸、内疚和沮丧。公司让她无限期休假，直到她把自己的问题解决了才能回去。在凯休假期间，公司把特殊活动的策划外包给了另一家公司。让凯感到惊慌和伤心的是，老板现在已经发现，凯也许并不是不可或缺的。

事实上，谁都不是。

你靠做得多来证明自己的价值吗

你的身份认同和自我价值取决于你为别人做了多少吗？你认为自己是不可或缺的吗？请完成下面的测验，找出答案。阅读测验的每项陈述，确定它们是否符合你的情况。如果陈述符合或基本符合，就选择“符合”；如果陈述不符合或者基本不符合，就选择“不符合”。

测验：你的价值取决于你做了多少吗?

1. 我相信我的价值取决于我为别人做了什么。 符合 / 不符合
2. 为了真正值得别人喜爱，我必须奉献自己，为他们做事。 符合 / 不符合
3. 我常常会觉得自己实在是分身乏术。 符合 / 不符合
4. 我觉得我需要让别人满意，从而向他们证明我自己。 符合 / 不符合
5. 要是我不能为别人做事，或者不能让他们满意，那我会觉得自己很没用。 符合 / 不符合
6. 我的自尊和自我价值源于我为别人做了多少。 符合 / 不符合
7. 要是我不随时向周围的人奉献自己，我就会认为自己是个自私的家伙。 符合 / 不符合
8. 我认为我必须替别人做事，讨好他们，这样才能赢得他们的喜爱。 符合 / 不符合
9. 我相信，如果我不能为别人做事，那么他们就会质疑我作为一个人的价值。 符合 / 不符合
10. 尽管我一直尽最大努力取悦别人，可我还是常常会感到力不从心。 符合 / 不符合
11. 我很少把任务分派给别人。 符合 / 不符合
12. 尽管我相信自己基本上是个好人，但我还是会觉得，我必须每天都替别人做事以证明自己。 符合 / 不符合
13. 我相信，朋友们之所以喜欢我，是因为我为他们做了很多事。 符合 / 不符合
14. 我努力不让疲惫阻止我尽力为别人做事。 符合 / 不符合

15. 这么多人对我提出要求，这有时会让我感到愤愤不平，但我绝不会把自己的消极情感表现出来。　符合 / 不符合

打分和解释

数数你选择“符合”的个数，那就是你的总分。请参照下面给出的分数范围对你的总分做出解释：

- 总分在 8 ～ 15 分：你的身份认同和自尊严重依赖于你为他人做事的能力。这种心态会导致令人疲惫的紧张和压力，因而危及你的健康。
- 总分在 4 ～ 7 分：你可能仍然处在危险的心理地带；如果你的自尊受到打击，你可能就会驱使自己为别人做更多的事，以求赢回你觉得失去了的东西。你要小心。
- 总分在 0 ～ 3 分：你做得很好，没有高估自己对别人的不可或缺性。这是一个优点，你应该在康复过程中把它发扬光大。

只工作，不娱乐

当你把自我价值跟你为别人做了什么等同起来时，你就很可能会变成那种“只工作，不娱乐”的人。你似乎总是有时间迎合他人的需求和要求，却总是没时间关心和照顾一下自己。

过分重视成绩和工作效率，这会让你轻视娱乐和放松的价值。

你甚至相信，娱乐一下，小憩一会儿，或者悠闲地散散步，这些都

是在“浪费宝贵的时间”。这么想对你是不利的，因为娱乐和放松不仅有益于你的身体健康，而且也是保持工作的高效率和高质量所必需的。

尽管如此，你可能还是会推迟、拖延放松和娱乐活动的时间，直到你完成了所有你认为必须完成的工作。这一原则的问题在于，你认为必须完成的工作几乎永远也做不完，因此，你很少能为自己抽出或挤出时间。

或者，即使你真的为自己抽出了一点儿时间，你可能也已经把本应帮你减轻压力的活动，变成了强制性的义务，反而会给你造成更大的压力。锻炼就是一个生动的例证。锻炼是不是也已经变成了“待做事项”，为了避免让自己感到内疚，你必须要完成它？如果是这样，那么锻炼能给你的好处，很可能会比你想象的少得多。你可能在强壮肌肉，消耗脂肪或卡路里，但是就因为你把锻炼跟义务、压力和内疚联系了起来，所以你同时也在抵消锻炼的放松价值，而那也许是有规律的锻炼能带给人们的最重要的回报。

你对自己无疑会比对别人更严格。例如，大多数取悦者很少会对自己的成绩感到满意。你可能不愿意赞美自己，或者不肯对自己感到满意，以免你会变得自满。你可能担心，如果没有了不满足的“优势”，你的工作表现就更会远远不及你心中的高标准了。

你可能还相信，对自己“严格”，不给自己娱乐和放松，这会让你在别人眼中显得更值得尊重。然而更有可能的是，你只会让别人觉得你很不快乐，甚至有点儿悲惨。

你对自己严格的一种表现，可能是忽视身体发出的信号，该休息时不休息。因为你善于取悦别人，所以你会关心和照顾另一个跟你诉说身体不适的人，但是在这同时，你很可能会误解或彻底忽视自己的身体发出的类似信息。

如果你是那个身体不适的人，那么为了继续替别人做事，你很可能会试着把那些症状当作弱点或缺点来克服。事实上，对有些取悦者来说，当病情加重使得他们无法正常工作时，哪怕只耽误几天时间，他们也会变得非常沮丧和焦虑。

如果你的自尊跟你为别人做了什么联系得过于紧密，那么当你生病和需要照顾时，你就会觉得自己很没用，是累赘，可有可无，并因此感到内疚。反过来，这些于己不利的消极思想只会加重你的病情，延误你的康复。

揣摩心思的陷阱

当你生活中的其他人似乎不知道该怎样像你照顾他们那样照顾你时，你可能会感到怨恨和失望。如果你怀有这样的情感，那么你多半也会固执地相信，你应该不用告诉别人你需要什么，不用教他们怎样最恰当地关心你。他们就应该知道。

马西娅和彼得结婚三年了。三年来，马西娅一直努力让丈夫高兴，这让她感到自豪。然而当她发现，如果她不说，彼得似乎就不知道她想要什么，不懂究竟该怎样回报她时，她开始心生怨恨了。事实上，马西娅甚至把这当成了爱的试金石。

“我煮彼得爱吃的晚餐，睡前给他按摩后背，而在星期天的早上，我会把早餐和报纸一起给他送到床边，”马西娅自豪地说，“而且，请别误解了我的意思，我爱照顾他，那让我感到很幸福，甚至比他还幸福！”

然而，婚后没几个月，马西娅就注意到，彼得弄不明白她究竟想要什么。因此，她感到很失望。另外，想到自己居然有丈夫无法满足的需求，这又让她感到很内疚。而且，她还错误地相信，如果夫妻两人真的想让彼此开心，那么谁都不必告诉对方自己想要和需要什么。

例如，让马西娅感到苦恼的是，不管她用什么方式向彼得表达爱意，彼得似乎总是会把那理解为性爱的暗示。

“你知道，有时候我只是想跟他拥抱一下，”她解释说。“但是，彼得却以为，如果我显得深情洋溢，那就是想和他亲热。有时我的确想，但是大多数时候，我根本没有这种想法。我觉得，即使我不明说，他也应该能分辨出来。”

马西娅拒绝跟彼得谈论性与爱的问题。

“我想不明白，为什么非得我告诉他我想要什么、不想要什么。为什么他不能像我一样，自己努力弄清楚？如果他真的跟我的需求合拍儿，他就会知道我想要什么，并恰当地满足我。”马西娅愤怒地说。

夫妻俩最终接受了心理治疗，因为马西娅已经变得抑郁和沮丧了。起初，尽管已在接受治疗，但马西娅还是不肯把自己的感受告诉彼得。她坚持认为，她心目中的“完美婚姻”应该是，夫妻双方根本不必告诉对方自己需要什么，因为双方“就是会知道”。

然而，一旦他们开始坦诚地讨论双方的关系，马西娅就认识到了，彼得其实并不喜欢她为他做的某些事情。

“我不想告诉她我不喜欢她烧的一些菜，或者她为我做的一些事，我怕那会伤感情，”彼得解释说，“我知道她很为‘了解’我而自豪，更为了解并能恰当地满足我的需求而感到骄傲。而且，她还很善良。但是，她也不是没有错的时候。”

马西娅和彼得在治疗中认识到，在最和谐的两性关系中，双方会让对方知道，怎样才能最恰当地给予爱和接受爱。令人满足的、成功的婚姻，其标志不是揣摩心思，而是相互沟通。

马西娅不理智、不现实地相信，如果彼得爱她，那他就能读懂她的想法。这让她设下了很多心理陷阱，并把自己和丈夫都困在了里面。当丈夫未能满足马西娅的期望时，她会感到愤怒和伤心，而当她只想着隐含的原则，坚信丈夫任何时候都应该知道她需要什么时，她就给自己的愤怒和伤心找到了“正当理由”。

现在，马西娅和彼得是更加幸福美满的一对儿。因为他们沟通彼此的需求，所以两人都觉得，在让对方感到幸福和满足这方面，他们比过去成功多了。

态度调整：事情多到做不完

相信你是不可或缺的，你的身份认同感和自尊取决于你为别人做了多少，这会让你陷入取悦于人的老套路中。要允许自己把任务分派给别人，提高工作效率；要敢于提出自己的要求和需求，不要害怕会遭到反对或惩罚。这样一来，你就给取悦症打开了出口，开始重新掌控自己的生活。

请用下面的纠正陈述来对抗“你是什么人全在于你做了什么事”的错误思想：

★ 对你来说，有效地分派任务要比全盘掌控或者独享功劳（独担责任）更重要。

★ 不分派工作，不要求帮助，不对别人说“不”，你这就是在自找苦吃，盼着自己被压力和紧张压垮。

★ 如果你花点儿时间去娱乐、放松、做些愉悦的事，那么你完成的工作以及你为别人做的每一件事的质量都会提高。

第6章

好人可以说“不”

一个难解的谜题是，好人们永远没有足够的时间做完他们必须要做的那些事情，也永远没有时间照顾自己。但是，如果有人请求他们再多做一件事，他们也从来不会说“不”。

请完成下面的测验，确定各项描述在多大程度上符合你的情况。如果陈述符合或基本符合，就选择“符合”；如果陈述不符合或者基本不符合，就选择“不符合”。

测验：你可以说“不”吗?

1. 在完成所有必须要做的事情之前，我真的不能花时间去放松。 符合 / 不符合
2. 对我来说，拒绝朋友、家人或同事的请求非常困难。 符合 / 不符合
3. 我的身份认同取决于我为别人做了什么。 符合 / 不符合
4. 我极少对任何需要我帮助或想要我帮忙的人说“不”。 符合 / 不符合
5. 我几乎从来没有真正对自己的工作成绩满足过。 符合 / 不符合

6. 照顾别人常常把我累得精疲力竭，以至于我根本没有时间或精力去享受生活。　符合 / 不符合

7. 如果我花时间去放松，或者只是做件令自己愉悦的事情，那么我会感到内疚。　符合 / 不符合

8. 我相信，如果我不再像现在这样为别人做事了，那么以后谁都不会真正在乎我了。　符合 / 不符合

9. 我几乎从不要求别人为我做什么。　符合 / 不符合

10. 当我本想对别人的请求说“不”时，我说出来的却往往是“行”。　符合 / 不符合

打分和解释

数数你选择“符合”的个数，得到你的总分，然后参照下面的分数范围加以解释：

- 总分在 7 ~ 10 分：你把取悦别人看得比照顾自己更重要。你完全不能说“不”。
- 总分在 4 ~ 6 分：你应该保持警惕，确保自己不会在“当好人”的陡坡上失足。对于别人的请求，你应该更多地说“不”，或者更有选择地接受。
- 总分在 0 ~ 3 分：对于怎样从取悦症中康复，你已经想出了一些办法。要发挥你敢于说“不”的优点，保持自身需求与他人需求的平衡。

说“不”难如说外语吗

在好人的字典里，一般不会出现“不”这个字。如果你是一个这样

的好人，那么我可以很有把握地断言，不管是谁，不管他对你提出怎样的请求、要求、需求、愿望或邀请，也不管他的表达是含蓄的还是明确的，你几乎都很难对他说“不”。

说“不”可能会让你感到内疚或自私，因为在你看来，说“不”就等于让别人失望。在说了多年的“行”之后，你已经帮别人养成了料定你会应允的惯性。现在你可能会觉得，说“行”实在是你唯一的选择。

或许，仅仅是动了说“不”的念头，或者想到了这种可能性，这就足以让你感到难受、紧张和焦虑。而且，每当你屈服于自己的恐惧说了“行”时，短时间的焦虑缓解只会强化你说“行”的习惯。但是，这种下意识的顺从会导致代价高昂的长期后果。

像大多数好人一样，你之所以对说“不”反感，或许也是因为你预料自己的拒绝可能引起消极、愤怒的反应。从这个意义上说，你已经给“不”这个字赋予了太大的力量，以至于你现在都不敢使用它。

如果你总是说“行”，尤其是在你本想说“不”的时候，那么最终你会发现，你在不快乐地过完自己的每一天，使自己对宝贵的时间和资源的控制屈从于别人的意志。实际上，一直说“行”会让你成为别人的奴隶。

为什么说“不”会让你感到那么焦虑和内疚

另外，你对说“不”的逃避，可能还因为你相信自尊要靠为别人做事来赢得。在这种意义上，对别人的请求说“不”，这就等于主动放弃多替别人做事或多帮别人一个忙的机会。因为你的自尊似乎取决于你为别人做了什么，所以你不愿意拒绝多为别人做事的机会，这就可以理解了。

但从长期来看，你面临的困境在于，尽管到目前为止你几乎满足了所有人的需求，你的这种能力令人赞叹，然而终归会有那么一天，你的精力会耗尽。你想取悦别人，但你的好意和愿望会让你精疲力竭，最终达到极点。之后，你就再也不能为别人做所有的事情了，你的自我价值也就失去了近乎唯一的来源。

要想避免极点，保持对最重要的人说“行”的能力，唯一的办法就是学会令人信服地、有效地说“不”，至少是在某些时候拒绝某些人。事实上，要想治愈你的取悦症，学会说“不”至关重要。

说“不”将要求你重构自尊的来源。作为一个好人，你已经习惯了把为别人做事当成自己良好感觉的来源，尽管事实上你已经失去了对自己宝贵的时间和精力的控制。

如果想要改变，你必须学会让自己感觉良好，因为你已经重新掌控了自己的生活。这种掌控在部分上应归功于你的新能力——能够有意识地、慎重地选择做什么和不做什么，尽管事实上你难免会碰到不得不说“不”的时候。

但是，为什么现在说“不”会让你感到如此内疚、焦虑和难受呢？你可能没有意识到，多年来你压抑想要说“不”的冲动，这一直在给你制造沮丧。一旦有机会，那些沮丧就可能变成盛怒爆发出来。

因此，不足为怪的是，仅仅想到打破说“不”的禁忌也会让你满心焦虑。你对说“不”的恐惧，更多的是因为你长期压抑的怨恨和怒气，还有你最终可能说“不”的无礼方式，而不单纯是因为你说了“不”字。

说“不”意味着划定界限。打个比方说，如果有人踩了你的脚，那他就侵犯了你的身体界限。

如果你马上就跟他说的话，你也许能心平气和地告诉那个人他踩着你的脚了。然而，为了不伤害他的感受，你选择了保持沉默，尽管你是出于好心，却很不明智。如果他已经踩了好几回脚了，可你还是难以开口让他把脚挪开，你就很可能会达到忍耐的极限，而一旦超过了这个极限，你就再也无法保持礼貌。你越是忍着保持友好和顺从，任那个人踩着你的脚，你就越是逼近失控的边缘。

当“让你再也无法忍受的”最后一下落到你脚上时，他那样踩来踩去，已经把你的脚踩得疼痛难忍了，你很可能会气冲冲地提高了嗓门。你甚至会本能地一把推开那个人，大声地说他是个笨手笨脚的蠢货。

过后想想，要是你设定了清晰的界限，一旦有人侵犯你就发出警告，那么你就既顾及了对方的感受，又避免了脚被踩得疼痛难忍的可能。

因为你是一个好人，所以几乎对任何人说“不”你都会犹豫。由于你的个人界限老是被人侵犯，所以你的脚才被踩得青一块紫一块的。因为你一直逃避说“不”，因为你没有给自己的时间和精力设定清晰、严格的界限，所以你现在可能会发现，你的忍耐和克制已经逼近极限了。

但是，解决办法不在于抢先阻止以后说“不”的机会。正如上面的类比所表明的，你越是犹豫着不想说“不”，你心中累积的怨恨和沮丧突然爆发的危险就越大。

只要你允许自己说“不”，哪怕只是在某些时候拒绝某些人，你也已经朝着改善迈出了最重要的一步。

态度调整：好人可以说“不”

允许自己说“不”，这将帮你卸下肩头的重负。下次当你本想说“不”，但冲到嘴边的却是“行”时，请想想下面这些纠正陈述。

★ 为了保证你有能力向那些对你最重要的人付出，你需要在某些时候对其他人说“不”。

★ 你需要像你善待别人那样善待自己。

★ 为了保护自己的情感或生理健康你本该说“不”，但是你却说了“行”，你应该为这样的行为（而不是相反的行为）感到内疚。

★ 作为一个人，你的价值并不取决于你为别人做了什么。在某些时候对某些人说“不”，这绝不会减少你的价值或者你在他们眼中的价值，相反可能会增加你的价值。

第二部分

习惯型“好人”

实际上，“习惯”这个字眼是描述强迫行为循环的委婉说法。更确切地说，你的取悦习惯已经达到了上瘾的程度。取悦成瘾的“刺激”或奖赏是双重的。

首先，你之所以会对取悦于人上瘾，是为了赢得他人的认可。其次，你之所以上瘾，还因为你已经“学会”相信你的取悦行为能帮你避免他人的反对。

事实上，取悦行为能从强迫习惯发展成真正的瘾，更大的动力是为了避免反对，而不是为了赢得认可。**如果习惯行为的驱动力更多地是为了避免痛苦或消极的东西（比如反对），而不是为了赢得有益或积极的东西（比如认可），强迫习惯就会成瘾。**

从行为的角度来说，取悦症必然会让你承担过多的责任，把你有限的资源摊得很薄，因为你很少说“不”，而且不能有效地分派任务。这些习惯的一个结果是，你试图取悦或避免得罪的那些人所形成的圈子会变得越来越大，直到你因压力过大而难以承受。

你的认可刺激表现为多种形式，比如欣赏、赞美、认同或喜爱。你试图避免的反对也表现为多种形式，比如拒绝、抛弃、批评或漠视。

跟其他的成瘾一样，取悦习惯得到的奖赏也是随机的、偶尔的，而不是连续的。就像一个玩老虎机的赌徒会因随机的、偶尔出现的累积奖金而上瘾一样，你也会因你的某些取悦努力给你赢得了赞美或帮你避免了批评而上瘾。因此，你会发现你不得不取悦越来越多的人，默许越来越多的请求和需求，以增加自己得到奖赏的频率。像越想翻本最终却输得越多的赌徒一样，你也会因极力想让每个人都喜欢你、认可你而变得精疲力竭。

这种强烈的认可需求会促使你放弃对自己的时间和精力的控制权，以及你在亲密关系中的控制权。认可需求源于孩提时代，在那时，你学会了通过养成取悦习惯来争取父母的赞美，逃避他们的批评、反对和拒绝。当你还是个孩子的时候，学习讨好重要的、有权力的成年人，这可能一向是实用而且有益的行为。但是，就像前面讨论的取悦心态一样，当你长大之后，寻求认可和逃避反对的强迫习惯就不再奏效了。

你可能仍然沉迷于寻求父母的认可，但是现在，对爱和认可的需求也很容易让你对既痛苦又甜蜜的浪漫关系成瘾。此外，你的取悦症还能让你不知不觉地成为恶意伴侣的同谋。接下来的章节将帮助你认识到，你的取悦习惯实际上会鼓励和纵容愤怒伴侣对你的虐待。

或者，为了避免你最害怕的抛弃，你可能会把取悦作为一种对伴侣的善意操纵。表现为这种形式时，你的取悦习惯会让你竭尽全力地满足伴侣的所有需求，以证明他绝对离不开你。你误以为，如果你让他非常需要你，那他就永远也不会抛弃你。不幸的是，这种逻辑往往是错误的。

跟第一部分一样，第二部分的各章也将以“行为调整”结尾，给你提供打破取悦症循环的具体措施。请记住，在取悦症三角形的任何一条边上，仅仅一个改变就能影响整个三角形，并引发康复过程的连锁反应。

第 7 章

学会取悦：认可瘾

玛里琳已经记不清她的取悦行为究竟是什么时候开始的了。更确切地说，她记不清自己什么时候不是取悦者了。

“我一直都是这样，”玛里琳解释说。“我想我最早是从妈妈那里学到的。她不停地给我灌输，当个‘乖女孩’意味着你要照顾别人。事实上，每当妈妈想让我干活的时候，她就会说‘宝贝儿，你要乖啊，要听话，快去做什么什么’。”

然而，玛里琳跟爸爸的关系更难相处。爸爸对她的行为和外貌非常不满，尤其是在她进入青春期之后。爸爸的脾气也很暴躁；当然，玛里琳也学乖了，从来不以任何方式挑战他的权威。玛里琳记得，她靠“保持低调、预测爸爸的需求、给爸爸帮忙”来躲避爸爸的愤怒。在家里，玛里琳努力提高自己的取悦本领，因为那既能让她免受爸爸的怒气和批评，又能帮她赢得爸爸条件苛刻的认可。

像很多女人一样，玛里琳也是儿时就学会了取悦行为。因为她热爱并且同情自己的妈妈，所以她会心甘情愿地效仿妈妈。而且，她还很快就认识到了，当乖女孩，讨好别人，这会让她赢得妈妈的爱，如果赶上爸爸心情好的话，还能赢得他的认可。

我们喜欢得到我们生活中很重要的那些人的认可。但是，对取悦者来说，赢得他人的认可和避免他人的反对是首要驱动力。事实上，如果你是取悦者，那么在你心里，避免他人的反对很可能要比赢得他人的认可更重要。

你对认可上瘾吗

毫不夸张地说，大多数取悦者都对赢得认可和避免反对上瘾。那么你呢？请完成下面的测验，确定你的取悦症在多大程度上受这些强迫习惯驱动。阅读测验中的每项陈述，确定它们是否符合你的情况。如果陈述符合或基本符合，就选择“符合”；如果陈述不符合或者基本不符合，就选择“不符合”。

测验：你对认可上瘾吗？

1. 如果有人反对我，我会觉得自己不值得大家喜欢。　符合 / 不符合
2. 让我生活中的几乎每一个人都喜欢我，这对我来说极为重要。　符合 / 不符合
3. 我总是需要别人的认可。　符合 / 不符合
4. 当有人批评我时，我通常会感到非常不安。　符合 / 不符合
5. 我相信我比大多数人更需要他人的认可。　符合 / 不符合
6. 为了真正让自己感到有价值，我需要别人认可我。　符合 / 不符合
7. 我的自尊似乎非常依赖于别人怎么看我。　符合 / 不符合

8. 得知有人不喜欢我，这会让我心烦意乱。　符合 / 不符合

9. 他人对我的情感有很大影响。　符合 / 不符合

10. 我希望人人都喜欢我。　符合 / 不符合

11. 为了让自己感到幸福，我需要他人的认可。　符合 / 不符合

12. 假如我必须在赢得认可与赢得尊重之间做出选择，那我只好选择认可。　符合 / 不符合

13. 在做出重要决定之前，我似乎需要每个人的认可。　符合 / 不符合

14. 对我来说，他人的赞美和认可是强大的动力。　符合 / 不符合

15. 在我生活的各个方面，我总是非常在乎别人怎么看我。　符合 / 不符合

16. 面对批评我会百般辩解。　符合 / 不符合

17. 我需要让每个人都喜欢我，尽管我并不是真的喜欢每一个人。符合 / 不符合

18. 我会竭尽全力地让那些对我很重要的人不要反对我。　符合 / 不符合

19. 在团队中，如果有一个人批评或反对我，那么即使其他人都称赞我，我还是会感到不安。　符合 / 不符合

20. 只有他人认可我，我才会感到被爱。　符合 / 不符合

打分和解释

首先，数数你选择“符合”的个数，那就是你的总分。然后，参照下面给出的分数范围解释你的总分：

- ◆ 总分在 15 ~ 20 分：你对赢得认可和避免反对上瘾了。而且，由于你认为自己需要每个人的认可，所以你的渴求可能从来没被真正满足过。你的认可瘾是取悦症的主要病因，需要你马上努力改变。
- ◆ 总分在 10 ~ 14 分：你可能还没有对认可上瘾，但你的确过于在乎别人怎么看你。你对认可的渴望很容易发展成瘾；对于这个问题，你应该立刻重视起来，因为它在你的取悦模式中起着重要作用。
- ◆ 总分在 5 ~ 9 分：你的认可需求是适度的，没有成瘾……至少现在还没有。然而，即便是这种程度，你对认可的渴望以及对他人看法的在意，仍旧容易让你患上取悦症。尽管你的认可需求不如其他原因那么重要，你还是应该保持警惕。
- ◆ 总分在 0 ~ 4 分：对一个取悦者来说，你的认可需求低得有些异乎寻常。请检查你的答案，确保每个问题你都是谨慎、坦白地回答的。否认是自我意识的敌人。

除了解释你的总分之外，分析你对单项陈述的回答也很有帮助。总分反映你总体上对他人的认可有多渴望，对他人的反对或批评有多敏感。但是，你对单项陈述的回答也很重要，很有启发性。请再看看各项陈述，尤其是跟你的想法符合的那些。

认可成瘾，如履薄冰

重视他人（尤其是你喜爱和尊重的那些人）的认可并没有什么不对或不好。渴望被他人喜欢，这种欲望是天生的，再自然不过。但是，如果你对被喜欢和被认可的偏爱到了强迫的程度，或者你觉得不被认可的后果非常严重，简直就是灾难，那么你就已经跨越了安全的心理界线，进入了冰面极薄的危险地带。

正如前面的测验陈述所表明的，如果你是一个对认可上瘾的人，那你就相信赢得他人的喜欢和认可对你的情感绝对不可或缺。你不仅仅是渴望被喜欢；你还需要被喜欢。对你来说，认可不仅是值得拥有的，还是不可缺少的，就像氧气一样。

跟其他的成瘾者一样，你似乎在迅速地消耗自己得到的一切认可和喜爱。在你的心理账户中没有对认可的储藏或储蓄。不管你今天赢得了多少认可和喜爱，它们就是剩不下；到了明天，你还是会渴望别人的认可。这种瘾只会让你的不安全感变得更加强烈，而正因为昨天你得到过大家的喜爱，所以你的不安全感会驱使你今天再一次赢得他们的尊重和认可。

因为你夸大了批评的严重性，所以批评才会让你非常不安。对认可成瘾者来说，批评总是非常针对个人的。这在一定程度上是因为，取悦者（尤其是认可成瘾者）无法清楚地把“他们是什么人”跟“他们做了什么事”区分开来，也就是说，他们无法区分人的本质与人的行为。

如果你是个认可成瘾者，那么当你的行为或工作成果受到批评时，你就会做出情绪化的反应，就好像你作为人的价值整个被贬低或否定了。因此，受到任何批评都会让你变得草木皆兵、忧心忡忡，这也就不足为怪了。

认可成瘾者要想感到快乐和有价值，别人的认可至关重要。正因如此，别人的反对几乎是无论如何也得避免。对大多数认可成瘾者来说，避免反对会成为强大的动力，因为别人的反对要比认可和喜爱发生得更频繁。

思考片刻你会发现，谁都不能连续不断地被喜爱、被认可。认可和尊重的公开表示只会偶尔发生，即使是对最受欢迎的人。

或许大多数时候，社会互动完全是中性的，或者稍微有些客气的。更加公开的认可时常得靠推断。如果有人老是要求别人一再保证他会得到喜爱和认可，那么他就会被人贴上“没自信”“惹人烦”或者更糟糕的标签。

谁也不能随时得到每个人的认可：认可之所以这么容易让人上瘾，正是因为它不是什么时候都能得到。

先天行为与习得行为

要想为改变你的取悦习惯制定有效的策略，你首先需要理解支配所有行为的基本机制。

人类行为可以分成两个基本的类别。第一类是与生俱来的先天行为，以遗传密码的形式存在。如果发育正常，那么不用任何人教，我们每个人的身上都会出现先天行为。例如，即使没有人教，小孩儿也能慢慢变得会滚、会坐、会爬并最终会站、会走。因此，先天行为不需要学习。

第二类是习得行为。取悦是习得行为，在其形成过程中，其他人扮演着重要角色：他们要么是你努力效仿的行为榜样，要么是给你提供重要奖赏的人。

没有谁生来就是取悦者。重要的是，既然取悦是一种习得行为，那你就能改掉它；或者更确切地说，你就能以更有效的、情感和生理上代价更小的方式重新学习它。

取悦者怎样学习

第一种或者说最基本的学习形式叫作“角色模仿”。这意味着你通过模仿自己周围那些关系密切的人来学习。像大多数取悦者一样，你的爸妈可能就是你的行为榜样，通过模仿，你从他们那里学到了取悦习惯。重要的是你要认识到，你自己的孩子也在模仿你，他们可能也学到了不少取悦习惯。

第二种学习过程必然伴随行为学习，因为那会带来奖赏，或者是因为那可以避免或阻止不愉快的或痛苦的事情发生。如果在预期的行为发生之后立刻就给予，那么奖赏“正强化”就能增大同样的行为将来再次发生的可能性。我们大多数人都很熟悉用奖赏来强化学习的做法。如果我们的孩子或宠物表现得很乖，值得我们鼓励，我们就会本能地称赞或奖赏他们。

然而，大多数人一般都不太熟悉“负强化”的概念。尽管如此，通过负强化学到的习惯，甚至可能比通过直接奖赏学到的习惯更牢固。而且，每个取悦者都接受过负强化的训练，尽管他可能不认识这个名词。

行为之所以能通过负强化来学习，是因为行为的目的就是要避免或阻止不愉快的或痛苦的感觉或体验。负强化（或负奖赏）在于避免坏事，而不在于促成好事。然而，就像通过正强化学到的行为一样，通过负强化学到的行为将来也更有可能再次发生。

你的取悦习惯是通过正强化以及负强化学到的。当取悦行为赢得了赞美、欣赏、认同或喜爱等认可时，习惯就得到了正面的强化或奖赏。然而，当你的取悦行为帮你避免或阻止了批评、拒绝、漠视、惩罚或抛弃等反对时，你的习惯就得到了负面的强化。

你是怎样对认可上瘾的

对每个人而言，重视他人的认可都是一个强大的奖赏来源。从婴儿期开始，我们的行为就高度地受到他人认可的影响。除了我们最深层的社交设计之外，我们的生物和基因布线也驱使我们寻求他人的认可，尤其是那些控制着奖赏（比如爱、社会地位、学习成绩、薪水等）的重要人物的认可。

取悦者之所以会上瘾，是因为他们的行为能为他们赢得他们所渴望的认可。

取悦他人会让你感觉良好，因为随着时间的推移，取悦已经跟认可联系在一起了。如果有什么事能让你感觉良好，你就倾向于反复去做，以保持那些良好的感觉。

像玛里琳一样，几乎所有取悦者一开始学到的都是，通过满足别人的需求来让他们高兴，这是赢得至关重要的认可的直接途径。认可是正强化的通用手段，可以最直接地奖赏和维持取悦。

如果想要取悦别人的愿望限制在预定范围内，那么它将是一种非常可取的个人品质。例如，预定范围可能包括把取悦对象限定为最亲近的家人和朋友，能够非常有选择地对那些跟你关系较远的人说“行”或说“不”，等等。问题在于，因为取悦行为被认可所满足，所以取悦者强烈倾向于把取悦努力扩大到合理的范围和限制之外。对取悦者来说，认可的奖赏价值会让他们成为取悦成功的受害者。可以理解的是，取悦努力的受益者（比如满意的客户）会再来要求更多的利益。于是，他人要求的分量会越来越重。在这同时，取悦者会把越来越多的人变成自己努力取悦的对象。

取悦者之所以会受到取悦症的折磨，是因为他们不能也不会说“不”。

不管怎样，取悦者已经把说“行”（不管是口头上答应，还是行动上顺从）跟获得认可和奖赏联系了起来。正如我们已经说过的，取悦症不仅仅是当好人当过头了的问题。有时候，取悦不再是选择的问题；相反，它具有根深蒂固的习惯特征，最终表现为强迫性的、上瘾的行为模式。

瘾怎样起作用：两只鸽子的故事

作为认可成瘾者，你对自己想被每个人喜欢的需求认识过于笼统。而且，就像一条摇尾乞怜的小狗一样，你很乐意一直得到每个人的认可。然而实际上，认可成瘾者（像现实世界中的任何其他人一样）只会在某些时候从某些人那里得到他们非常热切地寻求的认可。讽刺的是，让你对认可欲罢不能的，恰恰是这种部分的或偶尔的强化。

与直觉相悖的是，实际上，行为只在偶尔而非一直得到奖赏的情况下才会成瘾。当奖赏随机而且不可预测时，瘾才会形成。这种类型的强化或奖赏被称为“赌博程序”，因为它跟老虎机给满怀希望的赌徒吐钱的方式很相似：随机、偶尔、间歇。

同样的，如果你是个认可成瘾者，那么让你上瘾的其实是机会或希望：尽管实际上你不是每次都能得到认可，但是每次你为别人做好事时，认可都有可能到来。正如下面的例子所表明的，奖赏的确定性、保障性和连贯性根本不是成瘾体验的要素。

关于随机的、部分的强化怎样起作用，最生动的示范是一个旨在研究成瘾本质的实验。这是一项经典的心理学研究，它会让你异常深入地了解你自己的认可瘾。

在这个实验中有两只鸽子，实验人员已经有段时间没给它们喂食了，目的是用饥饿刺激它们。1 号鸽子放在一个专门设计的笼子里，这个笼子叫作“斯金纳箱”（Skinner Box），得名于著名的行为心理学家 B.F. 斯金纳（B.F.Skinner）。斯金纳箱中有个控制杆，鸽子能用喙按下它。在控制杆的下方是个食槽，用来装粒状的鸽食。

1 号鸽子在笼子里探索了一会儿，然后开始用喙啄控制杆。当控制杆被按下时，一粒鸽食出现在了食槽中，饥饿的鸽子立刻把它吃掉了。因为可以得到食物，鸽子再一次按下了控制杆，并且又得到了一粒食物。这种按一下就得到一粒食物的行为持续着，仅仅过了几分钟，1 号鸽子就养成了心理学家所谓的“牢固的按压控制杆的习惯”。

1 号鸽子按压控制杆的习惯是靠连续强化来保持的。这意味着每当鸽子按下控制杆时，它都能得到一粒食物。

现在，2 号鸽子被放进了第二个笼子中。在开始的几分钟里，实验的进行跟 1 号鸽子完全一样。每次 2 号鸽子按下控制杆时，它就得到一粒食物。然而，一旦按压控制杆的习惯牢固地养成之后，2 号鸽子的生活就发生了改变，而最终的结果很不幸。

实验人员不再每次都用食物奖赏 2 号鸽子，而是采用了随机的或部分的奖赏程序。这意味着 2 号鸽子可能按了 5 次控制杆都没有得到食物，直到第 6 次才得到了。然后，它可能又按了 20 次都没有得到奖赏，但第 21 次和第 22 次却都得到了。再接下来，它可能要按更多次才会得到下一粒食物。

就 2 号鸽子的处境来说，关键在于按下控制杆的奖赏偶尔才会出现。鸽子无法准确地预测下一粒食物什么时候到来，因为奖赏的给予是随机的。

实验的最后一步是看彻底取消奖赏后，两只鸽子按压控制杆的行为会持续多长时间。我们感兴趣的是，在没有任何强化的情况下，哪只鸽子按压控制杆的行为会更持久。对斯金纳箱中的鸽子来说，得不到任何强化仍然按压控制杆，这相当于成瘾行为。你认为哪只鸽子按压控制杆的行为会更持久？

在得不到任何食物的情况下，1 号鸽子按压控制杆的行为只持续了很短的时间，可能还不到 1 分钟。尽管先前它一直得到连续的奖赏，但是当奖赏中断之后，它按压控制杆的行为也很快就停止了。实际上 1 号鸽子明白，如果不再有奖赏，按压控制杆就毫无意义。于是，它就干脆从控制杆旁边走开了，估计心情还很愉快，而且营养良好。

但是 2 号鸽子就完全不同了。尽管没有奖赏，这只不幸的鸟儿还是一次又一次地按压着控制杆，直到把自己累得昏倒了。它是真的对按压控制杆上瘾了。看起来，它似乎完全无法停止这种行为，尽管得不到奖赏，还把自己累得精疲力竭。

用人的话说，2 号鸽子之所以坚持一种于己不利的习惯，是因为它对“食物可能下一次就会出现”的希望或机会上瘾了。

同样，你之所以会对认可上瘾，也是因为他人间歇的而非连续的欣赏、感激或喜爱等表示给了你“刺激”。

没有谁能一直得到认可，而这恰恰是认可如此容易让人上瘾的原因。

你是渴求他人认可的“鸽子”吗

鸽子实验给出了行为心理学中经典的成瘾模式。这个例子可以让你深刻地理解，你喜欢讨好他人的倾向怎样恶化成了强迫性的成瘾模式，让你变得几乎没有选择甚至无法控制。

要解释强迫性成瘾习惯，我们得着眼于取悦习惯所诱发的强化的模式和性质，关键是要理解随机、间歇奖赏的影响力。

在比喻意义上，你已经变成了一只渴求他人认可的“鸽子”，只不过，你面对的控制杆更像老虎机上的控制杆。事实上，老虎机与斯金纳箱非常相似，以至于“赌博程序”这个说法被广泛用做间歇强化的标签。

想象你站在老虎机前面，尽管不中奖，你还是一次次地投入硬币并拉动控制杆。不过，你偶尔会运气爆发，中一次大奖。硬币丁零当啷地掉出来，你体验到了赢钱给赌徒带来的“强烈刺激”。

然而事实上，你因为没中奖而输掉的钱，要远远多于中大奖赢来的钱。间歇、不可预测的回报让你玩儿上了瘾，因为你希望得到更多、更大的回报。你满怀期待地玩儿着，你的钱包却越来越瘪。

你对认可的渴求也以同样的方式日趋强烈。但人生的现实是，你为别人做的很多事情得不到感激或认可。你的家人和最亲密的朋友尤其会这样，因为他们已经开始期待，甚至可能认为你为他们做的很多事情是理所当然的。或许，别人的确感激和认可你的行为，但是有的时候，他们的认可和感激埋在心里，没有表达出来。

你对认可的“赌博程序”上瘾了。当然，你得到的不是叮当作响的硬币，而是“偶尔有人真的会感激你”的回报。而且，因为认可似乎偶尔才会得到，所以你会希望扩大取悦对象的人数。你这样做是为了更加频繁地赢得认可，因为你的渴求仍旧没有得到满足，你仍旧会乐此不疲。

这就好像是你决定同时玩儿 4 台老虎机，因为那似乎能让你更频繁地听到中奖的铃声以及硬币的叮当声。然而事实上，你继续输掉的钱肯定要比赢回来的更多。而且，为了让所有的老虎机不断地吐出硬币，你会变得烦躁和疲倦。因为回报来得更频繁了，所以暂时来看，你可能感到更愉快了。然而随着时间的推移，赢钱的喜悦会被不由自主地往老虎机里塞硬币的单调乏味所取代。最终，你精疲力竭了，而且还很可能身无分文了。

对取悦者来说，跟同时玩几台老虎机相似的是，你超越自己的核心圈子，格外努力地讨好越来越多的人。这样一来，你似乎就有更多的机会让别人更频繁地表达他们对你的认可和感激。

但是，随着取悦对象的圈子不断扩大，取悦的压力也会越来越大，直到你陷在他人需求的流沙中，精疲力竭，甚至心怀怨恨。

然后，在你的好意以及你不敢说“不”所导致的压抑循环中，你会觉得自己彻底失控了。满足他人的需求并得到他们的认可，这曾经是你的快乐和满足之源，可最终却变成了无法抗拒甚至令人疲惫不堪的压力之源。

随着明确或含蓄地对你提出苛刻要求的人越来越多，你可能会跟那些最亲近的人越来越疏远，其中包括你最亲爱的家人和朋友。最终，你可能会彻底忽视你自己的需求，除非它们是你取悦别人所必需的。

当你的动力从寻求认可变成了避免反对时，取悦症终于彻底披上了成瘾的外衣。

心理学家认为，当坚持某种行为的主要原因不再是为了获得积极情感，而是为了避免中断行为可能造成的消极情感时，温和的习惯就会变成有害的上瘾。

你会尽多大的努力避免反对

50多岁的萨曼莎有过7年的婚姻生活，有一个儿子。她在30多岁的时候离婚了，之后就再没有结过婚。

萨曼莎是在军营里长大的。她的父亲是职业军官，每次接到新的派驻命令，就得带着全家搬到新的基地；她的母亲则是“完美的军官夫人”。萨曼莎没有兄弟姐妹；回忆起自己的童年，她很悲伤。

“我在同一所学校上学的时间从来没有超过四年，”萨曼莎解释说。“我一向是个非常优秀的学生，因为爸妈对我要求很严格。但是，我总是觉得自己跟其他的孩子合不来。我一直想让每个人都喜欢我。在我的记忆里，有不被邀请加入社团或参加派对的痛苦，也有偶尔受到邀请的喜悦。我认为，这正是我如今非常渴望能被很多人喜欢、能有很多朋友的原因。”

“我知道爸爸非常失望我不是个男孩，因此，我从来不认为我能让他满意。我猜正是因为这个原因，赢得他的认可才会变得对我如此重要。”

“如果我得了高分，或者我在他们的聚会上表现得乖巧可爱，或者我老实地待在自己的房间里不去打扰他们，那么他们就会叫我‘乖女儿’，会跟我说他们很爱我。”

“但是，如果我做了什么错事，比如没打扫自己的房间，或者指挥官来我家喝酒时，我没有马上微笑相迎，那他们就会不理我，有时甚至一连几天不跟我说话。在他们身边长大真的是一种心理折磨。”

为了离开父母，萨曼莎嫁给了菲尔。在恋爱期间，菲尔很浪漫也很温柔。萨曼莎相信，自己挑了个好丈夫，他会和挑剔、冷淡的父亲完全不同。

然而婚后没多久，菲尔就变了。用萨曼莎的话说，他很快就变得“苛求、刻薄而且不耐烦……就像我爸一样。”

“一旦成了我的丈夫，他就表现得好像我已经属于他了一样。他想控制我生活的每一个方面。可恶的是，我任由他摆布。他告诉我该穿什么衣服，该有怎样的行为和感受。他经常批评我不会抚养孩子，说儿子长大了肯定会恨我。”

“他的刻薄和控制让我感到，跟父母在一起的痛苦生活又回来了。我只是希望他能为我感到骄傲；为了得到他的认可，我什么都愿意做。然而，我从来没有感觉到他真的爱我这个人，”萨曼莎若有所思地说。

为了让冷漠、刻薄的丈夫高兴，萨曼莎累得身心俱疲。面对反对和抛弃这两种形影相随的威胁，讨好和顺从是她知道的唯一的生存途径。然而最终，菲尔还是弃她而去了。

“等到他为了另一个女人离开我时，我的自尊一落千丈。我甚至不知道自己今后怎么活。我活着就是为了让他高兴，可现在我连讨好他的机会都没有了。”

“过了好几年，我才对自己抚养孩子的能力多了点儿信心。但是，每当儿子去跟他爸爸在一起时，尽管这样的时候很少，可我还是会感到非常不安。现在我儿子已经是个大人了，我必须非常小心，不能让他像他爸爸那样操纵和控制我。”

“自从离婚之后，我约会过的每个男人都知道我多么需要认可。我儿子也知道。我明白，在浪漫关系中，我就像一个听话的提线木偶，一切听凭对方的摆布。”她自嘲地说。

“真正可笑的是，我其实还在努力争取爸爸的认可。这实在太荒唐了。他已经 83 岁了，可是依旧那么挑剔和冷漠。我一直希望他会在去世前让我知道，他其实很爱我。但是，他永远也不会真的认可我，因为我是他的女儿，而他一直想要个儿子。难怪我总是会觉得有些不痛快。”

按下你自己的控制杆

当你竭尽全力地想要赢得某个人的认可，而他又似乎不可能满足时，你就会像前面那只倒霉的 2 号鸽子一样，陷入恶性循环当中。萨曼莎的故事就是生动的例证。

好消息是，萨曼莎如今正取得巨大的进步。萨曼莎在学着纠正努力想让每个人都喜欢自己的不利思想和习惯。现在她已经理解了，她的认可瘾怎样让她成为了控制欲强的男人的理想目标：他们很快就会发现，她很容易操纵，并且愿意忍受情感折磨。

眼下，萨曼莎正在跟几个不同的男人约会，但她平生第一次有这么良好的自我感觉。

“活到现在我才终于认识到，让别人喜欢我并不是最重要的；如果为了讨好别人，我必须要做一些忽视和亏待自己的事情，那就更不值得了。我现在知道，想让每个人都喜欢我、认可我，那是根本不可能的；我现在可以坦然地接受这一点。”

她想了想又补充说：“由于得到了我自己的认可，我的自我感觉比以往任何时候都要好。”

行为调整：戒掉你的认可瘾

即使你有认可瘾，那也并不意味着你就注定要身陷其中无法自拔。即使你已经上瘾了，你也能戒除自己的取悦习惯。下面这些重要的措施可以帮助你现在就开始改变：

- ★ 不管是谁，想一直得到每个人的认可，那是不可能的。因此，你最好停下来，别再白费力气。
- ★ 如果你一直习惯性地想要得到每个人的认可，那你最终就会像上瘾的2号鸽子一样，把自己累得精疲力竭，变得消沉而又沮丧。鸽子的大脑非常小，而人则不然。
- ★ 试图让每个人都喜欢你，这只会加深你有心无力的感觉，而绝不会让你对自己感觉更好。
- ★ 得到他人尤其是你喜欢和尊重的那些人的认可，这也许能让你感觉良好。但是，你不需要用他人的认可来证明自己作为人的价值。
- ★ 有些人可能永远也不会喜欢或认可你，这完全是他们的问题，而不是因为你有什么不好。
- ★ 最重要、最有效、最持久的认可是你对自己的认可。要清醒地认识自己的判断力和价值观，并用它们支配自己。
- ★ 要用选择代替强迫习惯，要留心自己在做什么以及为什么那样做。

第8章

为什么你得不到父母的认可

正如我们在上一章看到的，如果说认可是毒品，那么父母往往就是毒贩子，尽管他们可能是无心的。

尤其是当父母把爱用做有条件的奖赏时，他们就是在引导孩子将来成为认可成瘾者，最终成为取悦者。当孩子的行为或外表惹人喜爱时，这些父母就会给孩子贴上“好”的标签，认定孩子值得爱；但是，当孩子让他们不高兴时，他们就会把爱收回。这叫作“有条件的父爱母爱”，它对孩子的影响可能是毁灭性的。

这样看来，寻求认可以及由此产生的取悦是孩子形成的应对技能，可以帮他们避免可怕的、无法控制的情感环境。

对非常小的孩子来说，父母是全能的，几乎掌控着所有重要的东西，尤其是爱和保护。自从有了意识之后，孩子就在学习把父母的笑脸和赞扬跟爱和安全感联系起来。

当孩子意识到爱必须要靠做“好”孩子和讨父母欢心来换取时，问题就来了。孩子于是就会认为，如果他未能讨得父母的欢心，父母就会不再爱他了。在孩子过分单纯的世界里，爱一旦被收回，可能就永远消失了。这可能会导致对抛弃的极端恐惧。

在小孩儿的心里，“自己是谁”与“自己做了什么”并没有明确的区别。因此，在爱的给予附带条件的家庭里，孩子的自我价值感会跟他的行为表现缠绕在一起。

按照这种心理逻辑，做了“坏”事就等同于是“坏”人，做了“好”事就等同于是“好”人。在这种有条件的情感环境中长大，结果就是孩子会把取悦别人跟当“好”人联系起来，而当好人则意味着值得别人喜爱。相反，当“坏”人意味着别人会反对你，而反对又意味着你不再被人喜爱了，因为你不值得别人喜爱。当你不值得喜爱时，人们就会离你而去——你被抛弃了，没了安全感，处境悲惨。

你能够理解当父母的爱附带了条件时，孩子面对着怎样的情感赌注。认可是爱存在的信号，在孩子心里具有重大意义。当孩子靠讨好赢得了父母认可的信号时，孩子会觉得父母爱他，觉得自己幸福而且有价值。认可暗示着，至少暂时来说，孩子是安全的，不会遭到抛弃。

相反，反对会变得十分危险。这些父母的反对意味着，他们拒绝承认孩子的价值和安全感。认可是爱和安全感的信号，反对则预示着抛弃、危险和恐惧。

当父母无条件地爱孩子时，孩子就会学到一个非常重要的启示，开始理解自身作为人的价值与自身行为是否正确之间的区别。

在爱不附带任何条件的环境中，当孩子做了错事时，父母的言语和行为会告诉孩子：“我们爱你，但我们不喜欢你犯错误。”

在无条件的爱下，默认契约是父母承诺爱自己的孩子，只因为他是自己的孩子。赞扬和认可是为了影响孩子的行为选择。认可仍然是一种奖赏和强化；但是，因为对行为的认可跟孩子的价值以及孩子应得的爱分开了，所以跟爱附带条件的情况不同，认可不会变成安全的首要信号。同样，反对或批评不会拉响心理警报，只会提醒孩子危险和抛弃正在逼近。

像萨曼莎这样的孩子，他们对反对和抛弃的恐惧往往会伴随终生。作为成年人，他们对别人发出的最轻微的反对暗示也非常敏感。成年认可成瘾者面对批评时，童年的情感包袱仍然会让他们非常焦虑。

在很快就把控制权交给别人之后，为了避免遭到批评、反对或者嫌弃，减轻对抛弃的恐惧，这些取悦者几乎什么都愿意做。他们凭借一生磨炼的取悦本领，他们手忙脚乱地平息着别人的反对，好让自己再一次感到安全或者更安全。

酗酒父母的成年子女

有相当多的取悦者是酗酒父母的成年子女。在他们的案例中，取悦作为赢得认可的手段，其形成是为了应对父母酗酒后反复无常、莫名其妙而且往往很可怕的行为。

从小孩儿的角度来看，严重酗酒的父母会像变色龙一样改变情绪和行为。例如，没喝酒的父亲可能亲切而又慈爱，但是他喝多了之后，却很可能会变得冷淡、漠然、不耐烦甚至暴躁易怒。

在早上和午后，酗酒前的母亲可能还是清醒的，可以很好地照顾她的孩子。但是到了傍晚，预计丈夫快要下班回家了，她可能就开始一小口一小口地喝上了。等到吃晚饭时（往往不能及时端上桌），她可能已经喝得烂醉了，根本顾不上自己的孩子。或者，想到自己艰难的生活和不幸，她可能会放声痛哭。

对孩子来说，酗酒者的世界是个令人困惑而又沉重的地方。这个地方还很可怕，因为在孩子的眼中，父母是全能的，本该照顾自己的孩子，可一旦他们喝醉了，他们几乎就连照顾自己的能力都没有了。父母在饮酒上失控，孩子就会觉得天要塌了。

与此同时，这些孩子会觉得他们非常有责任努力“治好”酗酒的父母。尽管他们还太小，甚至不能清楚地表达自己的推理，但他们仍然会寻找父母酗酒的原因，甚至往往会归咎于自己。例如，孩子可能会认为，要是父母能不那么不开心、不那么失望、不相互争吵或者不对孩子发脾气，那他们很可能就不会借酒消愁了。

为了把秩序强加在混乱之上，酗酒父母的孩子会努力表现得很“乖”，好让父母开心，从而避免家庭环境失控。如果他们的父母开心了、满意了，孩子们就会认为，父母的饮酒欲望可能会减弱，或者至少父母醉酒对孩子的影响不会那么糟糕。

因为总是抱有希望和过于强烈的责任感，所以酗酒父母的孩子会努力讨父母的欢心，赢得他们的认可，以为只有这样饮酒、酗酒和醉酒等“坏事”就不会再发生了。如果努力没起作用，孩子就会怪自己表现得不够好。

如果当好孩子无法阻止父母饮酒，那么孩子就会希望只要不惹麻烦，他们至少能避免成为父母酒醉后发泄怒火的对象。在父母酗酒的家庭里，尽量不引起父母的注意，从而避免反对和批评，这成了孩子最安全的生存方式。

作为成年人，酗酒父母的子女常常保持着对批评和反对的恐惧。尽管已经长大了，可父母醉酒后的反对以及随之而来的怒骂和暴打仍然深深地留在他们的记忆中，驱动着他们的取悦行为。

童年的拒绝与认可成瘾

认可成瘾未必都起因于有缺陷的抚养。在有些案例中，给儿童期或青春期的孩子造成了心理创伤的社会经历，也能导致孩子过度需要慈爱父母的认可，并且会在成年后发展成为对象更广泛的认可上瘾。

小的时候，在脆弱的自我走向成熟的过程中，我们几乎都经历过一些痛苦的时刻，都曾被有意或无意地冷落、侮辱或排斥伤害过。如果在你的儿时经历中拒绝是最突出的主题，那么它们的伤害就很可能会在你的性格上留下印记，表现为长大后你对他人的接受和认可的极度敏感和极度需要。

有很多种形式的排斥都能加剧对认可的需要。例如，由于父亲是职业军人，所以萨曼莎经常转学。任何一个转入新学校或者新班级的孩子，哪怕只转一次，他也要面对转学或换班所带来的社交挑战。以老练并且善于社交的母亲为榜样，萨曼莎的适应之道就是变成一个取悦者，从而获准进入新的朋友圈。

因为孩子也可以很残忍，所以不管多么不应当，一个孩子身体上的残疾、缺陷或畸形，还是能成为他在社交上遭到其他孩子拒绝或排斥的依据。同样，种族、性别、性取向或者身份的其他方面，也都可以导致一个孩子在社交上被其他孩子疏远。

在这样的情况下，慈爱父母所给予的无条件的爱以及明智的忠告，可能就成为受到排斥和情感伤害的孩子牢牢抓住的一根救命稻草。在社交拒绝和否定的汪洋大海中，父母的认可成了唯一的避风港。这些人会愈加强烈地需要来自父母以及长大后来自其他权威人物的认可，在他们看来，可能这种需要本身就是生存所必需的。

另外，仅仅是达不到健康或美丽的“理想”标准或常规标准，这也足以让孩子尤其是青少年变得不受大家欢迎。即使孩子已经长大成人，这些很深的旧伤口可能仍在大量地流血。

我有个中年男性来访者是很成功的律师，可每当他跟两个以上的其他男性会谈时，他都会变得非常焦虑，害怕遭到嫌弃。他的这种焦虑可以追溯到儿时遭受的痛苦和羞辱：那时，每当孩子们挑选运动队的队友时，他总会成为大家最不想要的那一个。

我还有个四十几岁的来访者，是个身材高挑而且非常迷人的女演员。她坚持认为，在她十几岁时，男孩们嘲笑她是“样子滑稽可笑而且胸部过于平坦的柴火妞儿”，女孩们也都不搭理她，那种拒绝和排斥让她至今仍感到刺痛。对这两个人来说，成年后赢得并保持广泛的社交认可和接受至关重要，因为他们需要补偿成长时期强烈的社交拒绝所造成的痛苦，从而“扳平比分”。

尽管我们都在某个时候经受过某种程度的拒绝，但不同的是，认可成瘾者的伤口仍然没有愈合。

你仍在试图满足父母的期望吗

并非所有的认可成瘾者都出身于混乱的或者不正常的家庭，都在父母与子女之间的分裂和冲突中长大。在有些家庭里，父母与子女之间存在着紧密的联系。等子女长大后，这种联系仍旧会促使他们取悦于亲爱的父母。通常，成年子女会依照父母明确或隐含的愿望做出重大的人生选择，试图以此来取悦父母。因为对父母的认可上瘾了，所以成年子女会努力满足父母对他的期望，以赢得并保持父母的认可。

如果你仍在努力满足父母的期望，试图以此赢得认可，那么你多半经历过下面两种情形中的一种。在第一种情形中，当你还小时，父母对你的赞扬和喜爱可能一向很夸张，远远高于任何其他来源的认可或评价。除了你的父母，再没有人能让你觉得自己那么优秀、那么重要、那么能干或者那么特别。

因此，进入青春期和成年期之后，你可能一直为满足父母的期望生活着，试图以此来保持只有父母才能给你的那种清晰明确的认可和赞扬。如果你是小孩儿，那么父母过分的赞扬可能会让你感到很美。但是作为一个成年人，你会倾向于对父母的赞扬半信半疑，而你的根据恰恰是那是父母给你的。

在第二种情形中，像萨曼莎的情况一样，你的父母可能一直坚持完美主义的标准，要求很苛刻，吝于施舍他们的认可。这种教养风格可能会让你感到，你永远都不够好，或者无论做什么你都达不到他们的标准。而且就像萨曼莎一样，你可能会渐渐地上瘾，难以自拔地想要抓住那件你一直够不到的东西，也就是父母对你始终如一的爱。

不管你不停地争取父母的认可是出于什么原因，可能是因为父母给你的认可太多了，或者因为这样的认可太稀罕了，总之作为一个成年人，你为满足他人的期望而付出的代价实在太高了。

试图满足他人的期望，即使是你父母的期望，你也会因此脱离自己的愿望和自我实现能力。把你父母满意的标准当成你做出重大人生选择的依据，这是误入歧途。请记住，你过的人生是你自己的，不是他们的。

对你来说，能让父母高兴和骄傲也许的确值得争取，但是你应该警惕，不能以牺牲你自己的成就和幸福为代价。父母的认可不能克服或抵消你自己的不满。如果你对所选的学校、职业道路或者配偶不满意，你得靠自己来改变现状。

能赢得父母的认可也许很令人高兴，但那不是强制性的，不是说要想自我感觉良好，要想对自己做出的人生选择感到满意，你就必须要赢得父母的认可。

行为调整：跟父母相处的一些建议

★ 你也许渴望得到父母的认可，但是即使你得不到，你也能成为一个幸福、满足的人。

★ 如果你接受父母的现状，而不是努力想改变他们，或者想让他们更加认可你、承认你，那么你就会活得更开心。他们多半不会改变，而你的尝试多半会以失败告终，让你自己感到力不从心、失望和沮丧。

★ 你活着不是为了满足父母的期望和需求，而是要过你自己的人生。

★ 你的孩子有他们自己的生活，他们来到世上不是为了满足你的期望或需求。

★ 如果你的父母不认可你的生活，你不必感到不安或不快。最重要的是，你要尊重和认可你自己。

★ 如果父母没有给予你认可或无条件的爱，那么要想治愈创伤，最健康的方法就是你怎样渴望父母爱你，你就怎样去爱你的孩子。

第9章

不惜一切的爱

有很多女人，尤其是那些患有取悦症的女人，似乎觉得她们跟男人的两性关系很成问题。这些女人时常（有时是无意识地）把自己的取悦习惯用做温柔的手铐，以阻止男人离开自己。

有些女人努力让配偶或情人对自己产生依赖，以免遭到抛弃。她们的基本假定是，如果你能让一个男人需要你，需要你为他所做的一切，那他就永远也不会抛弃你，不会让你落入孤独凄惨的境地。

这种策略实际上就是取悦者把自己对抛弃的强烈恐惧变成一种善意的操纵。为了向自己的男人证明，她对他的生存是多么不可或缺，女人会竭尽全力地关心和照顾男人。取悦男人的女人错误地以为，如果她成功地让他变得非常依赖自己，以至于离开她就活不下去，那他保证会一直留在她身边。

她忽视了至关重要的一点，那就是他也有“被人需要”的渴望。

很多采用这种策略的女人会悲哀地发现，不管你的动机多么美好和善良，操纵一个男人，让他变得极度依赖你，这实际上可能是在逼他做你最害怕的那件事——抛弃你。詹妮弗就很艰难地学到了这个教训。

詹妮弗跟罗恩有过四年的婚姻生活。在那段日子里，詹妮弗对罗恩百依百顺。她在度蜜月时宣布，她的生活将全部用来“宠坏”丈夫。总而言之，詹妮弗几乎把她的所有需求都汇聚成了让罗恩需要她。她的努力旨在确保罗恩对她产生依赖，这样她的婚姻就会持久，而不会像她父母的婚姻那样早早就破裂了。

结婚一年后，罗恩确实被宠坏了。他开始期待詹妮弗会照顾他，但他几乎没有做出任何的努力去回报。到了第二年，罗恩对詹妮弗失去了“性趣”，尽管他把自己没有性欲归因于“紧张和工作压力”。詹妮弗从来没有抱怨过。事实上，罗恩的性欲很旺盛，只是看到詹妮弗就没了劲头。

詹妮弗决定等着罗恩重拾“性趣”。她无意让罗恩感到更大的压力，也不想让他因为没能在性上满足她而内疚。她可没有那么蠢——或者她是自以为是。

詹妮弗相信她知道保持婚姻的秘诀。她要让罗恩非常依赖她，以至于离开她就活不下去。

但是詹妮弗却发现，她的婚姻并不像她设想的那样。一天晚上她回到家中时，发现床上放着一封信，衣柜里罗恩的衣服和个人用品都不见了。罗恩在信中说，他想离婚，因为他爱上了另一个女人。他承认他没有勇气面对詹妮弗，因为他不想看见他给她造成的伤害。

罗恩写道：“我知道一直以来你为我做了多少；我本该心怀感激，但是正相反，我心里更多的是怨恨，甚至是愤怒，因为我感到自己很脆弱，没有安全感。你该有个比我好百倍的丈夫。请不要自责，詹，你是我认识的最好的人。”

正如詹妮弗所发现的，当你在两性关系中种下了依赖失衡的种子时，你可能就要收获意想不到的苦果。过度依赖的配偶或情人，尤其是男人，很可能会变得心怀怨恨和怒火，因为他的过度依赖会让他感到脆弱和失控。与此同时，他的自尊心和自主意识也会受到损害。

取悦者的配偶或情人（比如罗恩）甚至可能不承认自己的怒火。相反，他们可能会利用抑制情感或其他被动攻击的惩罚手段来回击。例如，罗恩就是抑制自己对妻子的性趣和关注，背着她和别的女人交往，借此来表达和发泄自己的愤怒。

与此同时，如果你像詹妮弗一样，是不平衡两性关系中的取悦者，那么你就会被迫否定或抑制你自己的需求。当配偶或情人无限期地拒绝满足你的情感需求和性需求时，即使你是最好的好人，你也必然会变得沮丧和愤怒。

甚至更糟糕的是，在助长不平衡依赖的过程中，你营造的爱的环境是有缺陷的，而不是完整和健全的。这个环境会进一步纵容对方的剥削，损害对方的自尊，加深对方的不满。

在不健康的两性关系中，你的感觉是“我爱你，因为我需要你”。在“健康之爱”的两性关系中，你的感觉是“我需要你，因为我爱你”。这不仅仅是语言上的细微差别，而是两种截然不同的情感态度。

健康持久的两性关系是平衡和相互依赖的。平衡的相互依赖意味着双方都了解彼此的需求，都对彼此的需求敏感并乐于做出积极的响应。

找平衡

对女性取悦者来说，不平衡的依赖需求还能以另一种方式损害她们跟男人之间的两性关系。

这些年来，我接待过很多非常成功的职业女性，她们自我强加的取悦行为让她们对男人百依百顺，最终使她们陷入了糟糕的两性关系中。在这些女性当中，有很多现在都处于各自职业的顶峰。她们成长于20世纪五六十年代；在那时，女人味儿和性吸引力仍然意味着某些刻板的性别观念，比如顺从、依赖、忍受和敏感等。

如今，这些女性甚至还有很多更年轻的女性都担心，正是那些帮助她们在职场中取得了成功的品质，比如果敢自信、内心坚强、积极进取、喜欢竞争等，反而会在她们跟男人的两性关系中成为绊脚石。

有位42岁的单身女性，是一家大公司的首席执行官。她跟我说：“我真的觉得，有些男人相信他们能跟我这样有事业、有成就、有权力、有头脑、有能力的女人相处。但是，一旦双方关系确立，这些家伙就似乎都想告诉我同一件事，那就是我太强大、太独立了，以至于我根本不需要男人。可他们不知道，有多少个夜晚我是一个人哭着睡去的啊。我非常孤独，非常渴望有个足够强大的男人，能理解我也有依赖需求，也需要被人爱、被人呵护，甚至比别的女人更需要！为什么他们就是弄不明白呢？”她沮丧地哭着说。

有很多女人像她一样，担心她们的成功反而会阻碍她们跟男人的两性关系，并给她们造成挥之不去的情感伤害。这些女人承受着双重负担：一是对自身成功的恐惧，二是想讨好男人的取悦症。这种危险状态的一个后果是，她们可能会从事一系列于己不利的行为，损害自己的事业或者两性关系。

如果你既是成功女性也是取悦者，那么你可能正在付出相当大的生理和情感健康的代价，试图调和两种相互竞争的内心动机。

为了解决这种困境，有些女性取悦者把自己的个性品质分裂成了两个“方面”：在工作中，她们展示自己好胜、果敢、进取的一面，而在跟男人的两性关系中，她们展示夸张的“女人味儿”，也就是忍受、恭顺和服从。当然，这种伪装根本不是解决之道，正相反，它会造成内心冲突、焦虑以及身份认同困惑，削弱你的自尊。

当非常成功的女性取悦者跟居心不良、控制欲强的男人一起虐待和折磨自己时，极度不健康的两性关系就会形成。如果你发现自己有害怕成功的思想残余，那你就必须要注意，取悦症可能会在你的两性关系中滋生出很多有害、危险的模式。

海琳是个有钱有势的公司高管，在商业、政治以及社区事务等领域颇有影响力。但是，让她感到失败的是，多年来她的两性关系一直不幸福。这甚至让她开始担心，就因为她太强大、太能干、太有影响力了，所以她不能也不应该指望得到男人的疼爱与呵护。

海琳目前的情人是小她10岁的鲍勃。鲍勃是个业绩不佳的中层管理者，他把自己的不得志和平庸的工作表现归咎于公司的反歧视政策，指责那些政策“让女人和其他少数族裔爬到了更胜任的白种男人头上”。

然而，鲍勃出身于一个富有的家庭，一直指望着靠继承遗产来“扳平比分”。鲍勃还非常英俊、练达、有魅力。海琳相信，鲍勃是一个她“到哪儿都能拿得出手”的男人。

但是，当他们俩关起门来独处时，鲍勃却虐待海琳。他似乎很享受能在言语、情感和性上控制和贬低她的感觉。海琳说，她知道鲍勃可能在把他的失意以及他对女人的敌视发泄在她身上。另外，海琳还替鲍勃的行为辩护，说她“理解”一个男人站在她的阴影里有多难。

在治疗过程中，海琳发现自己有很多“有毒”的假定，正是这些假定让她养成了于己不利的取悦习惯，促使她默默忍受鲍勃的虐待。海琳意识到，她需要纠正自己的一些刻板的性别观念。海琳一度相信，在跟男人的两性关系中展示她的取悦行为，这能让她显得更有女人味儿，因此更能吸引男人。

有趣的是，海琳在公众眼中是个声望颇高的女权运动发起者，是让很多年轻的商业女性钦佩的行为榜样。在公司里，她对性骚扰奉行坚定的“零容忍”政策。然而，就因为她的取悦症，她实际上是在纵容一个男人关起门来虐待她。

蚕食你的身份认同

你必须要认识到，你对男人的取悦倾向可能变得非常危险、非常不利，以至于你无法改变两性关系不健康的动态。否则的话，取悦症将变成真正的求偶信号，招来那些居心不良、一心想在各个方面对你的行为进行控制的男人。甚至更糟糕的是，你会容许他们控制你。

如果你的男人控制欲很强，而你又是一个任他随意摆布的取悦者，那你的一切都会受到他的介入——从你的外表到你的看法，从你的床上表现到你的工作表现，从你跟朋友的关系到你跟家人的联系。而且，你的自我和自尊会立刻软化，从塑形黏土变成橡皮泥。

当他要你要够了，或者你被他要够了时，不管哪种情况先发生，你都得花大力气修补一个你几乎认不出来的自己。

除非你治愈取悦症并修复它所造成的损坏，否则你将一瘸一拐地离开这段两性关系，而且你的自我还会打上“受损货物”的印记。然后，你会继续发出熟悉的求偶信号，继续把自己当成取悦牺牲品，交给下一个发现你容易被他控制的男人。

这个男人会一直让你感到失衡和焦虑。因为他需要改变你来证明他的控制，所以你永远也不会真正感到他在乎的就是现在的你，或者是被他蚕食之前的你。

认识布鲁斯时，盖尔是个漂亮而又志向远大的模特兼女演员。50岁的布鲁斯比盖尔大了25岁，是个著名的电影导演。盖尔不仅“爱上了”布鲁斯，而且还对他的影响力和才能满怀敬畏。

布鲁斯习惯于掌控她所有的两性关系，而盖尔也乐意满足他的所有要求。他们在很多方面仿佛是绝配。盖尔过去时常跟朋友开玩笑说，布鲁斯让她简直“变了个人”。

布鲁斯喜欢按照自己想象中的完美形象塑造女人，所以尽管他有过无数情人，可他从来没有真正地对任何一个感到满意。盖尔有专门讨好男人的取悦症。他们俩的“绝配”注定会变成毒药。

两人相识后没多久，作为认识一个月的纪念礼物，布鲁斯带盖尔去了一家高级美发沙龙，并告诉美发师要给盖尔做什么样的发型。在布鲁斯的指挥下，盖尔的头发从金色变成了红褐色。

在盖尔美发的过程中，布鲁斯“建议”她改改装扮，并且坚持认为她的口红应该跟他为她挑选的大红指甲油相配。但是他又警告盖尔绝不能让涂上去的指甲油剥落，因为他“讨厌女人掉指甲油”。

布鲁斯还慷慨地坚持给盖尔买了个新衣柜。他喜欢带着她去买东西，这样他就可以给她挑选衣服和鞋子。

“既然是他付钱，他替我挑选衣服和鞋子难道不应该吗？”盖尔会问。“毕竟，我最想用自己的打扮来取悦的那个人就是布鲁斯。”

布鲁斯有点儿不愿意谈论结婚，因为当他和盖尔开始约会时，他还在跟第三任妻子闹离婚。但是布鲁斯声称，他仍然相信“爱情”，相信盖尔会“带给他幸福美满的第四次婚姻”。

他解释说，正因为考虑到要跟盖尔结婚，所以他才会提出那些穿衣打扮的建议，好让盖尔变得“更漂亮”。

“我承认自己不是很能容忍女人身上的‘缺点’，”布鲁斯在两人刚一确立关系时就对盖尔说。谈到他的前几任妻子，布鲁斯跟盖尔说：“真正让我伤心的是，跟我结婚之后，她们就都放弃了努力让我满意的习惯。很显然，她们让我失去了性趣，婚姻自然也就走到了尽头。”

盖尔向布鲁斯保证说，她会永远努力让他满意。

布鲁斯决定，他和盖尔每天要在他家的健身房里跟一位私人教练一起锻炼两小时。他试图监控盖尔的所有饮食。他不允许她喝任何含酒精的饮料，因为那会让她看起来更老。他还不断地提醒她，吃油会让她大腿上的“赘肉”越积越多（其实盖尔大腿上几乎没什么脂肪）。

在他们确立关系的头几个月里，布鲁斯想把盖尔变得“更漂亮”的努力让她很愉快。但是盖尔承认，过了一年后，布鲁斯的控制开始让她感到有些压抑了。当布鲁斯一个人出去拍外景时，她会变得极其焦虑，担心他会迷上别的女人。

盖尔曾经发生过饮食紊乱，后来治好了，但现在那些症状又复发了。当她感到特别焦虑时，她就会偷偷地大吃巧克力。然后，因为非常害怕变胖，担心布鲁斯会对她不满，会嫌弃她，她又会吃泻药。或者，她会先暴饮暴食，然后再用强迫性地、过度地锻炼来消耗吃进来的卡路里，有时会锻炼 4 个多小时。

到了他们相识两周年的时候，布鲁斯的“建议”变得更加过分了。但是，他一拿出结婚的胡萝卜，盖尔就津津有味地嚼了起来。

布鲁斯认为盖尔的胸很美，但是“要穿婚纱会显得有点儿小”。于是，他带她去看了整形医生，并亲自替她挑选了他认为大小最合适的隆胸填充物。但是，布鲁斯对盖尔的改造并未就此停止。六个月后，布鲁斯又带盖尔去找了那个医生，让她本已相当丰满的乳房又大了半号。布鲁斯还让她去隆脸颊，改善她的面骨结构。他还觉得，盖尔应该借助一种美容着色方法，把她的嘴唇、眉毛和眼线永久着色，这样“早上一睁眼她就会显得非常美”。尽管满腹疑虑，但盖尔还是答应了。

讽刺的是，布鲁斯越是改造她，她就越是对自己的外貌没信心。在努力让布鲁斯满意的过程中，盖尔对自己的身份认同失去了控制。布鲁斯的极度控制欲造成了她的极度依赖，而这种依赖又让她变得非常脆弱，非常害怕遭到抛弃。最终，她的担心还是变成了痛苦的现实。

“在这个并不好笑的笑话里，”盖尔最后说，“最好笑的地方就是他最终还是离开了我，不管我多么愿意牺牲自己来让他满意。最可悲的是，当我照镜子时，我看到的不是我自己，而是布鲁斯希望看到的我。而且，因为他嫌我‘不够好’才会离开，所以不管别人认为我多么漂亮，我还是会觉得自己有致命的缺陷。”

盖尔的故事有些极端，但却生动地说明了在一些女性取悦者与男人的两性关系中，普遍存在着一种非常具有破坏性的模式。当患有取悦症的女人跟控制欲强的男人在一起时，那些男人必然是先夺走她们的身份认同，之后就批评她们，到了最后甚至抛弃她们，理由是她们令人厌倦、过度依赖或者不够有挑战性。

正如盖尔从悲惨的经历中学到的，尽管你想用取悦和顺从来防止拒绝和抛弃，但拒绝和抛弃却可能变成残酷、痛苦的现实。

你把自己变成他的想象，这实际上是在减弱而不是增强你对他的吸引力，因为他的想象仅仅是他自己的延伸。照没人能模仿的格劳乔·马克斯的话说，他不想加入任何愿意收他当会员的俱乐部。

一位男性来访者从他的角度解释了这种模式。“过去我就喜欢勾引想要取悦我的女人，”他说。“然后，一旦我知道她为了取悦我什么都愿意做，我就会先收线再放线，看着她在我的钓钩上扭动。在一段时间里，我一心想知道我能在多大程度上控制她的行为。”

“然后有那么一天，我意识到了自己是孤零零地一个人坐在船上。我再也不想要那种愿意竭尽全力来取悦我的女人了。那让我感到乏味而且孤单。我希望能有个人挨着我坐在船上，一直陪伴着我。我希望我们能让彼此开心，但前提是不要失去自我。”

另一个男人解释说：“我是喜欢控制，但我真正想要的是不愿听任摆布的女人。我喜欢吃牛排，因为牛排让我感到有嚼头儿。我不想吃预先嚼过的婴儿食品。一个为了取悦我而放弃自身特点的女人，最终就会像别人嚼过的东西一样，让我感到乏味。她已经没什么可嚼的了，根本没有挑战性。我会感到厌烦。”

性虐待的记忆

值得注意而又非常令人烦恼的是，很多有过家庭性虐待经历的女人，长大后会形成强烈的取悦倾向。

这种联系会让一个女人对是否要温顺感到非常困惑，尤其是当那些定义温顺的品质暗示着，她的规定职责就是取悦一个在性爱上处于支配和控制地位的男性，满足他的需求。

在童年期或青春期受过性虐待的女人往往会记起，当年虐待者（经常是家庭成员）会命令她们要“乖乖听话”，不准出声，不准反抗，要顺从他们的性要求。与此同时，她们一般会受到隐含或明确的威胁：不听话就会受到伤害。

在不被发现的情况下，家庭性虐待往往会持续几年时间。作为“当乖孩子”的一部分，受害者必须保护虐待者以及他秘密的下流行径。因此，加害者会命令受害者在每天的家庭生活中礼貌地对待他。受害者甚至会主动地取悦或抚慰虐待者，以求他下一次侵犯她的身体时不会伤害她。

结果，受害者必须否认和压抑自己的怒火。她的怒火不单单针对家庭中的虐待者，虐待者甚至有可能不是主要的针对对象。另外，受害者还会对未能保护她甚至不相信她的大人（通常是母亲或继母）怀有强烈的愤怒和怨恨。这种怒火也必须抑制。与此同时，在这个功能失常的家庭里，受害者的取悦技能会逐渐形成并变得纯熟。

可以理解的是，在进入成年期之前，受害者的情感地图是完全杂乱的。她可能会怪自己不该太老实，不该任由虐待者侵害自己；或者，她可能会怪自己没有反抗。

她也可能会错误地认为是自己不够乖或不够好，不然加害者会早些停止侵害她，甚至一开始就不会侵害她。她还可能会认为，要是自己更乖一些，他可能就会用恰当的方式来爱她了，而不会用见不得人的性行为玷污他们之间的亲情。

经历了如此不幸的童年和青春期，长大后的取悦者非常困惑，不知道自己该怎样做才能赢得喜爱和认可。在她的记忆里，跟“听话”和顺从联系在一起的感觉是矛盾的、含糊的。

一方面，她把讨好跟免于再受伤害的安全和保护联系在一起——“当我让你跟我上床时，你要乖乖听话，那样我就不会伤害你。”与此同时，她的顺从又跟遭受一种最恶劣的性剥削联系在一起。

如果你是性虐待的受害者，那么改变你的取悦行为（尤其是跟男人有关的）可能会很复杂，尽管的确并非不可能。你可能应该分析一下，你的记忆是怎样把讨好和顺从跟性剥削和性侵害联系在一起的。但是，在你的头脑中，讨好男人，顺从他们的要求，这可能还被看作自我保护的有效手段。

把你的性虐待经历跟你当前的取悦习惯结合起来，这将有助于你弄清楚你讨好男人的取悦症的根源。请记住，了解可以打开变好的大门。

行为调整：改掉两性关系中的取悦习惯

★ 想让你爱的男人高兴或满意，这没有什么不对，只是你要注意，不要用伤害自己来取悦他。

★ 在健康的爱情关系中，你的感觉是“我需要你，因为我爱你”。在不健康的爱情关系中，你的感觉是“我爱你，因为我需要你”。

★ 没有哪个男人值得你以任何方式贬低你自己。

★ 任何一个男人，如果他觉得你的才智、成就、成功或天赋对他构成了威胁，那么不管怎样，他都不太可能跟你保持令人满意的两性关系。去找别人吧。

★ 如果一个男人真的爱你，他不会努力地想把你改造成别人。他会珍惜原本的你，会呵护你的自主成长和自我提高。改变你，让你远离你最本质的自我，这不是爱，而是操纵、强迫和控制。

★ 要了解并坚守你的性界限。任何一个男人，如果他想分享你的身体，他就得尊重你的界限。如果性让人感觉不到爱，那它就没有爱。

第10章 

浪漫成瘾

路易莎是位儿科医师，在生物钟嘀嘀嗒嗒的催促下，她准备结婚了。迪克28岁，是个长相英俊、成熟老练的投资银行家，以前他跟女人的浪漫关系都是没过几个月就结束了。

和路易莎相识后，他们的关系高速升温。到他们第三次约会时，已经开始讨论结婚和生孩子了，至少是假设性地谈论。

但是，高速发展的恋爱期持续了三个月之后，迪克莫名其妙地害怕了，开始疏远路易莎。

“让我们面对现实吧，”路易莎说，“他彻底变了。突然之间，他会‘忘了’约会，或者会在最后一分钟取消我们的计划。他基本上是把我甩了。”

“我鼓起勇气去了他的公寓。他承认，他怕得要死，他觉得我们的关系发展得太快了。我让他告诉我他顾虑些什么，这样我就能帮他冷静下来，但是他说的话让我很吃惊。”

“他解释说，他觉得我对他缺乏足够的吸引力。他跟我说，他的其他女友都很漂亮。他居然说，他原本希望我的‘头脑和性格’会让他感到满足，但现在他严重怀疑他能否一直对我忠诚。”路易莎边擦泪边摇头说。

“我过去习惯克服障碍，”路易莎说，“所以我进入了自己惯常的处理模式，决定马上让自己变得更有吸引力，好解决我们之间的问题。我节食，健身，改变了发型和化妆，还买了很多新衣服。每个人都说我看起来非常漂亮。”

在分手一个月之后，迪克打来电话请求路易莎原谅他。

“他跟我说，关于我的外表的那些话并不是认真的。见到我之后，他说他觉得我很漂亮，说我不仅外表美，而且还有一种其他女人没有的‘内在美’。我相信了他，因为我需要相信。迪克解释说，他说那些刻薄的话只是想逼我离开他，因为他害怕做出承诺。然后他向我保证说，他真的爱上了我，并且准备很快就跟我订婚。他邀请我去他家过圣诞节，见见他的家人。”

“我真的期待能在圣诞树下戴上一枚钻戒，”路易莎说，“但是我的期望落空了，我甚至根本没能去他家。就在我们该动身的前三天，他再一次让我失望了。这次他跟我说，我对他来说太优秀了——太聪明、太认真、太现实。他说我‘太好了’，我让他感到内疚，因为他不如我好。我能怎么办呢？”

“于是，我只好一个人回家了，回了我妈妈那里，哭着过完了整个假期，发誓再也不会跟年轻男人约会了。”

“新年过去10天后，他打来了电话。他送了我50支红玫瑰，并再次请求我跟他和好。他跟我说，在新年前夜，他哭得像个孩子，因为他失去了我，失去了唯一一个对他重要的女人。”

“我相信了他，因为我非常痛苦。没有他，我就像一个身体虚弱的瘾君子。尽管我羞于承认，但我想他有点儿像一件雄性‘战利品’。当我们相处融洽时，我的自我感觉好极了。他年轻英俊，我渴望带着他到朋友们面前炫耀。”

“当他说那些伤感情的话时，我的自尊会被他砸得粉碎。没有什么人或什么东西能像他一样，让我的自我感觉变得那么糟糕。而且，除了他之外，也没有人能再次让我的感觉好起来。”

他们俩又和好了。这一次持续了几个月，直到迪克开始对路易莎失去了“性趣”。

“每次我们的关系变得亲密时，他就开始对承诺感到焦虑，就会跟我分手。我明白问题其实在他身上，是他的矛盾心理。我必须承认，这在摧毁我的自尊。不管我怎样看待，我最终得出的结论却是，如果他足够爱我，也就是说，如果我足够迷人、性感、令人兴奋，那我们可能早就结婚了。”

“我想我早就知道，我需要变得足够坚强，毅然地离开他。经过这种分分合合的大起大落之后，我已经根本不相信他了。现在，当我们之间一切进展顺利时，我会首先变得恐慌。我一直在等着另一只靴子落地。我开始盼着他嫌弃我。然后，我开始假装缠着他，假装没有安全感，因为我知道那会让他想要躲避和逃走。我们真的陷入了一个糟糕的循环中。”

路易莎正在描述痛苦和兴奋交替出现的浪漫成瘾的循环。请别搞错了：不管外表的装饰多么浪漫，道歉的鲜花多么漂亮，解释和申辩多么真挚，或者钻石戒指多么耀眼，这种亲昵与嫌弃、亲近与疏远、理想化与贬低反复交替的模式都不是健康的爱。这是一种成瘾行为，它的驱动力是避免遭到抛弃、拒绝和反对的取悦需求。

等到路易莎已经对迪克上了瘾时，她很可能已经变成了一个瘾君子，而他则成了她的毒贩子。他们的故事跟成瘾模式丝毫不差。路易莎的行为就像前面提到的 2 号鸽子一样，努力想重新赢得迪克随机、间歇地给她的爱和认可。

路易莎明白，她更多的是需要逃避迪克的嫌弃和拒绝给她的自尊造成的痛苦和打击，而不是为了重新赢得他的爱。她已经根本不相信他的爱了。

不要允许任何人让你自惭形秽

埃莉诺·罗斯福曾明智地忠告我们：“没有你的允许，没人可以让你自惭形秽。”不幸的是，在路易莎意识到她正在允许迪克贬低她之前，她已经承受了太多的痛苦、沮丧、焦虑和悲伤。

取悦者往往会不顾事实，替那些跟他们建立了浪漫关系的人找寻更高尚的动机和意图。处在两性关系中的配偶或情人，常常会把自己的个性品质、动机或世界观投射到对方身上，并臆想双方价值观的相似性。

简而言之，其他人，甚至是你爱的那些人，可能不会像你一样友善。事实上，很多人往往根本不友善或不好。可悲的是，取悦症会让你很容易被那些试图利用或伤害你的人当作目标。

要想充分地保护你自己，你需要真实地认识他人，而不是透过玫瑰色的特技镜头去认识他们，因为那会夸大他们的优点，粉饰或掩盖他们的缺点。

例如，在路易莎把自我跟迪克区分开之前，她无法准确地认识他。只要她把迪克当成她的理想男人，而不是一个独立的人，她就不可能要求他对待她的方式负责。相反，在处理心理逻辑问题时，她的逻辑思维会一直假定，只要迪克愿意平息他的恐惧，愿意讨论他感到不满的“真实”原因，她就会尽最大努力取悦他，改造自己，好让自己变成他的“理想”女人。

因为路易莎是这样一个“好”人，所以承认迪克并不是她一生的钟爱会让她感到很难过。每次迪克嫌弃她时，路易莎就会被她所谓的“爱”蒙蔽。更准确地说，路易莎十足的浪漫成瘾给她造成了急性脱瘾症状，严重地损害了她的认知能力。

最终，当路易莎受到了足够严重的羞辱和冒犯时，她才允许自己恢复对迪克的愤怒。当她有了这样的感受时，她也就能够明白需要改造的不是她，而是迪克。

然而，正如路易莎在治疗过程中学到的，是她的取悦症助长了她在这段关系中的上瘾行为。路易莎简直就是乞求迪克告诉她，她究竟怎么不如别人，这样她就可以改变自己，让他开心和满意，从而预先阻止他的拒绝和抛弃。

路易莎允许迪克贬低她，然后又乞求更多不公平的对待，就像一个瘾君子乞求毒品一样。

取悦者是暴躁伴侣的帮凶

取悦者不知不觉地让自己成了遭受恶劣对待的“好”人，这样的两性关系模式有好几种，浪漫成瘾仅仅是其中之一。

很多患有取悦症的人会发现，自己跟暴躁、好斗的伴侣建立了两性关系。尽管取悦者的动机可能是无意识或者是无心的，但这种联系既不是意外也不是巧合。取悦者不是无辜的受害者，而是主动的帮凶，纵容和助长了暴躁甚至常常实施虐待的伴侣。

随着时间的推移，取悦者与暴躁伴侣之间的这种共谋变成了一个非常危险的游戏。

如果你跟一个暴躁的伴侣建立了两性关系，那你可能就会吃惊地发现，你的取悦至少助长了伴侣的敌视和侵犯，虽然这并不是你愿意的，但是，你十有八九会真挚地相信，你的取悦行为本意是要避免愤怒、冲突和对抗。

然而实际上，取悦症把你变成了暴躁、苛责的伴侣的完美帮凶。正如你可能怀疑过的，你的取悦根本不会减弱你的伴侣喜欢发怒和挑起冲突的倾向。相反，正如你将看到的，你的取悦行为甚至会让你的伴侣变得更愤怒，更有可能使你面对敌视和侵犯。

你怎样跟伴侣共谋虐待你自己

你不知不觉地跟怀有敌意的伴侣共谋，至少有这四种主要方式：

1. 你太愿意承担过错。首先，当双方的两性关系出现任何问题时，取悦者太愿意承担过错。你可能以为，这样做可以避免进一步的愤怒或冲突。然而现实是，你承担过错只会让对方觉得他有理，因而会对你更加愤怒。

根据定义，愤怒是针对错误、过失或不当行为做出的一种指责。要想激发愤怒，必须要有人因错误行为而受到指责。你的取悦行为恰恰告诉对方他可以指责你——这正是他想要的。

承担过错跟承担你应负的那部分责任不是一回事。

后一种做法假定，如果两个人之间出现了问题，那么责任将由两个人公平地共同承担。各方的责任可能不是均等的，但双方都会承认对出现的问题负有一定的责任。

相反，过错是单方面造成的。指责者会拒绝承担任何责任，并试图让你一个人负责，还要你为错误作出交代，接受惩罚。

2. 你采用了被动攻击的策略。你跟怀有敌意的伴侣共谋的第二种主要方式是，你否认或掩盖自己的愤怒，采取被动攻击的方式回应。正如其名称所暗示的，被动攻击行为实际上是被动地敌对。顺从能让你否认你对伴侣以及对自己具有攻击性的一面，保持“好人”的自我概念。

被动攻击行为的例子包括噘嘴、生闷气和拒绝交谈。另外，你可能会推迟、拖延或者不断地“忘记”跟伴侣有关的各种义务。或者，你可能会拒绝跟伴侣亲热，不对他表现你的喜爱，不理会他。而且，你可能会做所有这些事情，但却完全没有意识到或者不承认你自己的报复意图。

因为你对自己的消极情感会非常不舒服，所以为了对付怀有敌意、公然挑衅的伴侣，你可能已经掌握了相当多的被动攻击本领。

在针对怀有敌意的伴侣时，被动攻击行为格外危险。

被动攻击行为实际上会刺激你的伴侣，使他产生更大的敌意。你保持被动，再加上你否认内心深处的挑衅，这会让你的伴侣感到极度沮丧。因为敌意是从沮丧中滋生的，所以被动攻击行为最终会让原本已经生气的伴侣怒不可遏。

这并不是说你该对引起伴侣的愤怒或敌视行为负责。他的愤怒是他的责任。但是，你的被动攻击行为会让你成为一种互动行为模式的参与者，而这种模式能让你的伴侣变得对你越来越愤怒。

3. 你变成了被动的受害者。你跟怀有敌意的伴侣共谋的第三种方式是，当伴侣成了主动生气的一方时，你变成了被动的受害者。这样一来，你引起并不断推动一个恶性循环，你和伴侣在其中扮演着互补的角色。

为了通过恐吓、威胁或挑衅确立支配地位，你的伴侣需要一个供他控制的受害者。讽刺的是，即使处在这种消极的、不健康的动态中，你仍然还是一个满足伴侣需求的取悦者。

对伴侣采取挑衅行为，这对你来说是不健康的，而且可能会更危险。但是，表现得坚定果敢，而不是被动或挑衅，这会捍卫你不受不公平对待、不当出气筒的正当权利，否则你就会成为伴侣发泄怒气和敌意的对象。

4. 如果你的伴侣永远是对的，那么你就永远是错的。你的取悦症让你给伴侣的愤怒当帮凶的第四种方式是，你默认自己永远是错的。

怀有敌意的人需要赢得每一次争吵，需要证明自己是对的，好给自己的愤怒找到借口或理由。作为这种人的伴侣，你会屡屡发现自己处境尴尬。在输赢情境中，只有一方才能是对的，另一方自然必须是错的。

因为你想得到认可，因为你不喜欢冲突，所以你倾向于跟伴侣保持一致，被动地听从他的观点。

为了让伴侣能永远是对的，你必须永远是错的。

你宁愿自己永远是错的，这种决心跟你的伴侣是否能言善辩无关，跟你的对错或你的道德品行也没什么关系。它只跟你的伴侣需要支配、控制和需要永远正确有关。

甘愿当“错的那个”，这会让你感到内疚，不管你是不是真的有错。一方面，如果你是错的，你会对自己大加责备，尽管你那自以为是、苛刻严厉的伴侣已经给了你很大的压力。

另一方面，就算你知道或者认为你是对的，你还是会怪自己在情感上太软弱，不敢维护自己。

承认你自己永远是错的，这样你的伴侣就可以永远是对的，这会损害你的自尊。

最后，总是抓住一切机会挑你错儿的伴侣还能造成另一个问题：完美主义。如果你活在一个压抑的心理环境中，你的表现总是受到严密的检查，那你就会感到自己没有冒险、创新或尝试新挑战的自由，因为在那些情况下，你不能保证成功和完美。因此，完美主义会抑制你的个人成长和表现。

另外，为了避免遭到伴侣或其他人的反对和报复，你可能会试图掩盖自己的错误。你想避免冲突，但你的努力多半还是会事与愿违。当你的错误终究被发现时（这几乎是必然的），你就会失去他人的尊重和信任。此外，你还会因你的错误以及你的不诚实受到双重指责。

错误是宝贵的，因为你可以从错误中学习。如果你太害怕他人的反对，不敢承认自己的错误，那你就会失去学习的机会。

你无法改变你的伴侣，但你可以改变你自己

那么，如果你有一个暴躁、苛刻、不友善的伴侣，你能做些什么呢？他如果带你坐上了令人上瘾的情感过山车，那么你怎样才能让他变得稳重平和呢？

首先你要认识到，你无法直接改变你的伴侣。如果你一直以为你的善意和付出的天性会最终胜出，那么现在你该认识到，你必须停止徒劳

无益而又代价巨大的努力。

你的取悦行为正在产生事与愿违的效果：那只会怂恿你的伴侣，使他变得更加挑衅好斗，反复无常。

因此，不要问自己怎样才能改变自己的伴侣，而要问问自己：既然已经知道我无法也不想改变我的伴侣，那我要怎样做才能改变自己的处境呢?

这种想法会赋予你力量和信心，而考虑怎样改变你的伴侣，那只会愈发地让你感到无能为力、无助、可怜、愤怒和沮丧。这些消极情感会让你一直陷入分析瘫痪当中，除了越陷越深，你一步都动不了。

如果你对伴侣很不满意，那么你多半已经想过要跟他断绝关系，或者至少离开他。现在，重新考虑分手是个好主意，毕竟你已经明白了，你无法也不想改变他。但是，你可以改变自己的行为。

毫无疑问，如果你决定离开你的伴侣，结束你跟他的关系，那么你的生活可能会发生巨大变化。然而，如果你只是结束这段关系，而不克服自己的取悦症，那么你的下一段关系将很可能是这段关系的重演。

当然，出于你自己的某些原因，你也许会选择留在这段关系中。或者，你可能就是还没有做好离开或放弃的准备。但是，不管你是留下还是离开，你都必须停止亏待你自己。

请记住，跟每个人的行为一样，你的伴侣的行为也会受到后果的影响。这意味着，如果你改变自己的回应方式，你就会对他的行为产生强烈影响。

如果你不再跟你的伴侣共谋，不再怂恿他不公平地对待你，那么他的行为就会做出调整，以适应发生变化的环境和后果。

你要记住，如果你怂恿某种消极行为（比如发怒），那你就会增大它将来再次发生的概率和频率。如果你不再纵容这种消极行为，那你就会减小它将来再次发生的概率和频率。最后，如果你鼓励一种不同的行为，一种更积极的行为，那你就会增大让新行为取代旧行为的可能性。

这个道理对你改变你跟伴侣之间的消极模式意义重大。你再也不能执迷不悟、自欺欺人了；你想靠讨好和顺从来改变你的伴侣，这完全是幻想。正如你现在已经知道的，这样做只会让你的处境变得更加糟糕。

借用作家丹尼斯·沃利的话说，指望你的伴侣会因为你是好人就公平地对待你，这就像是指望公牛会因为你吃素就不冲向你一样不切实际。

你必须认识到，你长期的取悦他人就相当于冲着愤怒的公牛挥舞宽大的红斗篷。要想让公牛不再追你，你要么立刻扔掉斗篷跑开，要么就马上改变你的策略。

要治愈取悦症，你只需改变某一种行为（或者某一种想法或情感），然后就像线团被扯开了一股线一样，整个取悦循环就会跟着逐渐散开。

你可能会遇到打结的地方，但你将学会解开结的方法。

行为调整：怎样避免浪漫成瘾

★ 不要允许任何人让你感到自惭形秽。

★ 当两性关系出现问题时，如果你太过于承担过错，那你只会火上浇油，让你的伴侣变得更加愤怒。承担过错跟承担你应负的那部分责任不是一回事。

★ 被动攻击策略是对己不利的、危险的，会造成适得其反的效果，尤其是用来对付一个怀有敌意的伴侣。

★ 把自己想成牺牲品会让你感到羞耻，给自己赋予力量和信心则会带来尊严。

★ 如果你觉得伴侣永远是对的，那你就将永远是错的。这并不符合事实，是吧？

第三部分

情感逃避型“好人”

我们接下来将集中探讨取悦于人的情感方面。在你取悦于人的习惯和思维背后，驱动力是你对那些令人不舒服的、困难的或者可怕的情感以及情感经历的逃避。

我们最关心的取悦情感是消极情感，也就是对愤怒、敌视、冲突以及对抗拒感到不安和恐惧。在你能真正战胜取悦症之前，你需要先学会建设性地处理冲突，恰当、有效地控制和表达愤怒，从而克服这些强烈的恐惧。

实际上你可能会发现，你很想放下本书，或者完全跳过这一部分，只因为一想到要正视愤怒和冲突，你就已经怕得不行了。不要向这种冲动屈服。就像其他类型的回避反应一样，你对恐惧的逃避只会加深你的恐惧。事实上，每当你使用取悦习惯和取悦思维来逃避这些消极、可怕的情感时，你的那些习惯和思维都会变得更加巩固。

正如你将在下一章学到的，可怕的情感之所以会变成自我实现的预言，恰恰是因为它们让你从来都没有机会适当地表达愤怒或应对冲突。如果你一看到有冲突的迹象就赶紧避开了，那你将永远也学不会公平、有效地抗争。如果你缺乏基本的沟通技巧，不会表达自己的消极情感，不会回应他人的消极情感，那你也许永远不能处理好你的人际关系中出现的问题。

当我用“消极”跟“积极”相对来描述特定的情感时，我的意图是要把一种令人不愉快的、痛苦的或者让人难以接受的情感，跟一种令人愉快的、舒服的或者易于承认和表达的情感区别开。

说到情感，“消极”和“积极”并不意味着价值判断。愤怒对很多人来说是一种消极情感，但这是因为它让人感到不快，而且往往难以恰当地表达或沟通，而不是因为它必定是错的或坏的。你将认识到，愤怒是一种自然而又正常的情感，而且在适当情况下，它甚至是一种有益的、可取的情感。

尽管我们将重点关注消极情感，但取悦症三角形的第三条边也包含积极情感。在早年的某些时候，你的取悦无疑曾让你感到过值得和满足，因为让他人高兴，满足他们的要求，赢得他们的认可、赞扬和感激，这些都曾给你带来过快乐。在某种程度上，你至今可能仍然觉得取悦他人是值得的，尽管大多数取悦者会感到取悦行为已经让他们彻底疲惫不堪了，再也不会给他们带来乐趣了。

在你早年的人生经历中，你认识到取悦那些重要的人是一种有效的方法，能帮你赢得他们稀罕的认可。赞扬以及喜爱的表示和姿态，也是取悦他人能够带来的积极的情感回报。选择怎样满足他人的需求（比如去哪里、吃什么等），这或许也能给你提供一种控制手段，反过来表现为一种积极情感。

在学习曲线上的某个地方，你还发现顺从和讨好他人能让你有效地防止冲突，转移他人的愤怒，抑制你自己的愤怒，避免跟他人对抗。

一旦“赔小心”与“好相处”，也就是顺从与冲突避免之间的联系得以建立，它就可能发生危险的转变，变成上瘾的、强迫性的情感回避模式。

可以肯定的是，既然你能学会逃避愤怒、冲突和对抗，你也就能学会怎样有效地、建设性地应对这些困难的情感经历。这一部分将帮助你深入理解，你的取悦习惯实际上怎样加深你的恐惧，削弱你的沟通，损害你的“人际能力”，限制你的情感智力和情感技巧。

正如你将在这部分讨论中学到的，只要鼓起勇气面对你的情感恐惧，你就能够学会克服它们。然后，你就可以踏上取悦症康复之路了。

第 11 章

消极情感恐惧症

你很可能已经变得非常精于取悦了，以至于你几乎从来没有承认和表达过自己的愤怒。此外，你可能还一直用取悦策略来缓冲对抗或冲突。正是因为你很少经受你所害怕的这些消极情感，所以你对它们的担心和焦虑才变成了自我实现的预言。

你很像一个因为害怕水而从未学过游泳的人。这个人会避开一切可能靠近水的情境。时间一长，因为一再逃避，他缺乏接触水的经验，而这很可能会让他对溺水的恐惧变成必然会实现的预言。

万一这个害怕水的人不小心掉进了游泳池的深水区，他对水的恐惧就很可能造成致命的惊慌。他会胡乱挣扎，会呛水，甚至会失去知觉。于是，因为恐惧和逃避阻止他学习游泳，所以可怕的溺水预言可能会变成致命的现实。

如果这个人进入了游泳池的浅水区，而且有一个技术熟练、让他放心的救生员陪着，那么他就能学会求生和游泳的技巧。通过在受控条件下反复进入水中，这个人对水的恐惧就会减弱，最终很可能会彻底消失。

重要的是，为了学会有效和恰当的响应，克服某种恐惧症要通过经受那种恐惧本身来实现。在这个例子中，那个害怕水的人只有在安全情况下到水里学会游泳，才能克服他对水的极度恐惧。继续逃避只会加深他对水的恐惧，强化他借以回避焦虑的逃避行为。

你通过一再的取悦来逃避愤怒、冲突和对抗。结果，你从来没给过自己机会，没掌握过处理这些困难情感的有效方法。现在，你有机会忘掉恐惧和回避反应，用足够有效的愤怒管理和冲突解决技能来取代它们。

如果被问起，你可能首先会把积极情感当作你取悦于人的情感动机。更深入地探查你的动机可能会揭示，就你的取悦习惯的形成而言，对消极情感的恐惧和逃避要比积极的情感回报影响更大。

认知治疗师戴维·伯恩斯提出了“消极情感恐惧症”，用来描述对消极情感过分的或不理性的恐惧。[7]就取悦而言，特定的恐惧涉及愤怒、冲突、挑衅或敌视以及对抗。请完成下面的消极情感恐惧症测验，确定消极情感的恐惧在你的取悦症中起多大作用。

测验：你是否患有“消极情感恐惧症”？

阅读下面的每项陈述，确定它们是否符合你的情况。如果陈述符合或基本符合，就选择“符合”；如果陈述不符合或者基本不符合，就选择“不符合”。

1. 我相信冲突毫无益处。　符合 / 不符合
2. 当我怀疑某个我在乎的人可能对我生气了时，我会变得非常不安。　符合 / 不符合
3. 我几乎会竭尽全力避免对抗。　符合 / 不符合
4. 我几乎从来不对商店或饭店中招呼我的人抱怨或表示我的不满，即使我知道他给我提供的服务、产品或食品很糟糕。　符合 / 不符合
5. 我觉得，如果我周围的人变得激动、愤怒或好斗了，我有责任

让他们冷静下来。　符合 / 不符合

6. 我认为我不应该跟我所爱的人生气或起冲突。　符合 / 不符合

7. 当我感到生气或伤心时，我更有可能会噘嘴、生闷气或不说话，而不会公开、直接地表达我的情感。　符合 / 不符合

8. 我认为冲突几乎永远是人际关系中出现严重问题的标志。　符合 / 不符合

9. 我很容易被别人显示出来的愤怒或敌意吓住。　符合 / 不符合

10. 当我生气和心烦时，我常常会出现生理问题，比如头痛、背痛、胃痛、皮疹等与紧张相关的症状。　符合 / 不符合

11. 当我跟别人发生争执时，我倾向于给对方道歉，只为结束争吵或平息怒火，不管那是不是我一个人的错。　符合 / 不符合

12. 我相信，如果愤怒和冲突在个人关系中表现出来，结果多半会很糟糕。　符合 / 不符合

13. 如果有人因某个问题怪罪我，那么即使我真的没错，我也更有可能会马上道歉，避免任何进一步的争论，以免让自己生气或造成更严重的对抗。　符合 / 不符合

14. 我认为，表达消极的情感很可能会引起争吵或冲突，远不如用微笑来掩盖。　符合 / 不符合

15. 在生活中，我几乎会尽全力来避免跟任何人发生愤怒的对抗。符合 / 不符合

16. 我相信，如果有人生我的气了，那通常是我的错儿。　符合 / 不符合

17. 我认为，要是我从来不感到愤怒或不快，那我就会成为一个更好的人。　符合 / 不符合

18. 我自己的愤怒会吓到我自己。　符合 / 不符合

19. 彼此在乎的人之间的大多数问题都是靠时间就能解决，最好不要去争论。　符合 / 不符合

20. 我几乎从来不反对或质疑别人的意见，生怕那会惹起某种冲突。　符合 / 不符合

打分和解释

数数你选择“符合”的个数，得到你的总分，然后参照下面的分数范围加以解释：

- 总分在 15 ~ 20 分：你显然患有消极情感恐惧症——对愤怒、冲突和对抗有着强烈而且相当不理性的恐惧。你对冲突的逃避以及对愤怒的压抑，很可能正在严重损害你的人际关系的质量以及你的生理和情感健康。
- 总分在 6 ~ 14 分：你对愤怒的恐惧以及对冲突的逃避，尽管没有达到严重病态的程度，但肯定正在助长你的取悦习惯，而且很可能在妨碍你建立和保持健康的亲密关系。另外，因为你抑制愤怒，所以你的生理和情感健康可能也存在隐患。
- 总分在 0 ~ 5 分：在承认或表达消极情感方面，你没有太大的困难。然而，如果你患有取悦症，你就很可能会低估愤怒和冲突让你感到不舒服的程度。之所以会这样，一个重要原因是你的取悦习惯已经让你尽可能回避冲突，以至于你不知道对你来说，愤怒以及其他的消极情感实际上是多么难以处理。但是，可以肯定地说，如果你继续用取悦来逃避愤怒和冲突，那么你的不适就只会恶化，变成一个更严重的问题。

对愤怒的长期压抑可能像爆发出来的狂怒一样有害于健康。

长期避免冲突的发生不仅是脆弱、不稳固的人际关系的征兆，而且还会严重损害人际关系的健康发展和保持。

为了克服你的取悦问题，你需要学会有效、健康地表达愤怒，建设性地管理和解决冲突。你靠取悦来逃避愤怒、冲突和对抗所获得的短期利益，远远比不上未能学会至关重要的愤怒和冲突管理技能所造成的损失，因为那些技能会让你和你的人际关系变得更愉快、更健康。

冲突避免的危险

48岁的帕特里夏第一个承认，自己在男人跟前就像“门口的擦鞋垫”，总是逆来顺受。“在男人跟前我总蹑手蹑脚的，就像踩在鸡蛋壳上一样。我非常害怕惹怒他们。我爸爸脾气很暴躁。当他喝醉时，其实他每晚都喝醉，他就会大叫大嚷，并且动手打我妈妈。”帕特里夏解释说。

为了保护帕特里夏，她妈妈吩咐她千万别跟爸爸顶嘴，别跟他对着干。妈妈告诉帕特里夏:“他说什么你就做什么。你要笑着说:‘是，爸爸。’然后，你就回自己房里去。我知道，当他说了些恶毒的话时，你会很难受。但是你要记住，你爸爸其实是爱你的，他说那些胡话完全是让酒精烧的。”于是帕特里夏学会了当一个取悦者，尤其是面对男人。在她快满18岁的时候，她爸爸死了，但她对愤怒（尤其是对男人的愤怒）的恐惧感却一直跟着她。

“奇怪的是，我害怕我丈夫发火，但我却从来没见过他发火！他从来不生气，我们也从来不吵架。老实说，”帕特里夏承认，“我们对任何事情都不会深谈，因此也就不会有争论。不管他说什么或想要什么，我一概同意。那就是我跟他保持和睦关系的原因。”她下结论说。

帕特里夏承认，经过了25年的婚姻生活之后，她很清楚丈夫并没有坏脾气。“既然他到现在都没有发过脾气，那很可能他以后也不会，”她推断说。“但是，我似乎仍然无法改变自己的反应。如果他做了什么让我心烦或不满的事情，我从来不会跟他说。我只是告诉自己，无论什么事都不值得争吵。”她若有所思地说。

当她的丈夫跟她一起参加了某些治疗时，帕特里夏对他们的关系有了一些全新的认识。她丈夫亚历克斯透露，他跟一个女同事的关系正在变得“过于友好”。他说，他爱帕特里夏，他不想跟那个女人“发生任何桃色事件”。“但是我也意识到，在这么多年来的婚姻生活中，我一直是多么孤独，”亚历克斯跟帕特里夏说，“我知道你竭尽全力地想当一个最贤惠的妻子。为了让我高兴，你什么都愿意做。但是，亲爱的，你从来不让我看到真实的你，从来不告诉我你真正的感觉是什么。你把那一切都删去了，因为你害怕我会发火。你把我错当成了你父亲！”

现在帕特里夏认识到，她险些就为逃避冲突付出最高昂的代价。“因为我的父母，我一直非常害怕冲突，”帕特里夏说。“我知道自己嫁给亚历克斯，就是因为他非常温和而又体贴。我对他不够信任，有些事情没有告诉他，这肯定伤害了他。我的下意识反应就是揣摩他的想法或需求，然后去讨好和满足他，尽管我不是总能猜对。之后我就不去理他了，以免我会惹怒他。”

一旦帕特里夏理解了她怎样用取悦来压抑自己的愤怒（以及其他的消极情感），怎样控制和转移他人的愤怒，她就能够针对这些取悦习惯做出改变了。

取悦与“白门”实验

像帕特里夏一样，我的很多来访者已经学会了使用“白门行为”这个标签，来标记他们用以避免或转移愤怒和冲突的取悦。所谓的“白门行为”就是指通过负强化来训练或学习。正如你在第 7 章学到的，负强化是指当令人不愉快的、消极的或痛苦的经历停止时，行为就会得到奖赏。取悦习惯是负强化的，因为在令人恐惧的情境中，取悦习惯可以减轻对不认可或拒绝的忧虑。

为了清楚地说明负强化怎样起作用，它跟正强化又有什么区别，我们将简要地再现“白门”实验。在实验中，我们将用到一个平均分成两半的箱子。箱子的里面一半全涂成白色，另一半全涂成黑色，但是在分隔这两部分的中间箱壁上有一扇门，门的两面都是白色的，可以朝着全部涂成白色的那部分推开。

实验对象是两只小白鼠，而实验目的是训练每只小白鼠推开白门，离开黑色部分进入白色部分。

1 号小白鼠将用正强化来训练。为了做到这一点，我们先在白色部分最远的角落里放一块奶酪，然后把 1 号小白鼠放进黑色部分并进行观察。

1 号小白鼠在黑色部分中探索了一会儿，最终它发现只要撞开或推开那扇白门，它就可以进入白色部分。闻着奶酪的气味，1 号小白鼠会迅速地通过那道门，跑到最远的那个角落里，显然很高兴地把奶酪吃掉。

这个训练过程又重复了几次，直到 1 号小白鼠穿过白门进入白色部分的行为变得相当牢固。下一步要把奶酪从白色部分拿走，一点儿不留。现在，我们再把 1 号小白鼠放进黑色部分，观察在没有预期的正面奖赏的情况下，它离开黑色部分进入白色部分的行为还会坚持多少次。训练的正强化效果的确改变了 1 号小白鼠，使它在即使没有奖赏的情况下，也会连着好多次穿过白门从黑色部分进入白色部分。它已经渐渐地把白色部分跟让它开心的美味联系了起来。然而，在徒劳地尝试了 5 ~ 10 次之后，1 号小白鼠似乎失去了兴趣，不再做得不到奖赏的努力。最终，当它再被放进黑色部分里时，它就会老实地待在那里。照心理学家的说法，这时它穿过白门的反应已经“彻底消失了”。

2 号小白鼠也将接受穿过白门离开黑色部分的训练。然而，这只小白鼠接受的是负强化训练。它也先被放进黑色部分，但白色部分不放奶酪，什么都不放。

现在，实验人员只通过黑色部分的箱底来对小白鼠进行温和的电击。尽管电击不会给小白鼠造成危险，但无疑会让它很不舒服。

小白鼠开始四下乱窜，浑身颤抖，小便失禁（老鼠不按时都会有这样的反应）。在四处乱窜的过程中，它偶然撞开了白门，跑进了白色部分中。重要的是，白色那边没有电击。

尽管白色部分没有奶酪或其他正面奖赏，但只要小白鼠一穿过白门进到里面，让它疼痛的电击就立刻停止了。在这种情况下，构成负强化的是疼痛停止。

这个过程要重复多次，以确保小白鼠“学会”白门逃跑反应。请放心，一只智力正常的小白鼠训练几次后就能学会。

现在，为了测量负强化训练相比于正强化训练的强度，实验人员关掉了黑色部分箱底的电击网，然后重复训练过程。我们想观察在没了电击停止的奖赏之后，2 号小白鼠继续逃过白门的行为会坚持多久。

当 2 号小白鼠再被放进黑色部分时，尽管没有电击，可它还是会立刻窜向白门，逃进白色部分。它的这种行为会一次又一次地重复。负强化训练的效果如此强大，以至于 2 号小白鼠会继续坚持逃避行为，尽管除了它对电击的记忆或恐惧之外，黑色部分中已经不再有任何令它不舒服的东西需要逃避了。它的白门逃跑反应需要很长、很长的时间才会消失。

取悦应该理解为同时经由负强化和正强化训练而成的白门反应。取悦他人给你带来的短期奖赏（或者说正强化），既包括来自他人的认可、赞扬和感激，也包括自我满足。这些奖赏类似于 1 号小白鼠的奶酪。

维持取悦症的负强化是逃避，对愤怒、冲突、对抗、反对、拒绝或批评的逃避，类似于 2 号小白鼠受到的痛苦电击的停止。你利用取悦来逃避可怕的情感，这就类似于 2 号小白鼠逃过白门的反应。

就维持你的取悦习惯而言，负强化的影响远比你可能已经得到的任何奖赏或愉悦都更强大。

你对愤怒和冲突的恐惧只是一种负面体验，类似于小白鼠在箱子的黑色部分里受到的电击。你的其他恐惧还包括对拒绝的恐惧、对反对的恐惧、对冲突或对抗的恐惧以及对伤害他人的恐惧。就像 2 号小白鼠在电击网关掉后仍会逃过白门一样，你也会继续逃避这些体验，始终不敢停下来确定你是否可能还有一种更好、更有益或更有效的应对方法。

来看看帕特里夏吧。自结婚之后，她一直在穿过“白门”逃避丈夫的愤怒，尽管这期间她甚至从来没有看见丈夫发过脾气。假如她能控制自己的逃避冲动，那她可能早就已经认识到了，亚历克斯其实渴望跟她有更亲密、更真诚的情感关系。

对别人说“行”、满足别人的需求或者自己承担过错等取悦行为，可以提供一个逃避这些消极情感的“白门”紧急出口。

你已经习惯于用取悦来逃避愤怒和冲突了，而且，你还始终不让自己有机会正视你的恐惧。结果，你一直没有学会恰当地处理愤怒和冲突，一直不能控制它们。

先发制人的取悦

再次回到帕特里夏的案例。她一直奉行一个有缺陷的策略，用她的取悦习惯来防止她自己和亚历克斯表达愤怒和其他消极情感。她相信，这样她就避免了原本可能损害他们婚姻关系的冲突。

她的行为是先发制人的，因为她试图预先防止人们（尤其是男人）表达他们的愤怒。帕特里夏会事先预测并满足她生活中男人的需求和渴望，不让它们成为男人跟她发火的理由。

帕特里夏的取悦习惯得到了强化和巩固，因为它们可以帮她逃避她认为很危险的愤怒和破坏性的冲突。经过治疗，她终于能承认她的婚姻早已变得死气沉沉了。因为缺乏有效的沟通手段来表达抱怨和不满，或者找不出解决问题的方法，所以他们的婚姻尽管还没有破裂，但却失去了激情和活力。

像大多数取悦者一样，帕特里夏在儿时学到了帮她逃避消极情感的取悦方法。她学会了按着妈妈的明确指示穿过那扇“白门”。在她的童年和青春期，直到她的父亲去世之前，她一直在利用取悦行为来逃避父亲酒后的暴怒和暴力。然而，她的策略是有缺陷的，因为她仍会遭受父亲的责骂。但是，只要她乖巧可爱，会看父亲的脸色行事，父亲就不会打她。

帕特里夏认识到，长大后的她可以用别的方式应对男人的虐待。作为一个成年人，她可以做出小白鼠和孩子没有能力和权力做出的选择。

比方说，假设有一天她的丈夫开始虐待她了，那么她可以选择离开他。或者，她也可以选择捍卫自己的权利，而不是帮着丈夫虐待自己。换句话说，作为成年人，她可以坚定果断地制止虐待。

帕特里夏的案例说明，早年的反射训练经历会对人的行为产生深远影响。尽管事实上她丈夫的性情和行为跟她父亲不大一样，但帕特里夏的行为给人的感觉好像是，她丈夫就像她父亲一样脾气不好，容易勃然大怒。

尽管她实际上从未见过丈夫发脾气，但她让自己相信，那是因为她确保丈夫的每个需求都得到了满足，从而抢先一步防止了丈夫发火。然而结果证明，她丈夫有一个最重要的需求仍严重地未被满足，那就是对亲密的需求，而亲密源于双方对所有情感（包括积极情感和消极情感）的自我表露。

取悦保护

你的取悦已经变成了根深蒂固的习惯，因为你相信它能保护你免受愤怒和冲突的威胁。但是实际上，取悦恰恰会起到相反的作用。你总是当好人，这未必会让别人高兴，反而可能会在无意中让跟你最亲近的那些人感到沮丧，最终激起他们的愤怒。

你会用先发制人的取悦来对付一些人，也就是说，你会在他们可能伤害你之前让他们高兴。但是，像帕特里夏的丈夫一样，这些人可能并不买账。因为你不乐意，所以他们无法跟你讨论问题或任何消极情感，而这可能会妨碍和激怒他们。尽管你可能以为你的取悦有保护作用，甚至有利于维持亲密关系，但是实际上，那些渴望跟你加强亲密关系的人可能会怨恨你的策略。也许会让你感到吃惊的是，你先发制人的取悦可能会被那些接受者看成是操纵、胁迫和控制。对他们来说，你执著地“当好人”和回避冲突，这可能就像是一种被动攻击的手段，让你始终跟他们保持“安全的”心理距离。

然而，如果你跟别人离得太远，远得让他们无法够到和攻击你，那么他们同样也无法张开双臂拥抱你。这样一来，很可能你的“安全区”其实是个荒凉甚至危险的所在。

就在你用取悦避免了愤怒的反应或冲突之后，取悦可能会在短期减轻你的焦虑和恐惧。但从长期来看，你对消极情感的恐惧只会加深。除非你学会有效、恰当地表达愤怒和处理冲突，学会用这些方法取代逃避的习惯，否则取悦症就会跟着你的恐惧一起加深和恶化。

取悦作为逃避策略只会暂时奏效，时间一长，它反而可能引发愤怒和冲突。

像很多恐惧一样，你的恐惧也很可能根植于某些错误观念。在《绿野仙踪》里，几个主角被吓唬住了，非常害怕“强大的奥兹”，直到他们拉开了幕布才发现，他只不过是个矮小的普通人，只是用烟雾和噪声制造出可怕的幻象。

你所害怕的情感似乎远比“奥兹”更恐怖、更凶险，因为你一直把它们藏在取悦的幕布后面。在下一章里，我们将渐渐拉开那块遮住恐惧和逃避的幕布。

情感调整：不再逃避可怕的情感

当你已经做好了准备，可以开始克服你对愤怒、冲突和对抗的恐惧，学习有效地管理它们时，请记住这些要点：

★ 长期压抑你的愤怒，这可能跟经常“发怒”一样有害健康。

★ 用取悦来逃避愤怒和冲突，这可能会让你的恐惧变成自我实现的预言。

★ 为了减轻你的焦虑，学会有效应对你所害怕的情感体验，你必须先适应它们。

★ 用先发制人的取悦来逃避消极情感，这可能会事与愿违，被别人看成是控制和操纵，让他们感到沮丧，进而激起他们的愤怒和敌意。

★ 如果在你的人际关系中消极情感的表达受到禁止，那你因此付出的代价将是牺牲你跟他人的亲密、坦诚和信任。

第12章

对愤怒的恐惧

你知道，当你发现自己在躲避可能会要求你帮忙的人时，取悦症已经控制了你的生活。作为一个取悦者，你已经无法对别人的请求说“不”了，即使你的时间很紧迫，或者根本没有意愿、兴趣或精力去满足他们的心愿。

在你本想说“不”的时候，你却感到你不得不说“行”。之所以会这样，可能是因为你害怕你的拒绝会让对方生气，甚至再也不喜欢你了。或者，你可能担心拒绝别人会让你显得自私、懒惰或冷漠。

甚至不等你想到一个似乎可信的说“不”的理由，多年来的条件训练让你养成的取悦习惯就已经启动了，迫使你下意识地给出了“行”的答复。内疚是你甩不掉的情感伙伴，它会影响你，阻止你拒绝他人的请求。

你会一如既往地认为，说“行”总是比说“不”更轻松，因为说“不”似乎会让你陷入消极情感的迷宫。然而你没能意识到的是，你在既没时间也不情愿的情况下给别人帮忙，这会让你产生更艰难、更危险的情感。

在你说了“行”之后，甚至在你还没有满足别人的请求时，你的内心就已经充满了愤怒和怨恨，因为你感到对方在非常精明地操纵你，在利用你的敦厚和你不敢说“不”的弱点。

让问题变得更加复杂的是，你还会感到羞耻和内疚，觉得自己不该怀有愤怒和怨恨，因为这类情感是取悦者的禁区。

直接对请求者表达你的愤怒和怨恨，抗议他利用你乐于付出的天性，这似乎是不可想象的。毕竟，你甚至连“不”都说不出口。此外你还认为，真正的问题在你身上；你的推理很正确。于是，你采取了“更安全的”方法，把愤怒、责怪和情感混乱统统对准了你自己。

讽刺的是，你最终会尽力躲避某些朋友和家人，以免他们利用你的取悦冲动叫你帮忙！事实上，你并不是真想躲避别人或孤立自己。相反，你的这种反应是因为你害怕自己以及他人的愤怒和怨恨，你想逃避那些险恶的情感伙伴、冲突和对抗。

愤怒是个程度问题

愤怒会加深恐惧。像很多人一样，你可能也对愤怒的本质有很多错误印象。首先，你可能把愤怒（情感状态）当成了攻击（行为）。

攻击包含蓄意伤害别人或者蓄意损坏某物的意图。你对愤怒的恐惧是基于这样的预期：愤怒总是会导致单方面的攻击行为或人际冲突。

在某些情况下，愤怒的确可能导致攻击。然而，这不是必然或不可避免的。学会有效、恰当地管理和表达愤怒的情感，这可以大大地降低愤怒导致攻击的可能性。

第二个错误印象是，你觉得愤怒就像一个开关。按照这种不准确的两极化观点，你要么很冷静，要么就是火冒三丈或勃然大怒。当愤怒处于“关闭”状态时，你很清醒、很理智，丝毫看不到烦躁或愤怒的迹象。然而一旦拨到“打开”状态，消极情感就会一下子爆发出来，你也立刻从里到外变成了一个愤怒、激动、烦躁的人。

非黑即白的愤怒观是完全错误的。相反，愤怒会根据唤醒程度而逐渐发展和升级。

说到愤怒升级的速度，不同的人有很大的个体差异。有些人是出名的“暴脾气”，很容易发怒。对这类人而言，从0（没有怒意）到100（勃然大怒）升级发生得非常迅速，甚至会让人觉得那就是按了下开关。然而，即使他们性如烈火，他们的愤怒也是逐步升级的。

还有一些人是出名的“慢性子”，他们的愤怒升级得很缓慢。“慢性子”最终也能像“暴脾气”一样变得极为愤怒，只不过他们的愤怒升级得更缓慢、更谨慎。

不同的人生气的频率以及能让他们生气的事情也大不相同。对A型人格最初的研究揭示了明显更高的罹患心血管疾病的风险，据说这跟匆促症（也就是总觉得时间不够用）、焦躁、好胜以及不受约束的愤怒和敌意等特征有一定关系。[8]然而随着时间的推移，对紧张的人量研究已经清楚地表明，心脏病倾向的实质与长期的敌意以及经常爆发的愤怒有关。

愤怒的四个阶段

对愤怒的恐惧跟另一种更普遍、更模糊的恐惧紧密相关，那就是对失控的恐惧。这个错误印象是，当愤怒被激发时，你会深切而又不由自主地感到，你最终必定会对自己的情感和情感表达失去控制。把愤怒误解为一种情感开关机制，这会让你更加相信，一旦被激起，愤怒总是会导致失控。

事实上，愤怒的发生有四个不连续的阶段。第一个阶段是黄色预警，由一些最早的心理和生理警报信号构成，预示着你可能开始生气了。要想学会控制愤怒，你必须要对你在愤怒将起之时的感觉异常敏感。

当然，消极情感恐惧症一直阻止你认出你自己的黄色预警信号。这是因为，作为一个取悦者，你甚至从一开始就极力否认你有愤怒或消极情感。

你可以学会把这些信号解读为你可能很快就要被激怒了。你还可以学会解读他人的黄色预警信号，提早意识到他们可能要发怒了。感到着急、紧张和压迫，这是烦躁易怒的典型前兆。对很多女性来说，口渴、胃肠胀气或经前紧张等感觉，也是情绪波动和烦躁易怒的典型生理信号。

在工作场所，遭到主管贬低、拒绝或羞辱的员工就正在走向愤怒黄色预警，甚至可能升级为致命的暴力。最后，如果你感到劳累、疲惫和困倦，你也应该预先意识到，你很可能已经烦躁易怒了。

愤怒的第二阶段是点火，也就是说，你的导火索已经点燃了。要想有效地控制你的愤怒，你必须要对内在的生理和心理暗号极为敏感，这样你才能尽早察觉点火阶段。一旦察觉到点火，你就应该立刻求助于愤怒管理策略，而不是等着你的消极情感不断膨胀；这将有助于你实现更有效、更直接的控制。

愤怒的第三阶段是升级。很显然，愤怒管理的目标是防止失控。学会控制愤怒升级的速度以及愤怒的激烈程度（从轻微恼怒到暴怒），这将有助于你最终掌控消极情感的表达方式。需要注意的是，升级仍然是个程度问题，而不是一种非全有即全无的现象。尽管你可能感到自己的心情正在变得烦躁，但你仍旧可以控制，恰当地选择表达愤怒的方式。

像治疗很多身体疾病一样，想管理并恰当地、建设性地表达愤怒，及早察觉并干预是关键。当你的愤怒不是很激烈时，它就很容易被打断、分心、开解以及其他管理策略所控制。因此，一旦你掌握了情感控制权，你的愤怒可能就会非常顺利地从点火阶段进入消散阶段，以至于完全跳过了升级阶段。

有效的愤怒管理意味着防止消极情感升级到失控的程度。

愤怒的第四个阶段是消散。在这个阶段，你开始冷静下来，仔细回想刚刚发生了什么，试图修补不当处理可能给双方关系造成的任何情感伤害。

这是有效的冲突解决的阶段。在这个阶段，愤怒的后果可以建设性地加以利用，以便准确地找出问题和提出解决办法。当冲突真正得到解决时，你将来就没有必要再触及那段争论了。

恰当与不恰当的愤怒表达、建设性与破坏性冲突之间的区别，以及这对取悦者来说意味着什么，这些就是本章以及后面几章的主题。此刻，你只要明白了愤怒是个程度问题，而不是一种非全有即全无的现象，你就迈出了学会控制愤怒的重要一步。而且，你还要理解愤怒在各个阶段是怎样发展的，这对你控制愤怒同样至关重要。

当你从阶段和激烈程度的角度对愤怒有了正确的认识之后，你相信愤怒可以管理的意识就会加强。你之所以仍然容易被愤怒冲昏头脑而失去控制，就是因为你没有把愤怒分成不同的阶段和不同的程度来认识。

愤怒总是有害吗

当然不是。愤怒有着重要的实际作用。

愤怒是你天生情感装置的关键零件，是你作为一个人的固有要素。

你的头脑和身体天生就有发怒的能力，这是一种保护。愤怒是一种情感反应，表明你觉得对方有做得不当的地方，而你可能受到了伤害。

从原始意义上看，愤怒在你的生存中起着重要作用。如果你不能感到愤怒，那你在心理上就是有残疾的，你就很容易被社会中的掠食者以及其他想要利用和欺负你的人所伤害。

如果你的权利或界线受到了侵犯，或者你受到了辱骂、利用或其他不公平的对待，那么你感到愤怒就是完全恰当的。然而，像大多数取悦者一样，当你愤怒时，尤其是对跟你最亲近的那些人愤怒时，你很可能会感到内疚。内疚意味着道德上应受谴责。而仅仅感到愤怒根本涉及不到对错好坏的问题，所以你的内疚放错了地方。作为一个人，你不用为怀有情感负道德责任；相反，你的道德责任在于你怎样对待他人——你选择怎样表达自己的情感。

此外，因为感到愤怒而引起内疚，这只会让问题变得更加复杂，使原本已经疲于应付的你又得多面对一种消极情感。在心理学上，内疚和沮丧是针对你自己的愤怒的反映。因此，当你因内疚或沮丧对你的愤怒做出反应时，你会让问题变得更加复杂，因为你现在正为自己感到愤怒而感到愤怒。这种情感运用完全是浪费时间。

你应该接受自己的愤怒，承认它是一种正常的人类情感，而不应该靠内疚、沮丧或其他消极情感来抗拒或转移它；这是你掌握正确的愤怒管理的重要一步。愤怒的作用和影响取决于你在什么时候、以什么方式、为什么原因表达愤怒。

你究竟害怕谁愤怒

你之所以会对别人的愤怒感到非常害怕，一个潜在的原因是你担心自己会被惹怒。你的取悦多半已经让你对自己的愤怒感到很陌生了，因此，一想到你可能要发泄愤怒，你必然会感到不安和焦虑。最让你感到可怕的是，你相信怒火的点燃必定会导致潜在的失控。

因为你是一个取悦者，所以在你忍受和顺从的表面下，你长期压抑的愤怒迫切需要释放。如果你只担心别人，忽视怎样最恰当地表达你的愤怒，那么你就会照搬长期取悦者一贯的解决办法：先考虑别人的需求，把你自己的需求放在最后。

要想学会有效地处理你的愤怒，你必须决定在一开始就恰当地表达出你的愤怒。你可能在努力地压抑自己的愤怒，甚至不承认你的大多数或全部的消极情感，包括愤怒。但是，正如我前面说过的，压抑和否认愤怒对身体和心理都是有害的。

也许在你看来，跟怎样表达你自己的愤怒相比，怎样应对他人的愤怒更重要也更困难。你可能认为，愤怒对你来说不是问题，因为你根本不会“发怒”。这就像是对一个害怕旷野的人说，旷野对她不是问题，因为她根本不会“去那里”。

长期压抑愤怒或用被动的方法表达攻击都是有问题的。过分压抑实际上是盛怒爆发的一个主要原因（请想想“going postal”是怎么来的[㊀]）。经常或过分地发泄敌意会危及你的心血管系统，但长期压抑消极情感同样也有害于你的健康。

研究表明，长期压抑愤怒和其他消极情感的人，很可能会让他们的免疫系统丧失一种至关重要的机能，因而潜在地损害他们抵御癌症以及其他传染性疾病的能力。

㊀ 近20年来，美国发生了多起邮差因不满情绪而在邮局持枪杀人的案件，以至于出现了“going postal”这个俚语，意思是“发疯”“发神经”或“疯狂扫射”。——译者注

就我们现在的目的而言，学会承认愤怒并建设性地、恰当地表达愤怒，这对治愈取悦症是至关重要的一步。

控制别人的愤怒不是你的责任。然而，你有责任理解和控制你对潜在争吵或对抗的影响。你的言行以及语气和表情可能会刺激对方，使他的愤怒升级。在另一方面，你在互动中的表现也可能会让愤怒的对方冷静下来，从而有助于防止争论升级为破坏性的冲突或怀有敌意的对抗。

否认和压抑不会让你的愤怒减弱或消失。你必然会碰到让你感到愤怒的情境，即使你努力否认或压抑愤怒。然后，因为你不能或不肯用有助于解决问题和冲突的方式有效地表达你的愤怒，所以你会一直感到沮丧、不满、有心无力。

沮丧会导致攻击，这是一个心理定律。随着时间的推移，长期压抑的愤怒会造成强烈的沮丧，而那种沮丧反过来可能导致敌意的爆发。讽刺的是，你压抑你所害怕的愤怒，而这实际上很可能引发你最惧怕的狂怒。

正如在下面的案例中比尔必须要学会的，试图彻底逃避愤怒和冲突，这反而可能导致你最畏惧的灾难性后果。

对愤怒的恐惧与害怕承诺的伴侣

比尔说自己是“离婚家庭的产物”。在比尔 15 岁时，他的父母离婚了。他的父母一直相互敌视，甚至离婚之后还会吵得很凶。

“我记得最深刻的是，自我能听懂他们说话起，他们就经常激烈地争吵，”比尔伤心地回忆说，“他们时常相互辱骂。没有谁能像我母亲那样激怒我父亲，反过来也是一样。我简直恨死他们吵架了。”

因为儿时的不幸经历，比尔对做出婚姻承诺非常谨慎。而且，他养成了取悦于人的习惯，尤其是对跟他恋爱的女人。他的取悦是为了逃避愤怒和冲突，他相信，正是愤怒和冲突毁了他父母的婚姻。像其他取悦者一样，比尔也觉得愤怒和争论只能导致灾难性的后果。

比尔42岁时认识了30岁的康妮，他们俩都没结过婚。康妮出生于一个稳定的大家庭，比尔认为这是她的一大优点。

在约会了将近两年之后，康妮渴望结婚。比尔却断然地跟她说，除非先同居一段时间，否则他永远也不会跟任何人结婚。至于理由，用比尔的话说，“是要确保我们能非常融洽地一起生活，永远都不会闹到离婚的地步。”

康妮勉强同意了，搬进了比尔的公寓。尽管康妮知道比尔对愤怒极为敏感，因此一直努力压抑她自己的愤怒，但是她并不像比尔那样害怕冲突。在她的家里，愤怒可以用健康、恰当的方式表达，从来没有导致永久的怨恨或任何家庭关系的决裂。

“比尔和我争论过的唯一一件事，就是我们什么时候结婚或者是否要结婚。”康妮说。

康妮和比尔掉进了陷阱，这主要是比尔造成的。在同居了6个月之后，看到比尔没有求婚的意思，康妮主动提起了结婚的话题。但是，比尔拒绝讨论结婚，说按照他看似专断的时间表，他们一起生活的时间“还不够长，他们彼此还不够了解”。

康妮愤怒地回答说：“什么，两年半的时间还不够吗，还不能让你知道你爱不爱我、想不想跟我结婚吗！”

看到康妮愤怒的信号，比尔马上反驳说：“看看，看看，你生气了。这恰恰是我不能容忍的。如果你一生气就冲我大吼大叫，我们最后肯定会离婚。在我们能融洽相处之前，我不会跟你结婚。”

又过了两年，这一幕重新上演，比尔还是不肯结婚，但康妮的情绪变得更激烈了。每隔几个月，康妮的沮丧就会爆发为又一次地质问：“我们到底还结不结婚？我可不想只是同居。我从来都不想这样。我想结婚，我想建立家庭。我不想玩儿过家家！你快把我逼疯了。”

但是，每次比尔都很顽固，不肯做出承诺。他的理由是，康妮实际上又一次发怒了。按照比尔离谱儿的逻辑，只要两人的关系中存在愤怒的痕迹，他们结婚后就很可能会争吵，最终导致离婚。

康妮会争辩说，她不是一个天生爱生气的人。她指出，她的愤怒是因为比尔不肯结婚让她感到沮丧和挫折。

康妮当然不是一开始就冲着比尔大嚷大叫。但是，时间一长，日益强烈的沮丧削弱了她的自制力。最终，她发现自己在绝望地冲着比尔尖叫：“给我一个答案！你说你爱我。除了这个，我们其实没有争吵过任何事情。但是，你一直坚持说我们相处得还不够融洽，因此你不能跟我结婚。我再也受不了你的这个借口了。”康妮沮丧地哭着说。

最终，又过了两年之后，康妮带着自己的东西搬出去了。起初比尔还很得意，认定他坚持对两人的关系进行“防愤怒测试”很英明，让他避免了一次离婚。

但是，分手6个月之后，比尔意识到他失去了自己一生中最爱的女人。康妮拒绝搬回来继续跟他同居；她坚持认为，比尔需要接受心理治疗，才能克服他对愤怒的恐惧以及对所有冲突的逃避。

这个故事有个幸福的结局：康妮和比尔总算结婚了，而且据说“从此过上了幸福的生活”（尽管他们偶尔还会有健康的愤怒和冲突）。我最近得到的消息是，他们刚刚生了第二个孩子。

愤怒恐惧的根源

取悦者对愤怒的恐惧有很多不同的形成原因。就像上面案例中的比尔一样，这种恐惧最深的根源在于童年的心理创伤。对年幼的孩子来说，暴躁易怒的父母可能会变得非常可怕。

在孩子眼里，所有的成年人都很强大，因为他们个头更大、嗓门更响、地位更高。因为孩子几乎完全依赖于大人，所以他们需要大人显得很有控制能力。孩子需要大人表现得理性、一致，好为他们提供安全感。

当父母或看护人显得暴躁易怒时，孩子最基本的信任感就会削弱。一个时常大发脾气的大人，会让孩子觉得很愚蠢、很不可靠、很可怕。

如果父母的愤怒还会引发攻击或肢体暴力，那么情况就更糟糕了。孩子的世界会变成一个恐怖地带，布满非常真实的、具有潜在致命性的危险。家庭非但不是逃避紧张和恐惧的庇护所，反而会变成恐怖之源。

如果父母还酗酒或吸毒，那么他们的愤怒甚至会变得更加反复无常、捉摸不定、荒谬愚蠢。因为酒精和毒品会解除他们的自我控制，所以他们的愤怒就更有可能升级成为拳打脚踢甚至动刀动枪的攻击。

在一个有暴力的家庭里，孩子时常会目睹这样的悲剧：逆来顺受的妈妈根本不能保护自己和孩子，经常会被因为喝了酒或吸了毒而变得狂暴、残忍的父亲或男友欺辱和折磨。孩子可能还会受到躯体虐待，这更会让他在心里憎恨和诅咒噩梦般的家庭悲剧，以及愤怒的危险性和破坏力。

通过模仿学习，孩子只会明白处理愤怒的两种选择，但它们都是不健康、不恰当的。如果孩子看向母亲，那他就会看到愤怒被压抑成忍受，而忍受反过来会遭到暴力的惩罚。如果孩子望向父亲，那他就会目睹愤怒变成可怕的暴怒，随后发泄给最弱小的受害者（包括这个孩子）身上。

在这样的家庭里，根本没有人教孩子怎样以坚决、坦率、建设性的方式安全地表达愤怒，甚至没有人告诉孩子这是一种可能的选择。

一个不幸但很常见的事实是，躯体虐待的加害者在儿时恰恰是虐待的受害者。因为没有建设性的行为榜样，所以面对仅有的两种选择，这些孩子选择了成为主动的加害者而不是被动的受害者。一次暴力发作过后，虐待者往往会感到懊悔，并感到他们对自己的愤怒感到恐惧和难以控制。

另外，施虐父母的成年子女也可能仍然是受害者。在这种情况下，他们形成了过分顺从的取悦性格，以掩盖他们自己潜在的、可怕的愤怒。

有的时候，儿时受过虐待的成年人会扮演两种交替变化的角色，有些情况下是受害者，有些情况下是加害者。大多数时候，这些身兼两种角色的成年人会过分地控制、否认和压抑他们的愤怒。然而，当他们承受的紧张和压力过大时，他们就会失去理智，变得暴跳如雷。

尽管不是全部，但的确有很多取悦者讲述了家庭虐待的背景。在他们看来，愤怒是一种要么完全“打开”、要么完全“关闭”的情感。这种内心感受反映出，在他们儿时的家庭关系中有加害者和受害者，相应地，愤怒的表现就是或开或关两种状态。而且，取悦者对自己以及别人的愤怒的恐惧，可能会驱使他们愈发努力地讨好别人。

愤怒能要人命吗

对有些取悦者来说，他们之所以对愤怒感到恐惧，是因为他们相信愤怒简直能要人命。

你可能还没有意识到，你对愤怒的恐惧是多么根深蒂固。或许，像下面案例中的阿琳一样，你也死一般地害怕惹怒某个你所爱的人。这不是因为你害怕自己的安全会受到威胁；相反，你害怕是因为你相信，愤怒会给对方的健康造成严重、悲惨甚至致命的后果。

33岁的阿琳和40岁的加里已经结婚7年了。他们俩决定寻求心理治疗，因为在最近的一件小事中，阿琳彻底被加里的愤怒吓坏了。

不过他们俩都认为，问题的根源在于阿琳对愤怒的强烈恐惧和厌恶，而不在于加里的行为，因为就当时的情形而言，加里的行为似乎并无过分或不当之处。

这件事的起因是加里偶然听到阿琳在给母亲打电话，一边哭一边为自己不是个好女儿道歉。

“我母亲很会让我感到内疚，”阿琳说。“而我听信了她的话，让自己经受了很多痛苦。我们对这种糟糕的交流形式已经习以为常了。”

“当我挂上电话时，加里显然对我很生气，”阿琳解释说。“看到我任母亲摆布，他会变得非常烦躁。此外，我也知道他是对的。我能感觉到我自己也变得非常不安，于是我请求他不要发火。”

“那只是让他更加恼怒了。他跟我说他是个大人，让我别再告诉他不要生气。他看起来显然很生气，嗓门也越来越高，但他并没有失控。加里是个非常温柔体贴的男人，”阿琳解释说。“我不记得他还说过什么了，因为我已经感到天旋地转了。我的心跳得越来越快，我开始流汗，浑身发抖。”

“我真的觉得我要昏过去了。我确信我犯心脏病了，要么就是快要疯了，”阿琳描述说。“当加里看到我那样了时，他不再责备了，走过来看我是否还好。加里知道，我是犯了惊恐发作。”

在治疗过程中，我问了阿琳一个标准的诊断问题：“你害怕自己可能会在惊恐发作时死掉吗?”

阿琳的回答很有趣，也为理解她对愤怒的强烈恐惧提供了关键线索。

“不，但是我害怕加里会死掉，因为我已经让他那么愤怒了……”她停顿了一下，“就像我父亲一样。”她眼里含着泪水回忆说。

阿琳 15 岁时父亲去世了。按照她的描述，她的父亲是一个“长腿儿的定时炸弹”，因为他有着非常紧张的性格和极其糟糕的健康习惯。

最值得注意的是，阿琳的父亲是个非常不友善的人。他脾气暴躁，爱喝酒，很容易火冒三丈。

“我父亲的脾气是点火就着，”阿琳解释说。“他总是在跟别人生气。我母亲完全被他的脾气吓住了，而且很担心他的健康。当我父亲喝醉了开始大发脾气时，我和妹妹会立刻逃开躲起来。他从来没打过我们，但他的愤怒太吓人了。”

“我记得母亲曾告诫过父亲，总有一天他的愤怒会要了他的命。我记得最深刻的是，母亲时常告诉我们：‘千万别去招惹你们的父亲。如果你们惹他发火，他就会犯心脏病死掉。’”

“在我父亲逝世的那个晚上，我们的确发生过激烈地争吵。我不记得是为什么了，总之他对我大发雷霆。他冲我吼叫，咒骂，脸涨得通红，还向我挥着拳头。”阿琳回忆说。

“他说他需要到外面抽根烟，然后就重重地摔上门出去了。那是我最后一次看见他。一场严重的车祸夺走了他的性命，”阿琳用带着愤怒和悲伤的声音讲述说。“幸运的是，他开车撞上了路堤，没有伤到别人。”

“最糟糕的是，我总认为父亲是因为心脏病发作才没控制好方向盘，”阿琳接着说道，“我母亲跟每个人都这样说，包括我。去年，我的姑妈临死前告诉我，我父亲在离家之前已经喝了几个小时的酒。他是被自己害死的，因为他已经喝醉了，根本控制不住汽车。我猜，我母亲需要编个故事来掩盖，这样她就不用承认我父亲当时喝醉了。我想她渐渐地相信了自己编造的谎言。”

“在我发现了真相之后，我仍然感到内疚，因为我一直认为假如不是我让他那么生气，他就不会喝那么多酒。因为相信我母亲的谎话，我让她的所有告诫都成真了——我惹得父亲大动肝火，结果害死了他。”阿琳沉思着说。“你知道，我母亲真的很残忍，居然把罪责推到了我头上。一直以来，我父亲跟每个人都生气。他是一个对生活怀有怨恨和敌意的人，”阿琳说。“从那时到现在，我母亲一直在让我感到内疚。我猜，她是因为不能指责我父亲和她自己，所以才找上了我。”

然后，阿琳的记忆有了突破，“当我看到加里开始变得非常愤怒和烦躁时，我能听到的全都是我母亲的声音，”阿琳回忆说。“我的脑子里只有我让加里发火了，他会因此丢掉性命，永远离开我。我的惊恐就是这么来的。”阿琳最后说。

这次惊恐事件帮助阿琳明白了她对愤怒的恐惧根源在哪儿。她有很多心结要在治疗中打开，但找到恐惧的根源是少不了的开头。从这时起，她就可以开始改变她的思维并最终克服她的取悦症了。

阿琳的案例生动地说明，当敌意、冲突以及由此引发的紧张能让某种疾病恶化时，它们有害而且可怕的力量就可能被算到愤怒头上。这一类的典型疾病包括心脏病发作和中风等心血管问题、癌症、酒精中毒和躁郁症（尤其是有过自杀或企图自杀历史的人）。

当一个人患有这样的疾病时，他的家人和好朋友就会担心，让这个“病人”心烦或生气可能会导致严重的伤害。比方说，如果一个人容易犯心脏病或中风，那么惹他大发雷霆就可能造成致命的后果。

至于酗酒者，大家担心的是愤怒可能会让他一次喝下特别多的酒；

或者，如果这个酗酒者正在戒酒，愤怒可能会促使他故态复萌。如果一个躁郁症患者变得极为愤怒，那可能暗示着躁狂发作期的开始。更糟糕的是，如果他的愤怒憋在心里，那就会变成严重的抑郁，有可能导致自杀。因为癌症和艾滋病患者都应该尽量减轻压力，所以让他们心烦或生气都可能会产生不利影响。

尽管愤怒、紧张和疾病之间的确存在联系，但它们的因果关系往往更加复杂。就心血管疾病而言，愤怒或敌意与发病率之间的关系似乎很直接。至于其他的疾病，愤怒和紧张的影响要更复杂、更间接。

就本书的宗旨而言，重要的不是科学，而是这样一种观念：愤怒会造成额外的伤害、阻碍康复或导致旧病复发。像阿琳一样，你对愤怒的恐惧及其导致的取悦和逃避行为，或许也跟你担心自身、家人或好友的健康有很大关系。如果你也像阿琳一样，开始相信或怀疑愤怒可能要人命，那么你原本已经相当强烈的愤怒恐惧自然会进一步加深。

当阿琳正确地认识到父亲的死因是他自我毁灭的性格和生活方式时，她的内疚开始消失了。当她开始接受愤怒是一种正常的情感，有时甚至是一种不可或缺的情感要素时，她跟加里的关系变得更健康了。

请记住，愤怒本身并非天生就是危险或有害的。可能会让愤怒变得有害的，是愤怒的表达方式。

大发脾气对你有好处吗

一个普遍的错误观念是，大发脾气有时对你有好处。你肯定听过一些类似的说法。通常，喜欢没理由地乱发脾气的人会散布这种医学谣言，给他们自己的不当行为找借口。

这种错误观念认为，得不到发泄的怒气会让血管中的压力增大，因此除非你允许愤怒以爆发的形式发泄出去，缓解和驱散血管系统的紧张，否则你的血管就会爆裂。

这实在是大错特错。真正的危险在于显示盛怒，而不在于控制它。反复无常地大发雷霆对谁都没有好处。实际上，暴躁易怒的人可能会在盛怒之下当场中风或心跳骤停。

即使经常大发雷霆没有要了你的命，你的心血管系统也会因受到持续累积而遭损害。尽管你会努力地用夸张的手势和音量来吸引责骂对象的注意，但对方通常会干脆把你的激烈指责当成耳旁风。对方会失去对你的尊重，而你只会失去理智。

把爆发的愤怒跟训示掺杂起来肯定会惹麻烦。在工作场所，被上司臭骂了一顿的员工不太可能改正错误，努力成为模范员工。相反，他会觉得自己受到了陷害，心生怨恨和愤怒，根本不愿意下次努力把工作干得更好。或者，他可能会表面上顺从上司的威胁，但他受到伤害的情绪甚至可能破坏他改过自新的努力。

长期处在怀有敌意的工作环境里，员工可能会声称他们出现了与紧张相关的情感和身体症状。从当前的诉讼趋势来看，用攻击性的、怀有敌意的大发雷霆来训示下属，尤其是进行人身攻击，这种政策早晚会招致官司。

要强调信息的严肃性或严重性，你根本不必以任何形式发脾气，不必面红耳赤地大叫大嚷，也不必恶言相向或挥舞拳头。事实上，这样做恰恰会适得其反。

不加控制地发泄愤怒非但不能起到强调作用，反而会让对方的关注焦点偏离信息内容，转移到信息传递过分情绪化的风格上。发脾气不会突出而只会削弱严肃性。

该怎样让对方知道你生气了

要想满足健康、有建设性的标准，愤怒的表达必须明确、坚决、直接。

你跟别人互动是为了交流准确的信息（在这里就是情感反馈），以促成有效的问题和冲突解决。实际上，你应该马上告诉对方你很生气，以便将来你不用再为同样的问题生气。

要想建设性地表达愤怒，你必须对自己的愤怒负责；别人不会让你感受你的情感。比如，你不应该说“你那样做让我非常生气”，而应该说“当你那样做时，我感到不安和生气”；后者要远比前者更有建设性。

指责在建设性的愤怒表达中没有立足之地，侮辱、威胁、挑衅或最后通牒亦然。音量应该尽可能地控制。跟叫嚷、咆哮、威胁和辱骂相比，坚定、坚决、明确和直接地陈述更能赢得尊重，引起重视。

用言语或行动来恐吓，这既没有建设性也不健康，即使这或许能吓住对方从而达到目的。比如，你应该说“我太生气了，想马上跟你讲话都困难”之类的，而不应该叫嚷说“我太生气了，恨不能掐死你”——前者显然会更有效、更恰当地传达你的感受。

捶桌子、踢椅子、摔东西等威胁姿态没有建设性，而是恐吓甚至是攻击。不管是实际做了，或只是威胁和暗示要做，愤怒表达时的任何暴力行为都是破坏性的、不受欢迎的。

直接说“当你那样做了时，我很愤怒，因为我感到……或者，因为我认为……”，这就可以恰当地传达愤怒。对方会知道你在做出愤怒的反应，因为你说你愤怒了，而不是因为你用肢体或言语恐吓表达了你的愤怒。

在健康的愤怒表达中，你可以问“为什么你要那样做”以分析问题的原因。这意味着你真的想听对方的解释。

然而问“你怎么能那样做呢”，或者问“你究竟为什么做出那么愚蠢的事”，这样的质问毫无建设性，只会在言词上刺激对方。

有的时候，你表达愤怒是为了促进你对自身感受的理解。你可能希望向朋友、配偶、治疗师或其他人诉说你的愤怒；他们跟你的消极情感没有任何关系，你之所以要跟他们倾诉，是为了帮助你自己更深刻地理解你的反应。

要解决问题和冲突，你必须向对方表达你的愤怒。如果你不想让对方知道你生气了，以为这是在保护对方和你们的关系，那么对方就不会知道，他以后应该改变对待你的方式。

跟取悦者所想的不同，愤怒和冲突未必会破坏双方的关系。正相反，建设性的冲突可能非常健康，有助于保持健康的亲密关系。

情感调整：克服你对愤怒的恐惧

- ★ 愤怒不是只有“打开”和“关闭”两种状态。愤怒的发展是渐进的，会经历四个不同的阶段。理解这一点有助于你有效地管理和控制你自己的愤怒。
- ★ 恰当地表达愤怒有利于你的健康和你的人际关系。要想保持良好的人际关系，明确、坚决、直接地表达你的愤怒是必需的、有益的。

★ 以大发雷霆或暴力等不恰当的方式表达愤怒显然是危险的、不可取的。愤怒和攻击不是一回事——愤怒是情感状态，攻击则是敌对行为。

★ 长期压抑愤怒有害健康，经常激烈地表达敌意和愤怒亦然。认为大发脾气有益健康的观念是错误而又危险的。勃然大怒对任何人都没有好处。

★ 你没有责任控制别人的愤怒或脾气；他们要对他们自己的情感反应负责。愤怒与疾病之间的联系是复杂的。如果你恰当地表达你的愤怒，你就不太可能会给对方的健康造成严重损害。

第13章

恶语真的能伤人

长期的观察让我悲哀地发现，实际的身体虐待所留下的伤痕可以愈合，而心理、情感或言语虐待所造成的伤害却会持续一生。肢体暴力可能是一个人害怕冲突和愤怒的一个原因，但绝不会是唯一的原因。在心理虐待的环境下长大的孩子，会受到恶毒的语言以及情感虐待的恐吓和惩罚，因此也可能终生背负对愤怒的强烈恐惧。

对彼此或者对孩子实施言语和情感虐待的父母，会给孩子造成痛苦的心理创伤。这些伤口是看不见的，然而却非常深。当有人因为愤怒说了伤感情的、残酷的或者贬低的话时，他就可能会给对方造成心理伤害以及对愤怒的恐惧。

在有些虐待家庭里，鄙视和情感虐待并不局限于愤怒爆发期，还表现为持续而潜在的敌意以及不正常的家庭关系。随着时间的推移，这些潜在的虐待会变得令人疲惫不堪，妨碍人际关系，助长取悦习惯的形成和发展。

例如，如果一个父亲在少年棒球联赛的赛场边愤怒地大吼大叫，嘲笑和贬低身体过胖、不善运动的儿子，那么他就可能会给儿子的自尊造成更大的伤害，还不如压根儿别来看儿子的比赛。或者，如果父母指责处于青春期的女儿淫乱，一看到她化妆或穿时髦的衣服就骂她是妓女或荡妇，那么他们就可能会给女儿造成难以承受的内疚、焦虑和性困惑，严重损害女儿正在形成的自我概念。

儿时或长大后遭受情感虐待的取悦者，会对言语的伤害潜力变得极为敏感。大多数时候，对言语冲突的恐惧会推动第11章讨论过的“白门”逃避循环。那些遭受过言语虐待的人，可能本身也会变得在言语和情感上虐待别人。

23岁的莫利有一张漂亮的脸蛋儿，但一直让她非常苦恼的是，她太胖了，超重了大约75～100磅。

莫利眼泪汪汪地回忆说，小时候，其他的孩子总是嘲笑她太胖。当她讲述兄弟姐妹和父母对她的言语虐待，尤其是对她的饮食习惯和体重责骂和嘲笑时，她几乎要泣不成声了。

莫利家有5个孩子，加上他们的父母，这个大家庭的每个成员都用言语互相攻击。莫利说，在她的成长过程中，她的家人每天在饭桌上都少不了玩笑和俏皮话，但被取笑的对象通常是她。她还说：“没有人能幸免，哪怕是我的父母。我们家的‘笑话’是，直到有人哭着离开，晚饭才算结束。”

“我现在意识到，我的家庭是一个令人痛苦、充满敌意的成长环境，”莫利反思说。“我甚至非常害怕跟家人一起过节，因为我知道，他们的讥讽和嘲笑会像刀剑一样四处乱飞，他们的话会说得越来越难听。”

莫利说，在她的家里，每当愤怒爆发时，争吵就会变得野蛮粗暴。她说她已经学会了反唇相讥，以便保护自己，挽回颜面。

长大后，莫利努力控制自己喜欢口出恶言的倾向。在刻薄言语的刺激下，莫利可能也会说些很恶毒的话，尤其是在她被逼得情绪失控的时候。她会用残忍、挖苦的语言，猛烈攻击对方的弱点。

“在我的家里，为了保护你自己，你必须学会不断地用语言攻击。我并不为此感到自豪，但我知道我的话能给对方造成多大伤害，”她解释说。

“大多数时候，我是个十足的取悦者，因为我害怕冲突一起双方就会说些伤人的话。我总担心会遭到侮辱和嫌弃，”莫利承认说。“如果我能让别人需要我、喜欢我，那么我觉得他们或许就会忽视我的体重，无论如何都接受我。”

“如果我觉得某个人好像要生我的气了，我就会做好听人笑我‘肥’的心理准备。然后，如果对方真的生气了，我对他人的愤怒的恐惧就会激活，让我一下子进入‘攻击模式’。我会抢先伤害对方，这样他就会闭嘴，不能伤害我。我们家的座右铭是‘凶狠的攻击是最好的防守’，”莫利解释说。

“当我继续进攻时，我什么伤人的话都说得出口。当然，过后我会感到非常内疚，以至于我会拼命地道歉，极力想求得对方的原谅。于是，我的所有取悦习惯只会变得更糟。”

经过治疗，莫利渐渐认识到她逃避冲突的取悦策略并不奏效。相反，莫利掌握了她自己的愤怒和冲突管理技巧，训练自己保持“先下手为强”的戒备状态。

最终莫利认识到，大多数人跟她的家人不一样，不大可能对她发动言语攻击。她还认识到，即使有人的确在冒犯她，她也可以选择换一种方式应对，而不用变得非常烦躁。

“绝对诚实”能掩饰愤怒吗

有些人会把他们的愤怒和攻击动机隐藏起来，假借“绝对诚实”进行一种特殊的情感虐待。当然，他们会声称，“绝对”诚实永远是“最佳策略”。

在这里，问题在于“绝对”的概念，而不在于“诚实”的概念。有些人常常会打着“绝对诚实”的旗号，自私、卑鄙、无端、恶毒地批评或攻击别人。当评论意在伤害别人而毫无建设性时，它们就更多地泄露了说话者的愤怒、挑衅和嫉妒，而不是他“绝对诚实”的品质。可以说，绝对诚实而没有丝毫的婉转，并且不顾对方的感受，这更有可能是一种人格缺陷，而不是优点。

假借诚实贸然、无端地伤害对方，这往往会让对方做出愤怒的反应或者显得很痛苦。然后，评论者会假装无辜地问“你怎么了？我不过是实话实说而已”，暗示对方非但不该感到愤怒或痛苦，反而应该感激他。

几年前，我的一位患者被诊断出了乳腺癌。因为她有令人担心的家族病史，所以她接受了遗传筛查检验，而且最终医生认定她的确属于高危人群。医生建议她接受预防性的双侧乳房切除术以及全子宫切除术。这位勇敢的女士有很多亲密的女性朋友，她们给了她极大的关心和支持。然而，她的丈夫却跟她说，手术之后，他将很难再把她看成是一个女人，更难再对她产生性欲望。

这样直白的回应让妻子哭了起来，然而丈夫却厉声说道：“你怎么这么没自信呢？你知道我爱你；我只是有什么说什么而已。你就希望我这样，不是吗？”

取悦者通常不是这种几乎毫不掩饰、无礼的、诚实的加害者。然而可悲的是，你可能是这种诚实的攻击对象和受害者。

有的时候，取悦者感觉就像是练习拳击用的沙袋，经常要被“绝对诚实”的拳击手套连续地痛击。

真正的诚实是道德和伦理的支柱。但是，正如上面的小故事所表明的，诚实也可以兼顾同情和敏感，变得温和、委婉一些。用“诚实”作为尖刻残忍的掩饰和借口，这是道德的堕落。仁慈也是一种道德价值。

取笑是怀有敌意的

敌意还可以表现为其他微妙但仍具破坏性的形式。例如，在某些像莫利家那样的家庭里，取笑被当成一种猎杀取乐的活动。在饭桌旁的取笑狂欢中，父母或哥哥姐姐可能会非常难以理解地告诉一个孩子，“别当真，我只是开玩笑的”，或者“她不是认真的，只是闹着玩儿，你可别往心里去”。

取笑本质上就是怀有恶意的。针对某个人的玩笑或戏弄总是暗含着某种程度的愤怒和挑衅。

告诉一个孩子或大人别把取笑当真非常令人费解，这就像是告诉他被人扇耳光时不要退缩或叫喊，因为打人者“只是为了好玩儿”。

一个错误的观念是，取笑有助于孩子变得不那么敏感。事实上正相反，小时候经常被取笑（尤其是被家人取笑）的成年取悦者，往往很容易被针对他们的讥讽和取笑所伤害。

如果你对取笑敏感，你无须感到歉疚。允许自己成为玩笑或恶意幽默的攻击目标，这既不令人钦佩，也不是情感健康的标志。当你跟戏弄你的那些人一起大笑时，你不仅贬低了你自己的自尊，而且还纵容了那些人对你的伤害或刻薄。

孩子们经常学唱一句古老但显然是错误的赞美诗：“棍棒石头或许能打断我的骨头，但恶言恶语永远也不会伤害我。”这句歌词得改改了。实际上，断了骨头会好得相对更快些，但恶语有时却能造成永远无法治愈的创伤。

回想童年，你可能不记得有一根棍子或一块石头绊过你或伤过你。然而，你会清晰地记得那些给你造成了最大情感痛苦的恶言恶语，即使它们表现为“好心好意”的幽默。

作为一个取悦者，你对愤怒和冲突的厌恶很可能不是因为害怕被某种武器痛打或伤害。更可能的是，你害怕怀有敌意和伤害感情的言语。学会愤怒管理技能将让你相信言语的威力，利用言语来化解冲突，引导潜在的对抗远离愤怒，走向建设性的冲突解决。

愤怒的爱以及其他混杂的信息

如果你对刚刚讨论过的某些儿时家庭中的习惯做法有共鸣，那么你可能不仅对愤怒感到恐惧，还可能对你的某些积极情感也感到矛盾和困惑。这是可以理解的，因为借助于言语和行为，身体、情感或言语的虐待往往跟爱和喜欢联系起来。当爱和愤怒混合在一起时，结果可能就是令人痛苦的混杂信息。

在标准的虐待循环中，当虐待者已经实施了伤害之后，接下来将是虐待者自责、懊悔、道歉和恳求受害者原谅的阶段。这个道歉阶段包含很多向受害者表示关爱的言语和行为。

再接下来是“蜜月”阶段，虐待者向受害者“大献殷勤”，试图重新赢得后者的爱。在这里，重点不在于虐待者有多爱刚刚被他虐待过的受害者。

在这个循环中，跟虐待合流的爱会给受害者造成严重的心理紧张。例如，当一个受虐待的妻子说“他因为太爱我了，所以才打我”时，她就清楚地表明了她的困惑。而当她主动承担过错，为丈夫的愤怒找理由时，当她说“当然，他打了我。我知道他喜欢嫩一点儿的牛排，可我给他煎得太老了。我太蠢了”，她再一次表明了她的困惑。

家庭暴力的受害者通常有屡次遭受身体或情感虐待的经历，这暗示着受害者一直留在跟虐待者的关系中。如果你让一个受虐待的女人说说她为什么会留下，她的回答多半会是“我就是爱他”。

孩子受到的虐待往往会被解释成“爱”和“关怀”。“你知道爸爸爱你”——为了安慰受到爸爸虐待的孩子，母亲可能会这样说。或者更糟糕的是，一个性奴役者可能会跟年幼的受害者说，他们所谓的“亲密行为”是爱和感情的秘密纽带。

当愤怒和爱不恰当地混合在一起时，混杂的信息就是爱会造成伤害，或者是如果你正受到伤害，你其实是在被爱。

如果你经受过难以理解的爱与攻击的混杂，那么很可能你现在也不相信感情。亲密给你的感觉可能就像攻击的前兆，而取悦或许就是你逃避亲密和攻击的方式。

也许在你遭受虐待的经历中，攻击之后紧跟着就是对爱和懊悔的声辩。也许在你坚持了太久的一段两性关系中，做爱是发生破坏性争吵之后最大的补偿（通常称为“补偿性行为”）。

根据你独特的个人经历，你对愤怒和冲突的反应可能很复杂，不能简单地描述为恐惧。对抗可能同时让你感到既兴奋又厌恶。或者，你可能感到害怕或焦虑，因为你对自己的感受感到非常困惑。

最关键的是，取悦一直不让你有机会理清头绪，使你无法克服恐惧或重新学习更健康的应对方式。

害怕伤害他人

39 岁的梅雷迪思是位迷人的单身职业女性，她正在努力寻找自己的“另一半”，以便步入婚姻和家庭。只要能让别人高兴，梅雷迪思什么都愿意做。

在过去 6 个月里，梅雷迪思一直在跟弗雷德约会。弗雷德是个 40 岁的离婚男人，有两个儿子。梅雷迪思说，她和弗雷德一起度过了“非常美妙的”时光，弗雷德对她“温柔而又体贴”。

“但是，”梅雷迪思解释说，“我知道他并不是我的‘真命天子’。他对我其实并没有吸引力，我也不确定我们有多少共同点。这让我很苦恼，因为看起来他对我比我对他更有感觉，但是，我又不想伤害他，所以我就什么都没说。”

去年 11 月，随着新年假期临近，弗雷德邀请梅雷迪思跟他和两个儿子一起去克利夫兰见见他的家人。想到要见弗雷德的父母，梅雷迪思感到惊慌失措。

“一切似乎变得非常严重，因为我并不爱弗雷德，”梅雷迪思解释说，“我不能说‘不’，但我也确实不能同意跟他一起回家。”

“我不敢跟他说分手。说真的，我也不想在节日期间把关系搞僵。一个人过年实在太令人沮丧了。弗雷德非常体贴。我知道，如果我告诉他我的感觉，他就会彻底崩溃。我真的不愿意伤害他，”梅雷迪思说，“可一想到要去他家做客，我又怕得要死。扪心自问，我知道自己愿意嫁给弗雷德的可能性几乎为零。”

“我的潜意识告诉我，无论如何也要等到节日之后再考虑跟他分手，”梅雷迪思承认。

梅雷迪思一直拖着对这次节日旅行避而不谈。终于一天晚上，当弗雷德参加完了公司的圣诞节聚会之后，梅雷迪思借着酒劲儿把她的感觉告诉了弗雷德。

“我并没有对他的反应做好准备，”梅雷迪思说，“弗雷德真的被气疯了。但是，他生气不是因为我告诉了他真相。让他感到愤怒和伤心的是，我对他一直不真诚、不坦率。相反，我一直在哄骗他，诱使他爱上了我。”

“弗雷德甚至说，他已经告诉过父母和孩子们，他会带着我回家，并且将会跟我结婚！”

“他跟我说，我虽然努力避免伤害他，可最终却让他很丢脸，”梅雷迪思接着说道。“弗雷德告诉我，他是个成熟的男人，如果我清楚自己的感觉——老实说，约会了两三周后我就知道了——就应理智、坦诚地跟他直说，那我就不会浪费彼此都很宝贵的时间了。”

“其实在我们相互交往的几个月里，弗雷德有好几次问过我对他、对我们的关系感觉如何。只是对我来说，顺着他的愿望显然更容易，而坦白我的真实感受无疑更困难。”

“聚会过后的第二天我们又谈了一次。真正让我不安的是，弗雷德说我的行为实在很无礼。他说，如果我在约会了几个月后就直接告诉他，我不想再跟他交往了，那么他可能会失望，但我却不会伤害他的自尊，也不会让他难堪。他告诉我，他看起来就像一个‘可笑而又不开窍儿的毛头小子，抱着不切实际的幻想和迷恋’。”

“我认为他说的很对，”梅雷迪思总结说。“我可能没有爱上弗雷德，但我很喜欢他，从来没想过要先伤了他的心，再伤了他的自尊。我对自己、对我处理这段交往的方式感觉糟透了。”

从她跟弗雷德的交往经历中，梅雷迪思学到了一个重要的人生教训，尽管那让他们俩都付出了相当大的心理代价。

知道什么时候“放弃”

一般来说，取悦者会大大高估任何特定问题升级为冲突或恶化为情感危机的可能性。就像梅雷迪思误解了弗雷德一样，你可能也以为除非你遵循所有自我强加的取悦“规则”，否则别人就会消极地对待你。

例如，很多取悦者一想到要把在餐馆里点的饭菜退掉就害怕，即使那些饭菜真的非常难吃。这种保持沉默、不想抱怨的原因是什么呢？是因为取悦者不想让餐馆的服务员或老板生气！或者，他们不想刺激或伤害大厨的情感！

害怕伤害别人的情感，或者害怕激起愤怒或反对，正是这种恐惧驱动着你的取悦习惯。认为别人肯定会做出愤怒的、情绪化的或者攻击性的反应，这种扭曲失真、言过其实的预期是你不敢说“不”的一个主要原因，使你不敢捍卫自己的权利，不敢照顾自己的需求，不敢采取其他很多果断、健康的行动。

实质上，你预期如果你未能让别人高兴，那么他们就会生你的气，会拒绝你、反对你或抛弃你。然后，基于这种预期，你会径直穿过“白门”，逃避你最害怕的那些消极情感。

仅仅是察觉到敌意或消极情感的阴影，你就会下意识地启动取悦于人的逃避策略。但是，因为逃避大多数的冲突，你几乎从来没有机会验证你的预期是否准确，也没有机会掌握应对消极情感的恰当方法。

心理学家把思想与情感之间的错误联系称为“情绪化推理”。对别人的愤怒和敌意的恐惧，会促使你表现得就像愤怒和敌意真的发生了一样。这样一来，你就给自己的所有取悦扭曲找到了正当理由，即使实际上别人根本没有表达过愤怒情感。

梅雷迪思就显示了一种在取悦者中间很盛行的特殊的情绪化推理。

它所涉及的情境是，你发现自己陷入了一段让你不开心、不满意或没兴趣的人际关系。不管你多么强烈地想要结束这段关系，你的勇气却似乎一直在习惯性地躲着你。你的理由自然是标准的取悦症形式，也就是你不想伤害对方的感受。

然而，如果你更深入地探查你的动机，你会发现就在你不想伤害对方感情的意愿背后，潜藏着你对冲突的恐惧。你内心的恐惧在于，如果你结束双方的关系，对方可能就会生气，而不仅仅是受伤。然后，你可能就要面对可怕的对抗。

取悦者讨厌成为双方关系的“终结者”，这似乎在约会或更认真的浪漫关系中最普遍。然而，我在所谓的友情关系中也看到了很多同样的事例。

在这些案例中，所谓的朋友可能一直在反复地伤害取悦者。然而，取悦者不会主动结束双方的关系，即使那已经变成了情感虐待，因为他相信，那样做可能会伤害所谓朋友的感情！

这种厌恶的另一种形式发生在工作场所。在这里，取悦者也许非常有理由辞掉工作，比如遭到了雇主的虐待、骚扰或剥削。然而，为了避免引起雇主愤怒、不满或“受伤”的反应，取悦者不能鼓起勇气辞职，只好继续留下来受欺负。

不管人际关系是什么形式，这种逃避都会让取悦者陷入自掘的陷阱中，同时付出沉重的代价，浪费宝贵的时间，错过找到更合拍的情侣、朋友或雇主的机会。

正如梅雷迪思的故事痛苦地表明的，这种逃避行为的消极影响会同时落到双方头上。梅雷迪思为了不伤害弗雷德的感情而勉强维持双方的关系，最终不仅适得其反伤害并激怒了弗雷德，而且也伤害了她自己。

情感调整：恶语真的能伤人

★ 不要试图防止和逃避人际关系中的愤怒。你应该建立基于安全和信任的人际关系，让双方都可以放心、恰当地表达愤怒。

★ 因为不想伤害对方的感情而勉强维持一段浪漫关系，这会让人误解为你既不尊重对方，也不尊重你自己。

★ 你有责任检查你的动机，监控你的意图，理解并传达你的感受，尤其是在你的动机、意图和感受会影响另一个跟你关系亲密的人的时候。你真是在努力保护别人的感受吗？还是你在逃避可能发生而你又自感无力应付的愤怒和冲突？

★ 如果你真想善待他人，那就请你对自己的行为和动机负责。请正确地选择你对待他人的方式。

★ 恶语真的能伤害你。取笑就是怀有敌意的，而把敌意伪装成绝对诚实，这无论是在道德上还是在心理上都站不住脚。

第 14 章

你会极力避免冲突吗

大多数取悦者错误地坚信，所有冲突都是破坏性的。正因如此，你可能很善于逃避冲突、甚至是冲突的征兆。认为冲突能起到积极或有益的作用，这种观念很可能让你感到陌生。相反，在你看来，所有冲突和对抗都是危险、可怕、险恶和破坏性的，一定得极力避免。

冲突可以对人际关系有益，这种说法可能听起来有些自相矛盾。但是实际上，只要处理得当，冲突的确会对人际关系有好处。

跟你的直觉相反，在冲突的有无上，幸福的情侣跟不幸的情侣并没有太大的不同。换句话说，不管是好的还是坏的，所有浪漫关系都会发生冲突。

关键差别在于怎样处理冲突。幸福的情侣解决冲突，而不幸的情侣一般都不会这么做。结果，不幸的情侣会一而再再而三地去因为同样的问题发生争吵。幸福的情侣抓住冲突的机会加深对彼此的了解，巩固两人的关系，而不幸的情侣把冲突看成是权力斗争，只有一方能赢，另一方自然只能输。

幸福的情侣会建设性地处理冲突，提升亲密关系的目标和需求；不幸的情侣会放大破坏性冲突的扭曲效应，侵蚀和放松连接彼此的纽带。

让我们来分析一对夫妇在周六晚上准备外出时可能发生的典型冲突。

在这里，冲突的起因是优先选择权——妻子很想吃中餐，而丈夫想吃意大利面；妻子想看浪漫喜剧，而丈夫的首选是科幻动作片。

很显然，一开始这对夫妻各自的选择发生了冲突。然而，他们完全有可能先表明各自的偏爱，然后平和顺利地解决他们的分歧。

他们可以扔硬币，让赢的一方选择晚餐或电影，让输的一方做出剩下的选择。他们也可以扔两次硬币，一次决定餐馆，另一次决定电影。或者，妻子可能决定放弃她的首选，因为她想让丈夫开心。又或者，丈夫可能同意妻子的选择，因为他觉得男人应该大度一些。最后，他们可能接受分歧并想出一个折中方案：他们可以吃汉堡，看一部激情悬疑惊险电影，愉快地共度周六的夜晚。

下面我们来看看面对同样问题的第二对夫妻。他们没有合作解决问题，而是让问题升级成了争论，最终演变为激烈的争吵。他们的对话可能就像这样：

妻子：“我们总是去你想去的地方，看你想看的电影，那都是些乏味的硬汉电影。这太不公平了。你太自私了。我每天晚上为你做饭，而你现在甚至不愿意让我来挑餐馆。如果你真的爱我，你会试着偶尔满足一下我的心愿。”

丈夫：“噢，得了吧你。你是我见过的控制欲最强的人。你在家里对每个人都发号施令，我可不想让你控制我！如果你更在乎我的感受，把我当成一个男人，而不仅仅是一张‘饭票’，你就会轻松愉快地跟我一起去看我的电影！与其跟你去看可笑的‘言情片’，我还不如一个人待在家里。要是你坚持只顾你自己，我们干脆别出去算了！”

面对同样的客观事实，两对夫妻采取了大相径庭的冲突处理方式。第一对夫妻达到了解决冲突的目的。第二对夫妻除了待在家里继续生气，不太可能达成任何一致，这是因为他们的争吵其实跟餐馆或电影无关。相反，他们争的是权力和控制。如你所见，他们的争吵反映出了两人关系中潜在的矛盾和紧张。

对两对夫妻的比较很有用，原因有两个。首先，它证明冲突的存在未必就是愤怒和对抗的前兆。其次，它说明了冲突可以多么迅速地升级为危险的对抗，尤其是在采用了破坏性策略的情况下。

第一对夫妻以友好、合作的方式解决了冲突；他们优先考虑的是和睦相处，让彼此开心，防止潜在的争吵，因为争吵会破坏两人一起共度时光的兴致。

然而，第二对夫妻采取了“输赢”或“赢家通吃”的解决方式。原本是关于吃什么饭、看什么电影的冲突，可很快就恶化为了权力斗争，外加涉及人身的指责、威胁和强迫。

也许听起来难以置信，但一对夫妻真的可能因为挑饭馆或选电影这样的琐事全面开战。如果你曾亲身经历或者亲眼目睹过不正常的两性关系，那么第二对夫妻的争吵会让你觉得很真实，甚至可能比第一对夫妻冷静合作的交流更真实。

建设性冲突的好处

如果处理得当，冲突可能会非常有好处。例如，借助于冲突，关系的双方可以讨论让他们感到烦恼、不快或不满的问题，从而加深相互理解。

当冲突朝着解决的目标发展时，双方就可能达成新的一致，规定什么是可以接受的或可取的，什么不是。在建设性的冲突中，双方会放弃对立的立场，找到折中的解决方案，更好地满足双方的需求和愿望。当冲突被有效地解决时，同样的分歧将来再次发生或成为问题的可能性就小多了。

建设性的冲突可以成为重申积极情感和承诺的机会。建设性的冲突不允许对任何人施加情感伤害，也不允许削弱或瓦解把双方联系在一起的基本纽带。这种恰当的冲突处理，可以增强各方对相互关系以及对彼此的信任感、安全感和尊重感。

当各方同意遵从建设性冲突的指导原则，控制愤怒的升级时，他们就为提出分歧和讨论争议提供了一个安全的环境。这样一来，各方就能解决问题和争议，满足彼此的需求，从而持续提升相互关系的质量。反过来，这些成果可以促成亲密、情感满足以及更大的愉悦。

如果冲突能带来这么丰厚的回报，为什么取悦者会觉得冲突那么可怕呢？为什么取悦者几乎愿意尽全力避免冲突和对抗呢？

逃避冲突的代价

每当有人告诉我他们跟伴侣从来没有过争吵或分歧时，我都会半信半疑并且很担心。

逃避冲突不是值得夸耀的心理优势。相反，它是人际关系机能失调的症状，会让双方的关系变得冷淡，削弱亲密和信任。

在所有人际关系中，不管是个人关系还是工作关系，冲突都是不可避免的。这并不是说争吵和公开的对抗必然会发生，而是说意见、偏好、风格和兴趣的分歧迟早会出现。那些分歧怎样表达才能有效地解决，这决定着冲突在本质上是建设性的还是破坏性的。

通过取悦或其他方法逃避冲突，这不能消除冲突的存在。避免冲突实际上就是尽力抑制跟冲突有关的沟通。然而，尽管你煞费苦心地想要避免冲突，冲突却依然存在。

请把冲突想象成一头端坐在你家客厅中央的大象。你可以绕着它走，忽视它。你可以避免提到它，但它仍然坐在那儿。你知道大象在那里，大象也知道。

得不到解决的冲突会反复发生，而且有可能会变得对双方的关系越来越不利。正如我们从上面的例子中所看到的，它们往往会变成危险的权力斗争。

如果你们不愿意承认或面对任何冲突，你们的争议和问题就不太可能得到解决。

未解决的问题所造成的不满情绪会不知不觉地四处蔓延。最终，在反复发生的冲突重压下，关系本身也许就会破裂，而且是不欢而散。

你可能以为你的取悦可以有效地避免大多数的冲突。你的策略或许能帮你逃避破坏性的冲突和怀有敌意的对抗，但它也在阻止你学习通过建设性的参与来解决冲突，因而不让你收获冲突解决的好处。

这就像是为了逃避车祸而从来不坐车，或者是为了逃避坠机而从来不乘飞机。这些逃避策略或许能让你免受创伤，但它们也会让你一直原地不动，严重地限制你进步的机会。

同样，取悦可以帮你避免破坏性的冲突，但你的人际关系也不会有任何发展。冲突以及冲突的解决是个人成长以及关系发展所必需的。如果你希望你的人际关系向前发展，你就必须面对冲突。

因为逃避冲突，你出于善意的取悦实际上可能在伤害你极力保护的人以及你们的关系。

冲突怎样逐步升级

在我从事临床心理学的25年里，我帮助过很多因彼此关系出现问题而来接受治疗的夫妻，并且经常会在他们中间观察到一个奇怪的现象。每当夫妻俩试图重新演述他们在家里发生过的争论时，这种现象就会发生。

当两人开始演述时，冲突的循环几乎必然会升级，越来越大的火气会让所谓的“表演”变成又一场真实的争论。在某个恰当的时刻，比如争论开始后5分钟左右，我会打断他们，提出一个看似没什么恶意的问题：“是什么最先引发了这场争论？你们一开始争论的问题是什么？”

两人会意味深长地沉默片刻，尴尬地对视之后就看着我。他们先是承认谁也答不上我的问题，跟着就不好意思地笑起来。这种对冲突的共同遗忘原因何在呢？

要想找到答案，我们得理解冲突逐步升级、失去控制、转变内容的机制。下面的案例就是明证：

治疗一开始，乔治说自他跟妻子艾丽斯上次来过之后，他们俩在工作日又发生了一次严重的争吵。我让他们在诊所里把那次争执给我重新演一遍。两人开始有些犹豫，但很快就完全忽视了我的存在，再次开始了激烈的争论。

一天晚上，身为律师的艾丽斯下班回家晚了，当她看见厨房的水池里放着乔治没洗的碗碟时，这次争吵就开始了。

艾丽斯说，这“真的把她惹火了”，因为她工作得跟丈夫一样辛苦，而且通常下班更晚。她说，她一直认为两人会平等地分担家务和照顾孩子。在她看来，乔治不洗碗的行为显然说明，他是在违背双方先前达成的约定。

乔治是地方法庭的法官，他反驳说他为自己和两个儿子准备了晚饭，只不过是忘了洗碗。

“你完全是反应过激。我可不是找借口，我是真的忘了那些该死的碗了。”乔治抗议说。

“哦，快得了吧你，”艾丽斯回击说。“你只是忘了？我怎么就不信呢？别跟我说我‘反应过激’。你知道那让我多生气。”

“我之所以不敢相信你只是‘忘了’洗碗，”艾丽斯继续说到，“恐怕就是因为你总干这种事儿。你干活儿总是半途而废。你说你赞成分担责任，但不知怎么回事，最后大部分的责任总是会落在我的肩上。”

“这就是男人还是女人的问题，”艾丽斯断言。“因为我是女人，所以我就应该做更多的家务。你是故意把碗碟扔那儿的，因为你知道我不能忍受不洗碗就上床睡觉，你知道我肯定会亲自把它们洗干净。我认为这完全不公平。我们俩工作都很辛苦，为什么我就应该负责洗碗呢？”

“那我问你，为什么我就应该负责做饭呢？”乔治马上回击。“我做饭，你洗碗，这难道不是分担吗？”

“你知道，亲爱的，”艾丽斯的声音再次充满了挖苦，“你总是很会找理由。说实话，一周你做几顿饭？一顿？我得买食品杂货，我几乎每天晚上都得做饭，而且大多数时候我还得洗碗，因为你说你有工作要做！可我也有工作啊！”

“我尊敬的法官大人，”艾丽斯继续话中带刺地说，“恐怕你并不像你自以为的那样主张平等，不管你是不是法官。你心里肯定以为，即使一个女人像我这样上过哈佛法学院，她的位置也仍然在家里。我真的非常担心，你的这种观念会不会影响孩子们，让他们长大以后也像你一样对待女人。”

听了这话，乔治往后缩了一下。“哇哦，”他说，“别胡扯好不好。别先骂我是坏丈夫，跟着又指责我是坏父亲。我想你肯定不希望我把你作为妻子和母亲的表现摆出来说说吧，嗯？”乔治挑衅地质问说。“还有，我们的两个儿子一个才 10 岁、一个 8 岁，你根本用不着操心他们将来会怎样对待自己的妻子。真是可笑！”

艾丽斯被伤到了。她开始哭着说：“为什么你一定要让我对孩子们感到非常内疚呢？你就像我妈一样！不管我们谈什么，最后总会扯到我当母亲当得不够好！你就是一个残忍无情的坏蛋！”

到这里我及时地打断了他们，问他们：“是什么最先引发了这场争论？”对我来说，这么问纯粹是一种策略。我知道是什么事引发了这场争吵，但我也知道他们多半不记得了。

乔治和艾丽斯都被激怒了。乔治很生气，而艾丽斯则说她不仅很生气，还感到伤心和内疚。当他们的冲突快要达到顶峰时，争吵最初的起因暂时被抛在了脑后。最后他们又重新记起，是厨房水池里没洗的脏碗碟点燃了这次冲突的导火索。

这个案例说明了冲突的升级倾向。乔治和艾丽斯所再现的争吵表明，一旦开始，他们的冲突似乎很快就会失控，升级成为危险的人身攻击。

冲突的层次

冲突的升级是可以预见的，是顺着三个可以详细描述的层次向上发展的。[9] 要想达到最佳效果，解决冲突应该发生在跟问题最匹配的层次上。乔治和艾丽斯的案例有助于生动地阐明这种升级模式。

冲突通常始于**第一层次：跟行为有关的冲突**。这个层次包括有关言行的分歧（在心理学家看来，说话是一种行为）。吃过晚饭后，乔治把没洗的碗碟留在了水池里；艾丽斯回到家后，看到脏碗碟就生气了，情绪很激动。这就是两人冲突的行为层次。

然后冲突会升级到**第二层次：跟描述关系特征的价值观、原则、规则和集体信念有关的冲突**。实际上，这些原则对关系的控制，很像法律对国家或规章制度对公司的控制。这些原则体现着人们对关系抱有的期望：对方应该怎样对待自己，自己反过来应该怎样对待对方。

就乔治和艾丽斯而言，一旦艾丽斯提及公平以及他们先前分担家务的约定，他们的冲突就升级到了第二层次。因为乔治认为他做饭跟她洗碗符合分担的原则，争吵再次爆发。艾丽斯认为，乔治是在摆布她，好让她洗碗，因为他可能打心眼儿里认为，女人就应该比男人多做家务。

乔治和艾丽斯现在争论的是平等主义价值观、性别角色、公平以及家务分配。他们在争论作为夫妻他们所赞同的原则、规则、价值观和信念。这意味着他们的冲突进入了第二层次。

然而，一旦指责开始针对人身，冲突就会升级到最严重或最危险的**第三层次：跟个性、心态、感受、意图和动机有关的冲突**。这一层次的冲突涉及一方怎样臆测另一方的个性品质、感受、心态和意图。在第三层次，争吵可能会变得最具破坏性。

乔治把艾丽斯的感受说成是“反应过激”，暗示她太激动、太情绪化（顺便说一句，这是男女之间很常见的一种第三层次冲突）。作为回击，艾丽斯则质疑乔治的本性，说他不是一个真正的平等主义者，尽管他是法官。艾丽斯这么说是在暗示乔治是个伪君子。

当他们开始相互指责彼此的教养时，争吵趋于白热化了。艾丽斯指责乔治让她感到内疚，就像她自己的母亲一样。她说，每次他们一有争执，他总是会评判她当妈妈当得好不好。

乔治开始防御，警告艾丽斯不要“胡扯”，不要先说他是坏丈夫，跟着又指责他是坏父亲。一怒之下，艾丽斯骂乔治是个“残忍无情的坏蛋”。

当他们进入第三层次时，争吵完全变成了人身攻击。即使在这个完全对人不对事的层次，一些重要的差别仍然可以把冲突分成两类。这些有区别的风格能对关系的健康和牢固程度产生重大影响。

建设性冲突不允许双方质疑彼此的爱、忠诚或承诺。相互尊重会得到确认，而把双方联系在一起的基本价值观不会受到质疑，因此也就不会被争论污染。

相反，在破坏性冲突中，双方会提出一些危险、有害的问题，质疑双方对彼此是否还有足够的爱或忠诚，甚至是基本的尊重、信任和喜爱可能也会“摆上桌面”，受到讨论和质疑。一旦怀疑上升到一定程度，双方的关系就会受到损害。破坏性冲突会迅速而又危险地扩散，从行为的争执恶化为相互的指责、谴责、恐吓及胁迫。

建设性地处理争论的双方会明确或隐含地肯定他们的基本关系（也就是说，基本价值观不会受到质疑）。因此，冲突被控制在安全的界线之内，双方可以放心地表达各自的不满甚至是一时的愤怒。通过争论达成新的行为约定，比如谁洗碗或怎样对待亲戚，这个过程实际上可以增强亲密关系，加深相互理解。

有效的冲突解决最常发生在第二层次。这意味着双方就关系的原则达成新约定。就像在艾丽斯和乔治的案例中一样，旧的约定可以改进或进一步明确。第二层次的约定往往能减少将来争论的发生，因为共同商定的原则可以用来解决更深层的潜在问题。

艾丽斯和乔治的基本问题跟划定平等的责任分配有关。最终，这对夫妻采纳了轮流的解决方案。从周一到周四，他们轮流做饭和洗碗，每个人负责两天。从周五到周日，他们出去吃饭，这样就谁都不用做饭和洗碗了。这个约定帮助他们排除了有关谁该做家务的冲突在将来再次发生的可能性。

很显然，除了家务问题，艾丽斯和乔治还有一些问题困扰着他们的关系。家务问题只是很多气话的导火索。当这个问题得到解决时，艾丽斯感到很满意，因为解决方案很公平，而乔治也重新显得明智和公正了。

乔治和艾丽斯还必须就恰当的争论达成某些约定。他们学会了建设性冲突的指导原则；遵循这些原则，他们发现他们的分歧变得远远不那么困难、不那么有害了。

怎样建设性地争论

很显然，分歧的内容或主题影响着愤怒情绪以及冲突升级发生的可能性。当情侣对是否要保持忠贞的、一夫一妻的两性关系存在分歧时，他们就很可能会变得激动甚至愤怒。

如果冲突涉及金钱，愤怒和冲突升级发生的可能性就相对更高。相反，如果冲突涉及去哪里吃晚餐，那么发生愤怒争吵的可能性就相对很低——尽管前面的案例说明，这并不是绝对不可能。

尽管分歧的主题很重要，但某些处理过程或方法却几乎是所有的冲突或潜在冲突共有的，不管主题是非同小可还是平淡琐碎。

任何冲突都可以建设性或破坏性地处理，这取决于双方怎样相互协调。同样，有关任何主题的任何冲突都可能上升到针对个人甚至严重伤害的程度。

通过理解建设性与破坏性策略之间的差别，洞察分歧升级的动态，你将更有能力控制冲突的过程和结果。你在愤怒和冲突管理方面学到的知识和技能越多，你的恐惧就会越少，你也就能越早打破取悦模式。

那么，接下来让我们更深入地分析建设性冲突与破坏性冲突的关键差别。

更多信息与更少信息。建设性冲突与破坏性冲突的第一个差别涉及双方交换的信息量。在建设性冲突中，信息量是增加的，分歧会变成详细讨论的机会。

在接着发生的讨论中，双方可以交流有关情感、思想、价值观或态度的信息，透露他们儿时的经历、跟父母的关系或其他家庭动态。例如，商业伙伴可以发表他们对公司发展的个人愿景，或者是他们对财务失败的担心。

不管关系的性质或者谈话的内容是什么，在建设性冲突的情境下，双方可以口头披露的信息会更多而不是更少。

相比之下，破坏性冲突的特征是信息量是减少的。这意味着在冲突期间，一方或双方退出讨论或者拒绝提供信息。

如果一方拒绝讨论某个问题，东拉西扯，挂掉电话，离开现场，切断在线交谈或者强行“沉默以对”，这种情况就会发生。不管选择什么方法或策略，破坏性的指标在冲突期间以及冲突过后披露信息的总量会减少。

灵活与僵硬。第二个关键区别在于，在建设性冲突中，双方会对彼此保持基本友好和配合的态度。他们会在问题解决的方式上保持灵活，愿意协商和接受折中方案。双方更看重的是维护和发展双方的关系，而不是不计代价地想在争论或分歧中占上风。

在破坏性冲突中，双方会保持对抗姿态。他们把彼此看成是“零和”或“输赢”情境下的竞争对手，只能有一方赢，而另一方则必须输。在他们的眼里，一方的私利要高于双方关系的最大利益，获胜才是最重要的。

此外，在破坏性冲突中，双方是僵硬的而不是灵活的，双方关心的是固守对立的最初立场。实际上，双方根本不会考虑折中和协商。

信任与怀疑。在建设性冲突中，双方是相互信任和开诚布公的；在破坏性冲突中，双方是相互怀疑和彼此隐瞒的，因此只会有选择地、谨慎地透露信息。

善意说服与恶意威胁。在建设性冲突中，威胁根本不被采用；双方会利用说服、讨论甚至是激烈的争论取代胁迫和操纵，以影响对方。威胁、胁迫和操纵等策略是破坏性冲突的特征。

责任与指责。建设性冲突不允许侮辱或人身攻击，也不允许指责。尽管双方未必总需要确定问题或冲突发生的原因，但分析原因往往是有好处的。如果这样的分析看起来是有价值的，那么参与讨论的各方应该尽量保持公正和客观。

建设性冲突的首要目的是吸取经验教训，以防止同样的问题将来再次发生，而不是只盯着过去，对有错的一方大加指责。

找出冲突原因的第二个目的是增强相互谅解的意识。然而，双方都应该谨慎，不要用辩解或借口代替真正的反省和洞察。

在建设性冲突中，发言者要对自己的情感、思想和行为负责。在破坏性冲突中，指责就是交流的代名词。

有限讨论与无限扩大。建设性讨论限制在所议问题的范围之内，不会扯到先前的历史问题上。换句话说，讨论中没有额外的指责针对过去的冲突，也不会提及先前的行为当作论据。双方都隐含或明确地同意“就事论事”。

肯定与削弱基本的价值观。建设性冲突不允许提及或质疑双方关系赖以存在的基础。在建设性冲突中，夫妻双方都不能质疑相互的承诺、忠诚、爱以及尊重的存在和程度。建设性的夫妻争论，原本就不允许使用分居或离婚等威胁性的言词。

同样，建设性冲突也禁止质疑其他类型的人际关系的基本原则。在同事之间或主管与员工之间的冲突中，双方应避免对忠诚、诚实、专心或继续雇用的怀疑，因为建设性冲突假定维持双方的关系是可取的。另外，在朋友和家人中间，建设性冲突也是肯定而不是削弱联系彼此的爱和忠诚的纽带。

任何人际关系，一旦他们的存在基础受到质疑，冲突就必然会变成破坏性的。前奏可能是“如果你真的爱我，你就会怎样怎样”，或者是“如果你真是我的好朋友，你就会怎样怎样”，或是“如果你真的在乎这家公司，你就会怎样怎样”，预示着冲突偏离了建设性的讨论，进入了破坏性的争吵模式。

解决与反复。总的来说，建设性冲突是安全和富有成效的，可以促成以更深刻的相互理解为基础的新约定。跟破坏性冲突不同，建设性冲突的终点是解决。

建设性冲突的双方通常会感到自豪，感到更有力量和信心，因为他们有能力经受住问题的考验，找出有效的解决方案，从而消除或大大降低同样的冲突在将来再次发生的可能性和必要性。他们会享受到个人成长以及关系发展所带来的快感。

相比之下，破坏性冲突是反复、危险、有害和适得其反的。它们往往是未完结或未解决的，而这会导致伤害、怨恨和愤怒的残留和累积。因为缺乏有效的解决方案或约定，所以很可能过不了多久，破坏性冲突的双方就会因同样或类似的问题再次发生争执。

破坏性冲突非但不会让双方感到自信和骄傲，反而会令他们感到受伤、不安、沮丧、愤怒和不知所措。他们觉得自己陷入了未解决的问题中，困在挑衅和指责的周期性模式中动弹不得。破坏性冲突会让他们彼此疏远，而不会像建设性冲突那样让他们更加亲近。

破坏性冲突是非常消极的经历，会让个体尤其是取悦者逃避冲突，害怕争论。因为缺乏有效地解决和纠正问题的手段，所以他们会一直提心吊胆，害怕日后不得不把问题拿出来讨论。

你对冲突的恐惧，可能跟你过去经历的某些破坏性的、恶意的冲突有关。因为长期靠取悦来逃避冲突，你已经成了惊弓之鸟，甚至是分歧的影子都会让你感到异常凶险。

现在你知道了，建设性冲突的原则是可以详细描述的。你对冲突的恐惧是习得的，也就是说，是从痛苦而又令人沮丧的经历以及糟糕的教养和模仿中获得的。

令人鼓舞的是，既然你对冲突和愤怒的恐惧是习得的，那自然也就可以克服或忘掉。只要掌握扎实、有效的冲突管理技巧，从而克服你的恐惧，你就能够摆脱压抑、强迫的取悦习惯，以及下意识的“白门”逃避行为。

当然，当双方理解并承诺遵循建设性的指导原则时，冲突会得到最恰当的处理。一旦你掌握了本书提供的知识和技能，你就能跟最亲近的人分享，跟你最需要与之公正、建设性地争论的人分享。

即使在冲突中只有你遵循建设性的原则，那结果也仍然会好于你彻底逃避冲突，或者破坏性地处理冲突。

情感调整：克服你对冲突的恐惧

在努力克服你对争论和冲突的恐惧时，请牢记如下要点：

★ 在你的亲密关系中，不要害怕建设性的争论；相反，你要警惕过分忽视或逃避冲突的倾向，它是人际关系出现麻烦的征兆。

★ 人与人之间一定程度的冲突是不可避免的，尤其是在亲密关系中。建设性的冲突对人际关系是健康的、有益的。

★ 你真的无法彻底逃避冲突，也无法让你的人际关系跟冲突绝缘。（请记住：那头大象还在那里。）然而，跟逃避冲突相反，你可以学习抢先阻断冲突升级的循环，使它不能朝着破坏性的方向发展。有了有效的冲突解决，你就不会一再地重蹈同样的冲突了。

★ 作为一个取悦者，你学会了害怕愤怒、争论和冲突；你当然也可以克服或忘掉你的恐惧，重新学习应对愤怒和解决冲突的有效方法。

★ 你对愤怒和冲突的恐惧，让你不敢恰当地表达你的愤怒，因为你高估了他人会跟你生气或对抗的可能性。这是一种情绪化推理——因为你觉得某事可能是真的，于是你就把它当作既成事实来对待了。

第 15 章

小步骤，大变化

现在，你已经一步步地完成了你对取悦症三角形的了解。取悦习惯给你的生活质量造成的损害，你应该有了全面而又深刻的认识。

你已经把自己的需求放在一边太久了，以至于你的心里郁积着沮丧、怨恨和愤怒。你可能背地里谴责别人利用你的善良天性，或者怪自己不该纵容他们。

你每天都在挣扎，每天都觉得你需要讨好别人来证明你的价值，就像你昨天做过的一样。尽管你陷入了一个于己不利的循环，但你还有一条出路。

你必须下决心改变。

我提出的条件很简单：只要你提供重新掌控自己人生的动机，我就给你所需的方法和技能。你不需要知道怎样治愈取悦症，那是我的工作。你只需下定这样做的决心。只要你向往改变美好前景，我就给你提供前进的方法，帮你达到康复目标。

我意识到，你的取悦综合症已经根深蒂固了，想克服这样一个顽疾，这乍看起来似乎是个令人非常畏惧的任务。我敢保证，你已经打算迎接这个挑战了（只要想想为了满足他人的需求，你每天要付出多少努力和精力）。

最要紧的是，你决心要让自己的行为、思维和情感变得更健康。现在你知道了，取悦不是通向满足或幸福的路。

正如数百万克服了成瘾行为或其他强迫习惯的人所知道的，康复会一天一小步地发生。

当你环游取悦症三角形时，你也在阅读、思考并跟别人谈论你的取悦问题。当我们沿着这条三角形的小径行走时，我在一路上设置了很多路标，提醒你只要改变一种想法、一种行为或者一种情感，你就会打断取悦循环，启动能给你带来的力量和信心。

只要采取小步骤，令人鼓舞的大变化就会发生。很快，当你从取悦症中康复时，你就会看到自己终于理清了思绪，摆脱了恐惧，重新掌控了你的行为选择。

治愈取悦症的21天行动计划

21天行动计划使用指南

你现在即将启动你的个人改变过程。这部分包含一个至少持续21天的训练计划，它将帮助你开始治愈你的取悦症。正如我跟你说过的，你不用操心这个计划为什么有效或怎样起作用。你需要做的就是执行每天的计划，这样你就能掌握改变取悦习惯所需的技能，达到完全康复的目标。

请把自己想象成一个心理运动员，正在跟教练密切配合进行训练。教练明白这些训练为什么会有效。她的工作是告诉运动员该做哪些训练以及怎样正确地去做。最重要的是，教练要给运动员制订计划，并让其干劲十足地坚持训练计划，每天前进一小步。

请把我想象成你的私人教练。如果你按照训练计划去做，你就会达到你的目标。这么多年来，我提供的这些技巧，已经在我帮助过的很多取悦症患者身上取得了巨大成功。我相信，只要你坚持到底，这个计划就肯定也会对你有所帮助。

要改变你长期遵循的模式，这需要耐心、坚持和练习。在学习新的关系技能和个人方法时，不要追求完美或急于求成，那会让你遭遇挫折和失败。你还年轻，还有足够多的时间可以不断地练习和提高。

既然你花了人生的大部分时间才形成和完善了你的取悦倾向，你当然也不应该指望3周之内就彻底治愈。请把这21天当成一个最大限度准则。你可以设定你自己的进度，比如用 2 天或 3 天完成这里 1 天的训练。

在实施“小步骤”方法时，切记不要超前阅读。每次就阅读并完成一天的内容。不要让自己负担过重。要完成整个计划，你应该至少花 21 天。

重要的不是你能多快完成计划，而是你的进展速度要适合你，让你感到舒服。急着完成整个计划，好空出时间去照顾别人，这恰恰是你需要纠正的行为和思维。

时间是你自己的，是你争来的……很久以前。现在，请用你自己的时间帮助你自己克服取悦于人的习惯、思维和情感。重要的是，你要循序渐进地完成整个计划，每次一小步。

为了治愈取悦症，你不必全盘改造自己的整个人格结构。不管取悦症的原因是什么，你的康复之旅都基本上跟所有的取悦者一样：小步骤以及目标明确的战略性改变。

要启动你的康复之旅，你只需用正确的新思维替换一个错误的观念，用果断的“不”替换一个下意识的“行”，或者用积极的问题解决替换一个冲突逃避反应。

这个 21 天行动计划将一天天、一步步地引领你走出取悦症的恶性循环，进入更幸福、更健康的生活方式。尽管结果会令人赞叹，但这个计划并不神奇。它就是常识，是基于可靠、有效的心理和行为改变的原则。

你的个人改变之旅一旦开始，它本身就会产生很大的动力。你从自我强加的被他人奴役的状态中每多迈出一步，你就会兴奋地感到你掌控自己生活的能力和信心又强了一分。

你有选择权

我向你保证，这个 21 天行动计划跟你想保持友善、慈爱和慷慨的价值观和需求完全一致。(但是，不一直当好人也没关系！)当你完成了这个 21 天计划时，你不会变成一个冷酷、无情、自私或以自我为中心的人。要真是那样的话，那将是一次方向错误的人格大改造。

我希望你会更喜欢接下来的 21 天结束时的你，至少不比现在差。事实上，我真的希望你更像你想成为的那个你。但是，我希望你能对自己做出的选择负责。

正如你将要学习的，比当取悦者更可取的选择是当一个有主见、有选择的人——选择在什么时候、以什么方式把你有限的时间和资源奉献给什么人。这样，你就肯定会给你自己的需求留出足够多的时间和精力，顺带着提高你自身需求的优先级。

当你用这种选择取代了你对他人的需求和请求的强迫性顺从时，你就会最终重新掌控自己的生活。做出有意识的选择而不是下意识的反应，这会让你有能力做你最想做的事情，而不用一味顺从别人的要求或心愿。

治愈取悦症并不意味着你必须牺牲或改变你的慷慨天性，或者是你想给很多人带去快乐的心愿。但是，这的确意味着你得克制自己的冲动，别再想着赢得每个人的认可或者一直讨好每个人。

当你完成了 21 天行动计划时，你将拥有做出正确选择的必要技能以及真正的自由。你将不会再被你的取悦冲动所控制，相反，你将控制你取悦他人的欲望、意图和努力，重视并满足你照顾好自己的需求。

你需要准备哪些东西

最重要的当然是本书以及你的承诺和动机。另外，你还需要准备：

- 几沓横格记录纸
- 铅笔或圆珠笔
- 便条纸
- 一个放记录纸用的文件夹
- 一个日记本
- 一个能及时给你帮助的朋友或家人（若有更好，但并不是必需的）

那么，现在你即将开始训练计划了。为了让你把心思放在正确的地方，请花点儿时间思考下面的名言：

我不为我，谁为我？
我只为我，我为何？
若非现在，要何时？

希勒尔（Hillel，12世纪）

第 1 天

想说“不”时别说“行”

今天你要练习的第一项技能是至关重要的说“不”的能力。

要打破你下意识地说“行”的习惯，你需要如下 5 个步骤。在接下来的几天里，你将学习和练习这些步骤。

当你面对任何请求、邀请或其他类型的要求时，你将用下面的一系列行为取代马上就说“行”的积习：

第 1 步：拖延时间，不要马上做出答复。

第 2 步：确定你的备选答复。

第 3 步：预测每个备选答复的可能后果。

第 4 步：选择最佳答复。

第 5 步：行使你的选择权，坚决、直接地做出答复：

- 说“不”
- 提出折中方案
- 说“行”

这样，每次一小步，你将学会怎样争取时间、怎样确定你的备选答复、怎样权衡你自己的利益以及对方的需求、怎样有选择地做出决定、怎样做出答复。

拖延时间，不要马上答复

为了打破你面对他人的请求会下意识地说“行”的习惯，你需要拖延你的答复，以便审慎地考虑你的备选答复。“三思而后行”这句古老的格言是明智的心理忠告。

一旦你学会了先不要马上答复别人的邀请、要求或请求，你的控制感马上就会增强。

电话请求。在对方提出了请求之后，甚至在你还没有实际地拖延时间之前，只要有可能，你就应该设法中断跟对方的交谈。例如，一旦听到跟你通电话的人要你做某事或去某处，你就应该马上像下面这样回答：

- “你能先别挂电话等我一会儿吗？”
- “请你先在线上等我一会儿好吗？”
- “我有急事得走开一下，请稍等。”
- “我过会儿给你打回去行吗？”

仅仅这样一个简单的行为，就可以阻断下意识地说“行”的恶性循环。当对方在线上等你或者等着你打回去时，你就可以从下面的“拖延时间的措辞”列表中挑选合适的措辞了。当你恢复先前的交谈或者打回电话时，你将用所选的措辞答复对方。

拖延时间的措辞

1. “等我查过我的日程安排之后再答复你。”

2.“我需要先考虑一下。我稍后 / 明天 / 过几天 / 本周内给你答复。”

3.“我可能没空儿。我查一下日程安排，然后尽快答复你。”

4.“我得先查一下这是不是跟别的事情有冲突，一有结果我就会答复你。请告诉我什么时候联系你最方便。”

5.“我不能马上答复你，但是我会很快给你打回去。”

6.“我不确定我是否有空儿，所以我只能明天 / 稍后 / 下周答复你。”

你“争取”到的时间将允许你分析备选答复，预测不说“行”而说“不”的后果，据此选出最符合你的自身利益的答复。

面对面的交谈中提出的请求。跟打电话不同，在面对面的交谈中，你不能让对方“等在线上”。尽管如此，只要有可能，你还是应该在听到请求之后短暂地中断交谈，以防你会下意识地滑入旧有的模式。

最理想的情形是，在面对面交谈的情境中，一听到对方提出的请求，你应该马上找个借口离开一会儿，从而打断你下意识地想说“行”的反应。这相当于“现场直播的”让对方等在线上。

如果可能，在对方提出请求之后，在你做出答复之前，请找个借口离开片刻。你可以说你得去下洗手间、去打个电话、去倒杯咖啡或者去拿别的什么东西。关键是你人得离开，这样你才能控制自己下意识地答应的冲动。

如果找借口离开不可能或者显得太狼狈，那也不要紧。暂时找借口离开只是更理想的做法，不是非得那样做不可。

用拖延时间的措辞答复对方。不管是让对方等在线上了，还是找了个借口离开了，抑或是发现自己不能找借口离开，你接下来要做的是 5 个步骤中最关键的第一步：告诉对方，你需要过后才能答复他。

请复习拖延时间的措辞列表。每种措辞都能有效地为你争取一定的时间，使你能在做出答复前好好考虑你的决定。请把这张列表多印几份，分别放在家中和办公室的电话旁以及你的钱包里。

排练拖延时间的措辞。这些措辞恐怕会让你感到很陌生。因此，你需要一遍遍地练习这些措辞，直到你能说得轻松自然。反复练习会让你更适应。请大声地练习和排练，就像你学习外语一样。

你要对自己的语气和声调严格要求，要听起来坚决而又友善。不能听起来让人觉得你很心虚，就好像你觉得自己没有权利拖延时间一样。你也不能听起来很愤怒、很好斗。如果可能，请找一个朋友或家人来帮助你练习，给你提供反馈。

当你说每一句措辞时，请记住你不是在请求对方给你时间；你是在告诉对方，你要花点儿时间考虑一下再做答复。请注意，陈述句的末尾不要提高声调，那会让人觉得你是在提问。

在答应做任何事情之前，你完全有权考虑一下。

你的意图就是争取时间好做出正确的选择，以免因为取悦习惯而下意识地说了“行”，结果话一出口你就感到后悔了。

请至少从列表中选出两句措辞，并牢牢地记住它们。如果你愿意，你也可以补充一些你自己的措辞。你练习的遍数越多，实际使用时你就会感到越自然。每句措辞至少要说 5 遍，今天至少要在不同的时间练习 3 次，直到你的语气听起来很坚决、很直接、很自然。排练时要试着面带微笑，这将有助于让你的语气始终是既果断又友善。

第 1 天总结

★ 多印几份“拖延时间的措辞”列表，分别放在你的每部电话机旁以及你的钱包里，供你在接听电话或者跟别人面对面交谈时使用（查阅列表时一定要谨慎，不要引起注意）。

★ 把每句措辞都大声地说几遍。

★ 今天至少要在不同的时间练习 3 次。一定要让你的语气听起来直接而且坚决，没有歉意或怒意。

★ 今天就到这里。请遵守“每次一天”的规定，明天再阅读第 2 天的内容。

第2天

“破唱片”技巧

昨天你学习了听到请求后拖延时间所需的措辞，今天你将进一步学习怎样应对压力，以防你因为顶不住压力而在该说“不”的时候却说了“行”。

怎样用“破唱片”技巧应对压力

在你试图拖延时间之后，对方可能会坚持让你马上答复。或者，因为你过去几乎一直是有求必应，所以对方可能会认为，只要他把请求重复两三次，你就会像往常一样答应。

要应对这种压力，办法就是使用“破唱片”技巧。你要准确地复述对方的情绪反应，并表达你的同情，从而告诉对方你已经听清楚了他的请求，也感受到了他给你的压力。然后，重复你用来拖延时间的措辞——就像一张破唱片。这一技巧的关键是避免回应对方施压的实际内容。如果你回应实际内容，你很可能就会失去对谈话的控制力。

下面的剧本可以说明你该怎样用“破唱片”技巧，成功地顶住对方想逼你答应的压力。

朋友：［在电话中］“我想请你帮个忙。周末你能过来帮我安排一个重要的慈善午宴吗？我真的需要你的帮助。”

你：“请先在线上等我一会儿好吗？”

朋友：“好的。”

你：［让朋友等在线上，你去查阅事先放在电话旁的“拖延时间的措辞”］“嗨，我回来了。嗯，我可能没空儿，所以我得先核实一下。我会过几天答复你。”

朋友：“噢，我等不了那么久。你不能现在就定下来吗？我真的需要知道，我能否像往常一样指望你。”

你：“我知道你很着急，但是我真的可能没空儿，所以我必须先核实一下。我会尽快答复你，可能过两天吧。”

朋友：“唉，即使你只来几个小时也会很有帮助。你肯定能来，是吧？”

你：［脸上带着微笑，尽管你们是在打电话］“我知道你非常希望我能过去帮你。但是，我很可能没空儿，所以我必须先核实一下。我会过一两天后答复你，我保证。”

你会发现“破唱片”技巧非常有效。一定要准确地复述你在对方施加的压力下听出的情感，并表达你的同情。请注意，不要直接回应或谈论对方施压的内容。然后，马上继续重复你用来拖延时间的措辞。如果你一直单调地重复同样的话，对方想迫使你马上答复的企图就不会得逞。

练习怎样说“不”

拖延时间是学会说“不”最关键的第一步。当然，跟着你需要兑现承诺，给对方一个明确的答复。在紧接着几天的训练中，你将学习怎样说“不”。眼下重要的是练习争取时间和应对压力，以便你能有时间仔细思考你的答复。

请找出两个经常占用你的时间、让你感到难以应付的人。他们可能是你的家人、朋友、同事或组织的代表。设想两个栩栩如生的场景：他们俩正在对你提出请求或要求。练习拖延时间，练习使用“破唱片”技巧，抑制自己立刻就想答应的冲动。

你的目标是一直坚决地声明你得先考虑一下才能做出答复。

你要牢记自己的意图，这样对方也会清楚。请记住，你要表明你感受到了对方施加的压力，但你就是像一张破唱片一样，说出来的始终都是拖延时间的那些话。

为了有所变化，请选出两句或多句不同的拖延时间的措辞加以练习。你既可以请一个朋友或家人扮演提出请求的人帮你练习，你也可以自己分饰两角来练习。如果有人帮你练习，你要让他即兴地创作剧本，以便真实地给你施加压力，逼迫你马上做出答复。你以角色扮演的方式完成的抗压练习越多，你进行拖延时间的实战时就会越自信、越成功。

第 2 天总结

- ★ 复习使用“破唱片”技巧应对压力的剧本实例。
- ★ 找出两个经常对你提出要求而你有时很想拒绝他们的人，在心里练习跟他们拖延时间。

★ 使用“破唱片”技巧，表明你感受到了对方逼你马上答复的压力，但你就是像一张破唱片一样，翻来覆去地说你得先考虑一下再答复他。

★ 不用担心你一开始会不会感到尴尬或做作。对你来说，这些是全新的回应方法，要想轻松自然地适应它们，你需要花些时间来练习。你练习的越多，你在实战时就会感到越自信。

第3天

折中方案

既然你已经学会了怎样争取时间，接下来你就需要学习用争取来的时间做些什么。

确定你的备选答复

你已经习惯了顺从，每当有人让你帮他们做事时，你就会认为你只有说“行”这一种选择。事实上，你还有另外两种选择。

很显然，你可以说“不”。这个简单的答复是治愈取悦症的关键。你必须学会在真想拒绝时说“不”。

然而在有些情况下，你并不确定你是想明确地说“不”，还是想讨价还价或提出一个折中方案。例如，如果一个朋友想请你在一个活动上当4小时的志愿者，那么你可能会告诉他说，你做不了4个小时，但你可以抽出一两个小时的时间。

请注意，不要落入过多地使用这第三种选择的陷阱。你应该在你真的不想明确地说“不”的情况下才提出折中方案。你不想断然地说“不”的原因，应该是因为你真的想答应对方的请求，或者至少不介意那样做，但是你希望修改请求，使之符合你的条件和最大利益。

不要把折中方案作为逃避说“不”的借口，也不要因为担心对方会生气、伤心或失望而选择这种答复。当你学会怎样说“不”时，你将学会怎样应对那些顾虑。你不必非得有折中方案。这种备选答复的确是可选择的。

预测每种答复的可能后果

接下来的一步你需要一些纸和笔。对于每一个请求，你应该至少准备两张纸（也可能是三张，这要看你是否想出了一个折中方案）。

昨天，你找出了两个经常占用你时间的人。现在，请设想其中一个人正通过电话对你提出一个具体的请求。

在第一张纸的上端写下“如果我说行：”，在第二张纸上写下“如果我说不：”，而如果你有一个折中方案，那就在第三张纸上写下“如果我说［你的折中方案］：”。

接下来，在每个标题下先列出赞成对应答复的理由，然后再列出反对理由。在分析赞成理由和反对理由时，你关注的焦点应该是各个备选答复会对你的情感、身体、财务或其他方面产生怎样的影响。

重要的是考虑你的答复会怎样影响你，而不是对方。如果你只考虑对方的需求，你就又回到了以前的取悦习惯。在这项练习中，你的需求才是第一要务。

如果你打算答应对方的请求，那么在你努力完成请求之前、期间以及之后，你很可能会有怎样的感受？然后，请预测你说“不”可能会带来的后果。最后，如果你想出了一个折中方案，请预测实施这个折中方案的可能后果。

打破取悦循环并不需要你对来自他人的每个请求都说“不”。相反，你的目标仅仅是能够小心谨慎地做出答复。为了做出正确的选择，你必须学会在你争取来的时间里想清楚你的备选答复。

选择最佳答复

评价你说“行”、说“不”以及提出折中方案的理由，记住你的首要目标是学会怎样考虑你自己的需求，谨慎选择你给他人的答复。

因为这项训练旨在帮助你打破取悦习惯，所以说“行”应该是你最不可取的选择。说“行”可能最容易，因为那是你熟悉的。有一句古老的谚语说，因为熟悉，马会跑回着火的牲口棚。换句话说，熟悉并不总是意味着安全。

有的时候，实际分析的结果可能是你该说“行”或者提出折中方案。那很好，只要你在做有意识的选择，只要你是真的想做，而不是不由自主。

现在，用红笔圈出你选择的最佳答复。

第 3 天总结

★ 设想一个经常占用你时间的人正在对你提出一个具体的要求。找出你的备选答复。你应该有两种或者三种备选答复：说“行”、说“不”或者提出一个折中方案。

★ 列出每个备选答复的赞成理由和反对理由。你关注的重点应该是，如果你答应了，如果你必须要花时间和精力去满足对方的请求，你会有怎样的感受。

★ 要小心你为了取悦于人而逃避说“不”的倾向。请记住，你在努力摆脱下意识的取悦习惯，努力用正确的选择取代它们。

★ 在挑选最佳答复时，你既要考虑对方的需求，更要考虑你自己的需求，并把自己的需求摆在对方需求的前面。

帮你说“不”的“三明治”技巧

今天你将学习打破取悦循环所必需的一项最重要的技能：怎样对他人的请求说“不”。

坚定而又直接地答复请求

你有对任何请求说“不”的权利，不管你感受到了多大的压力。但是，你必须把你的选择付诸实施。

让我们回到第 1 天开始的例子。假设有人对你提出了一个请求，而你已经给自己争取到了考虑选择的时间。经过慎重的考虑，你决定说“不”。现在你需要重新联系对方。下面有三个简单的答复，可以帮你传达一个坚决但又友善的“不”：

1.“我今天打电话是要答复你那天请我帮忙的事儿。我这次真的不能帮你了，但我要感谢你能想到我。”

2.“再次感谢你热诚的邀请，但这次我真的不能接受，因为我实在没空儿。”

3.“我打电话是要答复你上周二找我帮忙的事儿。很抱歉，我这次帮不上忙了，但我非常感谢你能想到我。”

简单地说声抱歉是可以的，但详细的解释等于自找麻烦。一旦你开始过多地解释或道歉，你就会暴露出对方可以利用的弱点。但是，那也不要紧，你仍然知道怎样利用“破唱片”技巧顶住压力。

三明治技巧。一个非常有效的说“不”的方法，是把否定答复做成“三明治”，夹在两层恭维或肯定的话中间。这可以为你对请求或邀请的拒绝提供一定的缓冲。例如：

- “我打电话是想答复你那天热诚的邀请。很抱歉，这次我不能去了，但我希望你下次还能想到我。”
- “你是我的好朋友，但我打电话是想告诉你，那天你托我的事儿我帮不上忙了。如果我能，我一定会帮忙；我想你会理解的。”
- “你能请我帮忙我非常荣幸。然而，我这次帮不上你的忙了。非常感谢你能想到我，这对我很重要。”

在使用“三明治”技巧时，一定要保证你说的每个字都是你想说的。不要让对方觉得，他应该再问问你是不是认真的。如果你说的是真心话，那么“三明治”技巧会相当有效。

你只需决定你想怎样说“不”——是想简单地说一声，还是想把拒绝夹在两层好听的话中间。其实，说“不”的“正确”方法不是唯一的，很多方法都有效。唯一“错误”的方法是你本想说“不”，结果却说了“行”。具体该选择哪种方法，这要看你跟对方的关系、你的适应程度以及特定的情境。

接着你第1天用到的剧本，在拖延时间和“破唱片”技巧的运用之后，增加重新联系时和对方说“不”的内容。然后，你应该把整个答复大声地练习几遍。请建立一种让你感到最舒服的风格。

你应该听起来很轻松、很直接、很坚决。不要把这当成是在传达坏消息。对你而言，那其实是非常好的好消息。

你正在收回对自己时间的控制权。你的答复要避免抱怨、道歉或过分夸张。不要高估你说“不”所造成的影响。对方能应付；大家一直都在说“不”。对方无非就是再去找别人帮忙。精挑细选地使用你的时间和精力，这不仅是你的权利，甚至还是你的义务。

不要以为对方肯定会生你的气。如果你有这样的顾虑，你给出的答复听起来就会像是在防备和辩解。要想着对方会接受你的拒绝，会表示出你应得的尊重。如果你暗示他你对说“不”感到内疚或担心，那你就会给对方操纵你、逼你答应的机会。

要面带微笑地传达你的信息，即使你们是在打电话。请对着镜子练习。如果你在微笑，你的语气听起来就不会像是在防备，或者像是想吵架。

很有可能的是，对方以往给过你很多“赞扬”。任何人都不大可能因为你说“不”就生气。对方可能会感到惊讶或失望，但他会克制的。你并不是不可或缺的，谁都不是。

顶住对方逼你答应的压力。当然，对方可能会试着让你改变主意。但是你知道该怎样做。重新回到“破唱片”技巧：表明你已经听明白了对方想让你改变主意的努力，但不要跟对方讨论。尽可能准确地复述对方的感受，然后重复你的简单陈述。这一次不用“三明治”技巧。下面是把这一切串联起来的例子。

你：“我打电话是想答复你那天的请求。我真的没空儿，所以这次不能帮你了。”

朋友：“真的？我还指望着你呢。你一向是乐于帮助我的。”

你：“我知道你感到很失望，但我的确没空儿，不能帮你了。”

朋友："嘿，你确定来不了吗？如果你不来，我真不知道该怎么办。"

你："我知道你有点儿担心，但我的确没空儿，去不了。你肯定能找到别人帮你。"

要确保你不是在跟对方讨论。如果你开始反驳对方，或者帮对方想办法，那你就会退让。"破唱片"技巧的要点是表明你听到了对方的感受和努力，然后就重复你的简单陈述，像破唱片一样再次说"不"。

你的拒绝必须明确而且坚决。如果你真想提出一个折中方案，你肯定一开始就那样做了。既然你决定了说"不"，你就要坚持你所传达的信息和你的策略。如果你知道你想做什么，没有人能说服你改变主意。

· **完成你的剧本**。现在你应该已经完成了一项训练。已完成的剧本应该包含如下要素：

1. 对方请你帮忙。

2. 如果你们在打电话，你可以让他等一会；如果你们在面对面地交谈，你可以找个借口离开片刻。你这样做是为了查阅"拖延时间的措辞"列表，好拖延你的最终答复。

3. 你回来继续跟对方交谈并拖延时间。

4. 对方施加压力，坚持让你马上答复。

5. 你用"破唱片"技巧应付对方并坚持你的立场。你再次坚决、直接地表明，你必须先考虑一下才能答复。（为了练习，请把你的坚持和答复再重复一两次。）

6. 你给对方打电话或者再次跟他见面，告诉他你对请求的答复。你坚决而又直接地说了"不"。如果你愿意，你可以把你的拒绝做成"三明治"，夹在两层恭维或肯定的话中间，以缓冲拒绝的影响。

7. 对方施加压力，试图迫使你答应。

8. 你用“破唱片”技巧应付。请把你的坚持和答复至少重复两遍。

9. 你成功地传达了拒绝信息。

10. 恭喜你自己吧！你可以克服你的取悦症了。

第 4 天总结

★ 你已经学会了三个简单的答复，可以告诉对方你不打算答应他的请求、邀请或要求。

★ 如果你更喜欢把拒绝夹在两层好听的话中间，请使用“三明治”技巧。但是，一定要保证你说的就是你想说的，不要让对方错误地觉得你后悔了，或者你真的希望他能再问你一次。

★ 请记住，你应该尽可能地多加练习。你练习得越多，你在使用这些技巧时就会越自然、越老练。

★ 说“不”很不错。

第 5 天

“反三明治”技巧

今天你将学习提出折中方案，这是你答复请求、邀请或要求的第三种选择。请仔细检查你的动机，确保你提出的折中方案是一个自信的答复——你是真的愿意用它来代替对方一开始的请求，而不是因为你本想拒绝却不好意思说出口。

如果你用折中方案来逃避说“不”，你就不是在治愈你的取悦症。

重要的是，你只能提出一个折中方案。不要摆出跟对方讨价还价的姿态。这对取悦者来说是一个光滑的斜坡，很容易让你重新滑进下意识的顺从行为之中。

当你想提出折中方案时

到目前为止，一个朋友对你提出了一个请求，而你遵循了如下步骤：

1. 你让对方在线上等你，或者找个借口暂时离开面对面的交谈（如果可能的话）。

2. 你回来继续跟对方交谈，拖延答复时间。

3. 你用“破唱片”技巧顶住对方逼你马上答复的压力。

4. 你重新联系对方并做出答复。这一次，你将提出一个折中方案，告诉对方你想做什么或者你能做什么，而不是答应对方一开始的请求。要尽可能简单地叙述你的方案。同样，不要说很多的理由或解释，也不要过多地表示歉意。

折中方案是一种双方商定的妥协。但是，考虑到你是一个新手，所以你将只对每个请求提出一个折中方案，对方要么接受要么放弃，没有商量的余地。这将不是一次来来回回讨价还价的谈判。你是提条件的人；对方要么接受你的折中方案，要么接受你对请求的拒绝。这样，你就一直保持着控制权。

“反三明治”技巧

要提出你的折中方案，你将用到“反三明治”技巧。这一次，你将把你的正面信息做成“三明治”，也就是把你的折中方案（你愿意做什么）夹在两层负面信息中间。

第一层的负面信息是告知对方你将无法满足或接受他最初的请求。但是，第二层的好消息（三明治的馅）是，你愿意照着你的折中方案去做。第三层是告诉对方的信息是他要么接受要么放弃。你不能把这层信息表达成最后通牒，而要表达成简单的信息点。如果对方不愿意或不能全盘接受你的折中方案，那么你就必须退回到坚定断然地拒绝。不要威胁对方或者做出这样的暗示。你的态度要友好但又要斩钉截铁。

重要的是，你不能跟对方谈判。这对你来说是个新领域。不要让自己摆出讨价还价的姿态，因为那样一来，你旧有的取悦习惯就很可能会接管控制权，最终迫使你不由自主地又一次说了“行”。

请注意，当你提出“反三明治”折中方案之后，对方会抗拒并给你施加压力，而你要利用“破唱片”技巧避免跟对方正面交锋，就像下面这样：

你：“我打电话是想答复你的请求。很遗憾，我不能一整天都帮你了。但是，我那天上午可以过去一个小时。如果那样不行，我恐怕就没办法帮你了。”

朋友：“噢，我太失望了。我真的指望着你呢。你只能抽出一个小时？真的吗？”

你：“我知道你希望我能一整天都帮你，但是我只能在那天上午抽出一小时。如果那样不行，我这次就真的没办法帮你了。”

或者

你：“我打电话是想答复你的请求。我无法照着你的要求去做。但是，我可以[折中方案]。我希望这能帮到你，要不然我就没必要过去了。”

朋友：“真的没商量了吗？我可全指望着你呢。你想象不出我多么失望。你能不能再替我考虑一下？你以前从来没有让我失望过。”

你：“我理解你感到失望。但是，这一次我真的没办法照你的要求去做。我可以[折中方案]，但我只能做到这样了。”

朋友：“唉，说真的，如果你不能[最初的请求]，那我觉得我只好再去求别人了。”

你：“好的。”[注意：到这里，你必须闭嘴了。如果你开始说些抱歉的话，你就会失去关键的立足点，开始滑向你从前的取悦习惯。你的朋友会没事儿的。她已经在计划打电话找别人了。你要跟她说再见，然后挂掉电话。]

排练和练习你的折中方案剧本。至少要把整个剧本从头到尾大声地练习5遍。你应该准备两个可选的结局：一个是对方接受了你的方案，另一个是对方没有接受方案而你只好坚定地拒绝他的请求。

对于后一种情形，你还是要确保自己毫不动摇。你将不会答应对方的请求：我们知道你能做到。你正在训练自己改变顺从的习惯。

如果你能找个人来帮你扮演请求者，那你要让他演得像真的一样，尽量地给你施加压力，让你感到内疚，好迫使你改变主意，答应他的请求。你练习得越努力，你在实战中就表现得越出色。

排练和练习你说“不”的剧本。在你练习完了折中方案剧本（两个结局）之后，继续把你说“不”的剧本再练习几遍。

在任何剧本中都不要忘了先拖延时间，这样你才能细致地评价你的备选答复，充分地把你的利益和需求考虑在内，做出正确的选择。

第5天总结

★ 不要把折中方案当成逃避说“不”的方法。

★ 要用“反三明治”技巧把你的折中方案夹在两层负面信息中间。要先告诉对方你无法完全答应他的请求，然后提出你的折中方案，最后再表明如果对方无法接受你的方案，那你就只好彻底拒绝他了。

★ 不要把“反三明治”的第三层负面信息弄得像最后通牒，或者像“不接受就拉倒”的威胁。那就是一条简单的信息，你的措辞和表达要平和。你只是想说这个折中方案是你的选择。

★ 唯一能做的，如果对方觉得没什么帮助，那你这次就只好跟他说“不”了。请记住，你在提出建议。

★ 不要陷入谈判和讨价还价。要使用“破唱片”技巧，尽可能准确地复述对方的感受，表示同情，告诉对方你已经看出他想努力说服你改变主意了。请记住，不要跟对方就内容做任何交流。你只管复述你从他的话中听出来的情绪，然后重复说你只能照折中方案去做，不行的话你就一点儿忙都帮不上了。

★ 练习，练习，再练习。你对这些关键技巧的使用变得越自然、越熟练，你治愈取悦习惯的努力就越有进展。

改写“取悦于人的10条戒律”

今天你将直接对你的取悦心态发起正面攻击。

确切地说，你将改写“取悦于人的10条戒律”中包含的搞破坏的“应该”。

作为提示，我在下面列出了“取悦于人的10条戒律”。请大声地读一遍，尽可能让它们听起来很过分、很苛刻。请感受这些自我强加的“应该”是多么严重，它们给你造成的内疚和愤怒又是多么沉重。

取悦于人的10条戒律

1. 我应该总是满足他人对我的要求或期望。
2. 我应该照顾周围的每一个人，不管他们是否向我求助。
3. 我应该总是倾听每一个人的问题，并尽力帮他们解决。
4. 我应该始终当好人，永远不伤害任何人的感情。
5. 我应该总是先人后己。
6. 我应该永远不说“不”，不管是谁对我提出什么样的要求或请求。
7. 我应该永远不让任何人失望，不管以什么方式。
8. 我应该始终保持愉快和乐观，永远不在他人面前表现出任何消极情感。

9. 我应该总是尽力让别人满意和高兴。

10. 我应该尝试永远不拿自己的需要或问题去麻烦别人。

你的目标是改写这 10 条陈述，用个性化的修正思维取代它们。你想必还记得，准确的思维可以包含偏好和愿望，但不允许不讲道理，不能说你坚持怎样事情就“应该”怎样。

先从第一条戒律开始，然后依次到第 10 条。要把每条“应该”陈述都替换成修正思维，例如：

- 不要说：“我应该总是满足他人对我的要求或期望。”
- 而要说：“如果我愿意，我可以选择满足那些重要的人对我的要求或期望。”

在这个例子中，没商量的苛求被你从几个方面软化了。首先，你的表述增加了时间和偏好的条件，即“如果我愿意”。其次，你的表述包含了关键词“选择”，而强调选择可以提醒你，控制权在你的手中。再次，尽管你可以选择在某些时候满足某些人的某些需求，但这并不是你必须要完成的义务。最后，你的表述还包含了“那些重要的人”这一限定条件。

作为另一种选择，你也可以使用一些否定词来改写第一条戒律，消除苛求的“应该”：

- 不要说：“我应该总是满足他人对我的要求或期望。”
- 而要说：“我知道我不必总是满足他人对我的要求或期望。如果我愿意，我可以选择帮助某些人。”

要缓和、软化和纠正取悦于人的 10 条戒律，方法有很多。对你来说，重要的是真正地考虑怎样纠正你的错误思维，好让你感到没有束缚。每种修正思维都应带有你的个人特色。

如果这些戒律乍看起来似乎很正确，请不要感到不知所措。这很自然，因为你已经被取悦症折磨得太久了，所以这些戒律才会让你感到熟悉甚至很正确，或者说至少准确地反映了你从前的思维方式。

但是你已经知道了，这些心态是扭曲的、有缺陷的、不正确的。此外，你现在也明白了，固守这些规则会强化你一心想要克服的取悦综合症。

现在，你的任务是消除取悦于人的心态，用更加健康、正确的思维方式取代它们。你的康复取决于打破自我强加的规则以及“应该”的束缚。

当你改完了 10 条戒律时，请大声地念诵你的修正表述。要确保你没有一不小心滑入其中的“应该”。一定要清除所有夸张的表述，比如“总是”“永远不”“一直”“时刻”等。修正思维是灵活的、理智的，而不是僵化的、苛求的。

当你对修正后的新思维感到满意之后，请满怀信心地大声阅读这些修正表述。你要把这些表述工整地抄写在日记本或一张白纸上，并给这张新的清单加个标题：“一个康复取悦者的新心态”。你还可以给这张清单加个好看的画框。

你要把清单多印几份，放在家中或单位的关键位置。你可以把一份清单贴在洗手间的镜子上，这样你每天早晚刷牙和洗脸时都能看到它。你还可以把一份清单放在汽车里，或者贴在你的计算机上。（当然，你还可以把它录入计算机中，存在电脑里，这样你就可以在需要的时候打开它。）

第6天总结

大声阅读“取悦于人的10条戒律”，以命令式的、压迫的、苛求的语气重读“应该”二字。请记住，这些年来，作为一个不由自主的取悦者，这些“应该”陈述在你内心的自我对话中听起来就是这样的。

★ 用修正思维取代每条取悦于人的戒律。

★ 检查你的修正思维，确保它们是理智的、灵活的，尤其是不会让你感到束缚的。请使用偏好表述、时间限定语以及适度的语言。要尽量在你的表述中包含“选择”一词，以强调你刚刚获得的控制感。

★ 把这些修正表述工整地抄写一份，并给它加个标题：“一个康复取悦者的新心态”。手写的目的是要让它真正具有个人特色。当然，你还可以把这张清单录入到计算机中。

★ 把修正思维清单多印几份，分别放在你经常会看到的那些地方。要尽可能地反复默念这些修正表述，或者大声地朗读。

改写“7 个致命的应该”

通过学习你昨天改写的修正思维，你已经重新设定了你的思维方式。你要非常警惕，尽可能地察觉任何故态复萌的自我对话。换句话说，如果你发现自己在想或在说“取悦于人的 10 条戒律”中的某个“应该”陈述，那你就要马上采取如下措施：

- 把“应该”二字写在便条纸上，然后在它上面画个“禁止”符号，就像“禁止通行”的交通标志一样。这传达给你的信息是：严禁取悦于人的“应该”！
- 把这个标志贴到电话机或其他你经常能看到的地方。
- 马上复习你的修正思维清单。要把注意力集中在最适合的修正表述上，以赶走那个偷偷溜回来的“应该”。

随着训练计划地深入，你会发现自己越来越不容易重拾以前的思维模式了。目前你需要耐心。要预先想到更换多年来根深蒂固的思维模式需要时间。当你意识到自己在考虑从前的取悦规则时，请不要灰心丧气。

一开始你可能需要很多“禁止应该”的便条纸。随着你变得越来越熟悉你的修正思维，并努力用它们取代苛求的“应该”，那么你在家中和办公室能看到的这种便条纸会越来越少。

纠正“7 个致命的应该”

下面是第二张有毒的思维清单：7 个致命的应该。请再次用苛求、压迫的语气大声阅读这张清单，重读“应该”二字，传达一种理所当然的感觉。

1. 他人应该感激我、喜欢我，毕竟我为他们做了那么多。
2. 他人应该永远喜欢我、认可我，因为我一直在很努力地讨他们欢心。
3. 他人应该永远也不拒绝我或批评我，因为我始终在努力满足他们的愿望和期望。
4. 他人应该善待我、关心我，毕竟我一向对他们那么好。
5. 他人应该永远也不伤害我或亏待我，因为我对他们非常好。
6. 他人应该永远也不抛弃我，因为我一直很努力地让他们离不开我。
7. 他人应该永远也不生我的气，因为我会竭尽全力地避免跟他们冲突、争执或对抗。

现在，从第一条“致命的应该”开始，用一条修正表述取而代之，以反映你作为一个康复取悦者的新思维方式。用偏好表述（你更希望发生什么，而不是你要求或期待什么）取代这些“应该”，这是一项重大的纠正。

为了确切地表述你的修正思维，你可以使用多个句子。你的目标是就你跟他人的关系形成 7 个新的思维，它们不再是取悦症的反映。修正思维必须是灵活的、适度的，而不是僵化的、极端的。请记住，要修改夸大的言词和时限，比如“永远”或“永远也不”等。

“应该”“应当”和“必须”等强迫性的词语，尤其是应用在你对他人的期望时，很可能会给你自己招来愤怒、冷遇和怨恨。相比之下，你的修正思维将更灵活、更理智地表述你的偏好或愿望，而不是没得商量的要求。在你的新思维中，灵活和适度会让你对自己的人际关系更满意。

下面是用以取代“7 个致命的应该”的修正思维的一些例子：

- 不要说：“他人应该感激我、喜欢我，毕竟我为他们做了那么多。”
- 而要说：“我更希望别人能喜欢我这个人，而不是喜欢我为他们做的事。当我决定给别人帮忙时，我希望他们会感激我的努力。”
- 不要说：“他人应该永远喜欢我、认可我，因为我一直在很努力地讨他们欢心。”
- 而要说：“我知道，想让别人永远喜欢我、认可我，这是不理智的，更是不可能的。我希望我所喜欢和尊重的人能同样喜欢和尊重我。但是，我希望人们喜欢我是因为我的价值观，因为我对他们的友善和尊重，而不是因为我多么努力地讨好他们。我最需要的认可，是我对我自己的认可。”

正如第二个例子所表明的，有些“致命的应该”包含多重思维。因此，修正表述可能也需要多个句子。你可以根据需要使用多个句子来纠正每个“致命的应该”。事实上，你的修正思维越完整，你在纠正取悦心态方面取得的进展就会越大。

当你完成了所有 7 个修正思维时，请仔细检查一下，去掉其中残留的任何有毒的取悦思维。如果你愿意，请一个理解该计划的朋友或家人来帮你检查。

当你完成了 7 个修正思维的清单时，请把它工整地抄写一遍，并给它加个标题：“有关他人的新指导原则”。请注意，“指导原则”跟“规则”有个重大的差别：前者暗示着灵活和建议，后者则暗示着僵硬和自我强加的束缚。

请把这张清单也多印几份，并跟昨天的那张放在一起，比如贴在洗手间的镜子上，这样你每天早晚刷牙和洗脸时都能看到它。你还要随身携带一份，或者放在办公室里，这样你就可以在中午或者在你需要的时候复习它。

如果你发现自己又退回了致命的“应该”思维，你要马上再用便条纸做一个“严禁应该取悦于人的想法！”的标志，并把它贴在电话旁、冰箱上或者其他你能经常看到的地方，提醒你要摆脱取悦于人的思维和规则。

第 7 天总结

★ 每当你退回反映“取悦于人的 10 条戒律”或“7 个致命的应该”的“应该”思维时，请马上用便条纸做一个“严禁取悦于人的应该！”的标志。

★ 以压迫的语气大声阅读“7 个致命的应该”，强调“应该”及其暗含的理所当然的意味。请注意这种思维听起来多么僵硬、多么强人所难。

★ 用灵活、适度的修正思维取代致命的“应该”，以反映偏好和愿望而不是苛求。

★ 把这张清单工整地抄写一遍，并给它加个标题：“有关他人的新指导原则”。把这张清单也多印几份，并贴在你经常能看到的地方。复习你的新指导原则，每天至少复习三遍。

第 8 天

照顾你自己

毫无疑问，取悦症长期把你的需求摆在他人需求的后面。作为一个康复的取悦者，一切将会变得不同——从现在开始。

今天你将做出一个重大的态度调整：除非你能在身体和心理上更好地照顾你自己，否则你就无法照顾好你生活中最重要的那些人。

你最近的一次娱乐自己是什么时候？你还能记得自己喜欢做哪些令人愉快的事吗？如果你跟大多数取悦者一样，那么撇开他人的需求，并用省下的时间愉悦自己，这对你来说肯定是非常遥远的记忆了。事实上，这样的记忆很可能根本就不存在。

请随便找一本带横格的笔记本，开始记你的个人日记。在第一页上写下“我的娱乐活动清单”，并紧跟着这个标题写下：“我承诺要照顾好自己的身体和心理需求，这样我才能心情愉快，才能照顾好我生活中最重要的那些人。”

接下来，在日记中列出至少 20 项你觉得令人愉快的活动。后面要多留出几页，用于补充你的这张清单。这些不同的活动所需的时间和准备应该有很大的不同。有些活动可能只要花几分钟时间，而有些则可能要花几小时甚至几天的时间来准备和实施。

例如，晚上到外面去欣赏一下月色和星空，呼吸一下清新的空气，这些令人心情舒畅的活动花个一两分钟就能完成。每天早上读报时，拿出几分钟看看连环漫画，或者玩玩儿拼字游戏，这样的活动不需要什么准备。在浴室中点上一根香味儿蜡烛，放好热水洗个令人愉快的泡泡浴，这可能要花上 30 ~ 45 分钟的时间，而且还得做些额外的准备，比如购买香味蜡烛和泡沫剂等。

另一个极端，去做水疗美容和养生，让别人来护理你，这可能要花一整天的时间，而且需要做很多的准备，比如安排行程、找人帮你照看孩子、交接手头的工作等。如果是周末出去玩儿，那就需要更多的时间和准备。

关键在于，你要制作一张个性化的活动清单供你选择。每当你想到或听到什么令人愉快、开心、放松、舒畅或兴奋的活动时，你就应该把它添加到你的清单上。

这张清单上可以有简单的娱乐，也可以有奢侈的嗜好，这要取决于你的兴趣和预算。你不必非得单独活动。你当然可以跟别人一起分享你的快乐。实际上，你的一些娱乐活动可能离不开他人的参与。

关键是要把你的需求和偏好放在第一位。这些活动是为了让你高兴的；如果还有别人参与，并且他们也能从中得到乐趣，那很好。只是你要保证，你没有把他们的需求摆在第一位，没有重拾以前的取悦习惯。

每天从事两项娱乐活动

请查阅你的个人娱乐活动清单，挑出两项今天来做。不准找任何借口。如果你在清单上找不到两项今天就能完成的简单活动，那就考虑安排两项需时更多的活动。

作为整个行动计划的延续，你以后每天都要至少从事两项娱乐活动。尽管你可以重复某些活动，但追求变化肯定会对你更有好处。当你发现或想到其他的娱乐方式时，请继续把它们添加到你的清单上。

在完成了这个“21 天行动计划”之后，你将继续坚持每天的自我娱乐，因为你知道，你的健康、你的幸福以及你内心的宁静对别人也同样重要——甚至可能更重要！

你可能已经注意到了，“娱乐活动”跟“取悦”这两个词在含义上是有联系的。每天想到、计划和从事娱乐活动，这会让你履行“取悦”自己的新承诺。这样一来，你会承认自身需求的合法性，从而不会再心甘情愿地把自身需求摆在他人需求的后面。

第 8 天总结

★ 写下你将照顾自己的身体和生理需求的承诺，这样你才能照顾好你生活中最重要的那些人。

★ 在你的日记中列出“我的娱乐活动清单”，其中至少应该包括 20 项不同的活动，它们对时间和准备的要求大不相同。要经常扩充你的清单。

★ 挑出两项娱乐活动今天来做。

★ 要每天至少从事两项娱乐活动。如果你愿意，你可以重复某些活动，尽管追求变化肯定会对你更有好处。

第9天

说服自己摆脱认可瘾

今天你将解决认可瘾的问题，这套有毒的思维也是取悦综合症的核心。

实际上，你的人格有两面，一面是从前的取悦者，另一面是康复的取悦者，他们在就一套根深蒂固的观念展开争夺战。

当然，从前的取悦者相信要想知道自己有多大的价值，他就必须赢得每一个人的认可。在博取这种普遍认可的无尽努力中，从前的取悦者试图尽一切可能取悦他人，让他们高兴。

康复的取悦者认识到，若要想赢得每一个人的认可根本不可能。他知道，对他来说最重要而且唯一不可或缺的认可，是他对自己的认可。

让这两个角色都发出声音，你就可以仔细审视你内心的自我对话。这样，你就能更清晰地“听到”各方的理由，客观地评价他们各自的功过。揭示认可瘾背后潜在的观念，把它们写下来并大声地念出来，这会非常有助于你克服从前有缺陷的思维方式。

如果有人不喜欢你

这项练习的第一步需要你在自己的生活中找到某个人，你相信他可能不喜欢你或不认可你。这个人过去或不久前曾经批评或拒绝过你。你可能没有确凿的证据，但最重要的是，你怀疑或觉察到他不喜欢你。拿出一张纸，在上方写下这个人的名字。

接下来，以你从前的取悦者的身份或心态写下一两个段落。请记住，因为取悦思维是基于不理智且无法实现的方式，是渴望被每一个人喜欢和认可，所以这样的思维是极端的、僵化的、不合逻辑的。从前的取悦者对来自每一个人的认可上瘾。

当你代表从前的取悦者思考、书写和讲话时，你的认可瘾就会让你深深地感到你有心无力，你遭人嫌弃，你丧失了自尊。这种反应是对认可上瘾的错误思维的直接后果。

当你代表从前的取悦者完成了心声的表达之后，请把你所写的内容大声读出来。要尽可能地表达你的深信不疑，并努力感受这种思维对你的影响。

接下来，按照 1 ~ 10 的等级，评价得不到那个人的喜欢或认可让你感到多烦恼或多伤心。1 级或较低的等级代表“根本不伤心”，10 级或较高的等级代表“伤心欲绝”。

现在，请代表康复的取悦者表达心声，写下几个段落。要以新的心态纠正从前的取悦者对认可上瘾的思维。你的目标是用合乎情理和逻辑的论据反驳从前的取悦者的心态。

你可以假想你有一个取悦于人的朋友，她在跟你诉说得不到某个人的喜欢让她多难过。你会怎样安慰和开导她呢？这样一来，你就可以利用一个最大的优点，来克服和纠正一个最大的弱点：优点就是你非常善于关心他人的情感，而弱点则是你极度渴望他人的认可，这种无法满足的过分需求是你的取悦心态的核心。

康复的取悦者的声音反映了准确的思维。请记住，你攻击的应该是你的认可瘾，而不是你自己。在你想出跟取悦思维相抗衡的新思维时，你要像安慰和开导那个伤心的朋友一样，善待和支持你自己。

你一定要让日记的内容反映出曾经对认可上瘾的修正思维。尽管你现在可能仍然更希望得到他人的认可和积极关注，但你不再需要用每一个人的认可来证明自己的价值了。

下面这些忠告可以帮助你：

- 想让每一个人都喜欢你或认可你，这是不可能的，别白费力气。
- 牺牲自己来换取他人的认可和喜爱，这实际上是对他人的操纵。就自我奉献而言，更可取的动机是你对他人的爱和喜欢，以及你对他人的陪伴和友情的珍惜。
- 得到他人的认可也许更可取，但这绝对不是你证明自身价值所必需的。
- 因为他们自己的成见、偏见或情感问题，有些人可能会不喜欢或不认可你。这不是你的问题。
- 对你来说，最重要的认可就是你对自己的认可。

当你已经代表康复的取悦者完成了心声的表达之后，请把你所写的内容大声读出来。要尽可能地表达你的深信不疑。

这样在读了两三遍之后，请重新评价得不到那个人的认可让你感到多烦恼，并按照前面的等级划分记录你的评价结果。

你应该会注意到，因为你的修正思维，你的消极情感会得到显著的缓解。

认可你自己

一个至关重要的认可来源就是你自己。用自我认可来奖赏和激励自己，这也是康复的取悦者应该具备的一项关键技能。

一般来说，尽管我们会奖赏孩子或宠物的良好行为，但我们往往不会奖赏和强化我们自身以及其他成年人的可取行为。

你应该还记得，取悦者很少会对自己感到满意。在某种程度上，这种自尊的削弱是由于取悦者过去一直用完美主义的、无法达到的标准来评价自己的行为。现在，作为一个康复的取悦者，你认识到了用正强化来自我激励的重要性。而且你还知道，认可你自己是一种强有力的奖赏。

今天晚上入睡前，请拿出几分钟时间完成如下的一个或多个句子：

- 今天，我对自己感觉（做的什么什么）非常良好。
- 今天，我很认可自己做事（做什么什么）方式。
- 今天，我为自己感到自豪，因为我（做了什么什么）。

你完成的句子要尽量具体。愚蠢的自欺欺人或者空洞的自我肯定毫无意义。因为你正在快速地治愈你的取悦症，你的努力值得称赞和认可的地方肯定少不了。

第9天总结

★ 从自己的生活中找出某个人，你相信他可能不喜欢你或不认可你。从以前的认可瘾以及取悦心态的角度写下几个段落。大声阅读这些有毒的思维，然后按照1～10的等级，评价得不到那个人的喜欢让你感到多烦恼。

★ 接着，写下几段跟认可瘾抗衡的修正思维。重新评价你的感受。请注意当你不再需要每一个人的认可时，你的心情是不是好了很多。

★ 学会认可你自己。今后每天晚上入睡前，都要在日记中写下一个认可你自己的句子（如上面的例子所示）。要认可你在取悦症的康复之路上取得的所有进步，用这种认可奖赏你自己。

第 10 天

做还是不做，这是个问题

今天你将开始学习有效地分派任务的技巧。

因为你现在已经认识到了，一个人权利的自尊和价值并不取决于你为别人做了多少，所以你就可以把很多事情分派给别人去做，从而减轻你的压力，给你自己省出更多时间。

你分派任务的目的不是要麻烦或剥削别人。相反，你是要纠正你的人际关系中不稳定的失衡——你为别人做了很多，而你又很少允许别人给你回报。时间一长，这种不对称给你造成了难以承受的责任负担。而且，这种过于沉重的工作负担及其造成的压力，切实地威胁到了你的身体和情感健康。

因此，毫不夸张地说，你将学习的分派技能是真正的救生索。

挑选要分派的任务

清点任务。为了有效地分派，你首先需要确定你希望把哪些任务、杂活或者项目交给其他人。请想想你过去一个月的时间是怎样使用的。

你可以查阅你的日历、日程表或任何辅助工具，帮助你重建记忆。如果过去一个月是假期，那你就把时间再往前延伸一个月。关键是要为你正常的日常活动提供一个代表性样本。

以过去一个月为窗口，列出你完成的所有任务、项目、工作和杂活。一定要把你日常做的所有事项都包括在内。不必重复列出反复发生的事项，只要注明重复频率就行了。例如，你可以列出“铺床（每天一次）”和“换床单和被罩（每周一次）”。

你应该把你预计本月或下月要做的所有额外事项添加到清单中。你还可以把你本来想做但却没时间做的工作、项目或杂活包括在内。

要让你的清单尽可能全面，并依序给所有事项编号。不要给你的清单加任何限制，也不要这时就考虑分派，只管先写下你通常会做、预计会做或者想要完成的所有事项。

你的清单应该包含跟你的工作和家庭生活有关的事项，以及社交、照顾孩子、参加社区事务等需要占用你时间的其他活动。你的清单不仅应该包含必须要做的例行工作，而且还要包含自愿的、让你感到愉快的活动。

你的清单还应该既包括你只为自己做的事情，也包括你为别人做的事情。因为你是一个刚刚改过自新的取悦者，所以在你的清单上，你为别人做的事会远远多于你为自己做的事。

因此总的来说，你的清单应该包括你最近做的所有日常事项，以及你预计或希望接下来30多天里要做的额外事项。

你的最终目标是把过多的工作分派给别人一部分，从而显著地减轻你的负担。你还应该争取让你的时间天平从可有可无的杂活向令人愉快的活动倾斜。请记住，你是一个天生就宝贵的人，你的价值要远远大于你为别人做的一切。

你首先至少要从你的清单中挑出 10％的杂活或工作，交给别人去做。例如，如果清单中有 30 项事务，那你就至少要把 3 项交给别人；如果清单中有 50 项事务，那你就至少要卸下 5 项负担。

当然，你也可以挑出更多的杂活或工作交给别人。随着你不断地康复，你会对更多的请求说“不”，会给你愿意付出的时间和资源设定更合理、更坚定的界限，从而更有效地减轻你的工作负担。另外，因为你要照顾好你自己，所以你必然得给自己留出放松、休息和娱乐的时间。作为康复过程的一部分，你会继续把更多的工作分派给他人。

请检查你的清单，并数数一共有多少事项，然后取总数的 10％作为分派的最低指标。在挑选时，请一次考虑一项事务。

对于你清单中的每项事务，请问自己这样一个关键问题：这事儿非得我亲自做吗？

这个问题是块儿试金石。如果经过认真的考虑，你确定你必须要亲自做某项特定的工作，不能也不应该交给别人去做，那么这件事就明确地属于“不可分派”的类别。

如果你唯一的理由是因为你一时想不出谁可以替你做这件事，那就不要对这个关键问题回答“是”。暂时先假设你会找到合适的人选，而且经过培训或指导，那个人将能够胜任这项任务。

在有了这些附加说明之后，请把那些让你对上面的关键问题回答了“不是”的事项编号圈出来。这些编号代表可以交给别人去做的事项。换句话说，在这时，只有那些你相信非得由你亲为不可的事项，才能排除在可分派清单之外。

接下来，请把注意力集中在那些可分派的事项上。对于其中的每一项，你要问自己下面两个筛选问题：

- 我亲自做这件事开心吗？
- 亲自做这件事会让我感到自己的人生更有价值、更有意义吗？

如果你对上面的一个或两个问题回答了“是”，就请在原来画的圈上再打个“×”。划掉的事项现在应该归入“不可分派”的类别。在你的清单上，应该还剩一些画了圈却没打叉的项目，它们代表着你可以选择分派给别人的任务。

如果这些剩下的事项不到总数的10%，那么在确定必须亲为的事项时，你的尺度很可能放得太宽了。当然，这种偏颇是取悦症的一个核心特征，需要加以纠正。

为此，你要重新检查你对“这事儿非得我亲自做不可吗？”这个试金石问题的回答。就因为某项杂活一向由你来做，这并不意味着它以后也非得由你亲自来做不可。

如果你唯一的理由是你对分派任务感到紧张或不安，那你就不应该对试金石问题做出肯定的回答。几乎每个取悦者都会对分派任务感到紧张不安（直到他变成康复的取悦者）。那就是取悦综合症的一部分。但是，明天你将学会有效分派任务所必须具备的一些技能。今天，你的目标就是挑选出要分派的任务。

请再次检查你对两个筛选问题的回答。根据你所采用的标准，你的“不可分派”类别应该只包括：

- 非得你亲自来做的工作，不能也不应该交给别人去做；
- 你真的喜欢亲自去做的工作；
- 亲力亲为会让你感到人生更有价值、更有意义。

如果你发现这些标准适用于你的清单上超过90%的事项，那要么是你的清单不够全面，要么就是你的分析被你的取悦思维干扰了。

要治愈取悦症，你必须下决心把至少 10% 由你亲自做的杂活、工作、任务或项目分派给别人。别找任何借口。

给可以分派的任务排序。请再拿出一张纸，给可以分派的任务排序，标准就是这样一个简单的原则：在剩下那些画圈的项目中，选出你最不喜欢亲自做的一项。把这一项作为你的新清单的第一项。

请继续依照你不喜欢的程度来给剩下的所有事项排序：第一项应该是你最不喜欢的，第二项应该是你第二不喜欢的，以此类推，直到排定全部顺序。

请计算出所有事项的 10% 是多少，然后在刚才排序的清单上从第一项开始数起，并在数出来的最后一项下面画条粗线分开。

第 10 天总结

★ 把你通常要亲自做的所有杂活、工作、任务或项目列成一张清单。用过去一个月（或者有代表性的一个月）作为反映你的日常活动的一个“窗口”。这张清单还应该包括你预计或希望接下来一个月里要亲自做的额外事项。

★ 用试金石问题以及两个筛选问题评价清单上的各个事项，确定哪些事项不可分派，哪些事项可以交给别人。先假设你会找到合适的人选，而且经过培训或指导，那个人将能够胜任特定的任务。

★ 根据你不喜欢亲自去做的程度，给可以分派的事项排序。最终的分派事项至少应该占到全部事项的 10%。

★ 在已排序的清单上，在你选定的最后一项下面画一条粗线。

第 11 天

轮到你了

今天你将继续训练分派技能。把任务分派给别人，而不是极力取悦别人，这代表着你在康复之路上又迈出了重要一步。因为你过去没有充分利用分派，所以你必须练习今天的剧本，以增强你的能力和自信。

既然你昨天已经列出了一张待分派的任务清单，你该把它们分派给谁呢?

分派对象

在你考虑分派人选时，不要担心他们是否已经知道该怎样去做。你只管假设你会提供必要的培训、指导和管理。

然而至关重要的是，当你寻找分派对象时，你要采取一种创造性的、灵活的态度。要减轻工作负担，你可能有一些小的障碍要克服。但是，只要你保持分派任务的决心，你就一定能找到办法。

唯一不可接受的选择是，你相信你的任何工作或任务都不能交给别人去做。在昨天的挑选过程中，你已经排除了那些非得你亲自去的事项。因此，你选出来待分派的任务，完全可以被别人来做。

如果你决心打破取悦循环，你还必须下决心至少要把当前工作负担的10%分派给别人。当你抱着决不动摇的态度时，你就会找到办法解决分派对象的问题。

例如，你可以决定聘用合适的人来分担你的工作和任务。雇用帮手要做成本效益分析。在你这样做时，一定要考虑到分派工作可以给你省出更多时间，帮你减轻压力、改善健康、提高生活质量。

如果你在领薪水，你要把自己做杂活的相对成本（基于你的小时工资）跟聘用别人来做的花费相比较。例如，我以前的一个来访者是位收费非常高的律师。通过比较上述两项成本，这位女律师最终决定请钟点工来帮她做家务，因为她发现，她亲自做家务的成本是每小时250美元，远远高于聘用钟点工。

另一个创造性的解决办法是使用你跟一群朋友集中共用的时间和精力。例如，我的另一个来访者联系了一群家长，他们已经加入了她所在学校的汽车合用组织。她提议，除了合用汽车，他们还应该“集中共担”各自的杂活。现在，每到工作日，他们中的一个司机就额外花一两个小时替其余的人做些琐事。像干洗衣服和超市购物这样的杂事，都可以跟接送孩子一起顺路办了。有了这个办法，每个人每周就只需要花一天时间来做杂活，其余四天的杂活可以交给别的司机去做了。

当然，最有可能找到分派人选的地方或许就在你的家里或你的朋友中间。毕竟，你为这些最亲近的人做了太多的事情，他们早该回报你了，而你也早该接受他们的回报。

请记住，那些真正爱你和关心你的人渴望帮助你。正如我们前面提到的：在健康的人际关系中，人们是因为爱你才需要你，而不是因为需要你才爱你。

如果你的家人和朋友真的关心你，他们就不会希望把快乐建立在你的疲惫、紧张和痛苦之上。你为别人做了那么多，而别人为你做的却那么少，如果你任由这种严重的失衡持续下去，那你就是在默许别人剥削你。这样一来，你不仅让自己成为了受害者，而且还无心地把你爱的那些人变成了加害者。

把任务分给分派对象。从你的事项清单中挑出可以交给别人去做的10%，这就是你的“待分派任务”清单。

在这张清单每一项的旁边，写下你想到的分派对象的名字。根据具体情况，你可以让同一个人承担多项任务，也可以让多个人承担一项任务。

在最坏情况下，如果经过一番冥思苦想，你仍然想不出谁可以帮你分担某项特定的任务，那么你可以从最初的清单中另选一项任务来替换它。换句话说，如果你需要自己负责“待分派任务”清单中的某一事项，那你就必须另选一项任务来替换它，以便最少分派10%的标准仍能得到满足。

编写分派剧本

你将为每项任务都准备一段分派剧本。写下你将要说的话。为了便于练习和排练，你还要写下分派对象可能的回答。

一段有效的分派剧本，其基本要素很简单。但是，你在分派时传达的态度至关重要。换句话说，你怎样分派跟你说了什么同样重要。

对于分派任务，你的态度必须坚定自信，你的表情和语气必须显得很自然。最重要的是，你不要问对方是否允许你把任务分派给他。

而且，你绝对不要为请求帮助或分派工作说抱歉，尽管你的确可以暗示你心存感激。然而，赞扬和感谢的话应该留到任务完成之后再说。

下面是有效分派的 6 个步骤：

1. 说明你跟正在分派的任务有关的指示。你的说明和指示应该尽可能具体；如果这是你第一次分派特定的任务，你就更应该提出建议。

2. 说明任务完成的时间期限。

3. 确认对方理解了你的说明和指示。

4. 让对方有机会提出问题；你要清楚、礼貌地回答每一个问题。

5. 用“破唱片”技巧应付对方的抗拒：让对方知道你理解他的感受，然后重复你的指示以及任务的时间期限。

6. 在任务完成之前暗示你的感激，等到任务完成之后再表达你的赞扬和感谢。

下面是为一个“康复的取悦者”准备的一段分派剧本，内容是让十几岁的女儿替她去超市买东西。这个康复的取悦者希望，女儿能拿着购物单去超市，及时把晚餐需要用的食品买回来放好。

康复的取悦者：“宝贝儿，我需要你去超市帮我买些东西，这是钱和购物单。你要请售货员帮你挑选水果或蔬菜。如果你有任何别的问题，或者有什么东西找不到，你一定要请超市的工作人员帮你。他们都非常友善，会很乐意帮助你。”

“如果你有什么事情要问我，就往家打电话。你要在 5 点之前把东西买回来放好，这样我才能来得及做晚饭。听明白了吧？”

女儿：[扫了一眼购物单]“好的。我能给自己买些小零食吗？”

康复的取悦者：“当然可以，但别买多了，不能超过 3 包，好吧？该买的东西都清楚了吧？还有别的问题吗？”

女儿：“我非得现在就去吗？我想先到苏茜家写作业。我能晚饭后或者明天再去买东西吗？”

康复的取悦者：“我理解你不太愿意改变自己的安排。但是，我确实今天就需要这些东西，5点之前就得买回来放好。如果你在5点之前就把这些活儿干完了，那你就可以再去苏茜家待一个小时，但只能写作业。我们7点钟吃晚饭，所以你得在6点45分之前回到家里。好吧？”

女儿：“你确定你真的想让我去买这些东西吗？我可不太会挑水果和蔬菜。或许你应该自己去超市。”

康复的取悦者：“我知道你对这些东西不太熟悉，但是售货员会很乐意帮你挑选。如果你肯用点儿心听售货员给你解释，你就能学会怎样像我一样挑选水果和蔬菜。你只要买单子上的东西和一些零食就行了。记住，你得在5点之前把东西买回来放好。还有问题吗？”

女儿：“我想没有了。”

康复的取悦者：“谢谢你，宝贝儿。我会等你回来，别晚了。”

你应该为你待分派的每项任务都编写一段分派剧本，并且要尽量简短。如果你感到自己的解释太多或太啰唆，在“破唱片”技巧之外还有多余的话，那你就是在画蛇添足，是在削弱你分派任务的可信性和权威性。

有效的任务分派直截了当、简洁扼要。

至少要大声地把你的分派说明练习3～5遍。要特别注意你的语气和声调。一定不要说抱歉，也不能有任何内疚的暗示。

如果对方察觉到你的说明或指示有哪怕最轻微的不确定，他可能就敢于操纵和抗拒你的分派努力。但是，即使对方试图抗拒，你也知道该怎样利用“破唱片”技巧来坚持立场。

调整你对分派的态度

当你给家人或其他人分派某些新任务时，他们起初可能会畏缩。但是，不要接受无能为力的借口。有了你的指导，甚至连小孩儿也能帮你做家务。

不管别人不肯接受分派任务的理由是什么，你必须坚定不移，不能向从前的取悦习惯投降。不要让自己受制于被动攻击的借口或者拖延的企图，比如“我忘了”或者“我稍后再做”。

要削弱你的强迫和完美主义的倾向。

例如，毛巾或内衣怎么叠并不重要，重要的是，洗衣服和叠衣服的是别人而不是你。

你必须坚决地顶住其他的诡计，不管它们披着多么漂亮的外衣。如果对方说“你能再跟我说一遍怎么做吗？你的经验比我丰富多了，你亲自去做不是更好吗？”，那你就要断然地回答说：“不，你一定能做好。重要的是，这事儿得由你来做；我真的感激你的努力。”

一定要有耐心，不能一着急、一冲动就把任务抢回来自己做了。尽管暂时看起来训练别人很麻烦，可能还得忍受他们的错误，远不如你亲自去做更简单或者更高效，但是从长远来看，没有耐心会损害你的分派努力，进而让你无法卸下过于沉重的负担。

如果你改变了主意，把分派出去的任务又拿了回来，那么从长期来看，你就将处于非常不利的地位。或者，如果你管得太多太细，基本上就相当于你亲自把任务做了，那你就只会让减轻负担的目标落空。

最后，不要犯换汤不换药的错误，不要再把省出来的时间拿去做更多的琐事，或者给别人帮忙。学会把任务分派给别人，这会帮助你康复，但前提是你得用省下的时间更好地照顾你自己。

你可能觉得这样说自相矛盾，很难相信，但每天能拿出 20 分钟用来休息和放松，别的什么都不做，这可能是你一生中用得最有成效的一段时光！

要用通过有效分派省下的宝贵时间感受成功带来的满足和喜悦。请记住，即使你把醒着的时间都用来帮别人做事，你仍旧会嫌自己做得不够，从来不会真正感到满足。这是因为，取悦于人是深不可测的无底洞。

但是，你可以花时间照顾好你自己，并为此认可和欣赏你自己。不要担心你会变成一个自私的人。你不自私，也没有人那样认为。更何况，你肯定还在为别人做很多事情。照顾好你自己的需求，这会让你变得更健康、更快乐，使你能更好地关心和照顾你爱的那些人。

第 11 天总结

★ 为待分派的任务确定人选。要采取灵活和富有创造性的态度。只要你有分派任务的决心，你就一定能找到合适的分派对象。

★ 在“待分派任务”清单的每项任务旁边，写下你想到的分派对象的名字或身份。

★ 根据有效分派的 6 个步骤编写剧本。剧本一定得简单扼要。不要问对方是否允许你把任务分派给他；要礼貌但坚决地表明，你是在指导他替你做事。要暗示你的感激，但千万别让自己又被取悦习惯所操纵，又把交出去的琐事揽了回来。

★ 大声练习你的剧本。一定不要说抱歉，也不能有任何内疚或不安的暗示。

不当好人也没关系

今天你将开始努力改变“好人”这个词，它是你的自我概念的核心，但却值得质疑。

事实上，你可能还没有完全相信“不当好人也没关系”这一观念。你可能仍然觉得这种观念有点险恶，因为在你心里，“好人”的自我概念早就已经根深蒂固了。

你的康复在某种程度上取决于你确实相信不当好人也没关系。

事实上，你现在已经知道，为了把“好人”当作自我概念的核心，你一直在付出非常沉重的代价。

因为你的新自我概念将不以“好人”为核心，所以你需要想出一个新词来描述现在的你。“好人”是个空洞乏味的词，今天你有机会用一些更生动、更具体、更准确的描述取代它。

你现在需要的就是来自朋友的些许帮助。

这项练习的目的就是要弄清楚，当你明确地把“好人”从自我概念中清除时，别人会怎样看待你，你又会怎样看待你自己。你收集到的信息将成为你构建新的自我概念的基础。

从不同的角度（不包括“当好人”）看待你自己，这会让你继续在康复之路上大步前行。而且，让跟你最亲近的人描述你，并请求他们不用“好人”二字，这也等于是巧妙地鼓励他们从新的角度看待你。

如果不是“好人”，那你是什么人

从别人那里收集信息。单独拿出一张纸（不在你的日记中），列出5个人的名字，第一个就是你自己。其余四个应该是你认为情感上跟你最亲近的人。因为你需要尽早跟他们谈话，所以你要确保这四个人至少能通过电话联系上。

然后，列出10个你认为能准确地描述你自己的词语，其中不包括“好人”。当然，因为你接受康复训练的时间还不到两周，所以你的清单仍会一定程度地反映你从前的自我概念。但是，因为刻意排除，这张清单不会包含“好人”一词。

当你写完了10个词之后，请联系清单上的某个人，跟他说下面几句话，并请他用10个词语（不包括“好人”）来描述他怎样看待你。

你应该这样跟他说：“我在努力改变我的取悦习惯。作为康复过程的一部分，我需要你用10个词准确地描述我在你眼中的为人。除了‘好人’这个词，你想用什么词都行。”

请把这些词写到那张纸上，并加上下面的标题：

据×××（那个人的名字）说，下面这些词语可以准确地描述我的为人。

接着，继续以同样的方式从另外三个人那里收集描述你的词语。当你完成时，你会收集到50个词语（尽管很可能会有重叠或重复），它们代表着你对自己以及那四个人对你的描述。当你构建新的自我概念时，你可以从这张清单中选择恰当的描述词。

请记住，这四个人早就知道你一向是个取悦者，而且他们很可能也是你的取悦行为的受益者。因此，他们给你的词语将反映他们视你为取悦者的倾向。

请仔细思考他们的描述，想想你会选择把哪些词语留在你的新自我概念中。

还要注意的是，你今天已经取得了一项最重要的成就，那就是你告知了那四个人，你正在从取悦症中康复。因为你打算把康复承诺贯彻到底，所以这种告知会提醒那些最亲近的人，他们跟你的关系也将发生改变。你将不再把他们的需求看得比你自己的需求更重要。

你很可能注意到了，不准用“好人”这一限制并没有难住任何人，包括你自己。事实上，要是“好人”真的对你的自我概念或者对他人对你的看法不可或缺，那么不准用“好人”的限制应该会让你收集描述词的任务变得非常困难才对。

构建你的理想自我概念

请问问你自己：既然我是一个康复的取悦者，我希望怎样看待我自己？这一次，你可以先在日记中写下“我作为康复取悦者理想中的自我概念”，然后在这个标题下写出 10 个词语或描述短语。

这张清单可以包含上一清单中的很多词语，只要它们适合于你的理想自我概念。但是，你不必非得包含先前列出的任何词语。选择权在你手里，除了不能选“好人”。这张最终的清单代表着，你作为一个康复的取悦者力求实现的行为、思维和情感。

“假装”疗法

从今天开始，你将假装你就是理想自我概念清单上描述的那个人。请用你选择的那10个词语或短语来引导你的行为、思维和情感。

让你“假装”你的理想自我，这并不需要你做任何戏剧化的事情，也不需要你拿出额外的时间。这只需要你采取“假装”心态。你可以今天就开始拿出一个时段来采取这种心态，早上、中午或晚上都行。以后，每天你都要增加采取假装心态的时间。做一个理想的自我，这很快就会变成第二天性。

你实际的行为方式跟你的理想自我概念越接近，这对你增强自尊就越有利。要想增强自尊，最直接的办法就是假装你就是你的理想自我。

假装你就是理想中的自我，这并不是让你撒谎，也不是让你虚伪地表现自己。相反，这些应该是你“最理想的自我”力求具备的个性品质或性格特征。

设想并假装你的理想自我，这是为了给自我改善定一个完全可以实现的理想目标。

第12天总结

★ 列出10个你认为能准确描述你自己的词语，其中不能有“好人”这个词。

★ 找出四个跟你最亲近的人，让他们分别用10个词语描述你的为人；这些词语中不能有“好人”这个词。

★ 请注意，你已经告知了那四个人，你正在努力从取悦习惯中康复。

★ 复习上述清单，它们可以作为反馈，帮助你了解你自己以及你与他人的人际关系。努力让自己相信“不当好人也没关系”。

★ 列出除了“好人”之外的10个词语或描述短语，用它们构成你作为一个康复取悦者的理想自我概念。

★ 从今天开始就拿出一个时段来“假装”你就是你的理想自我，以后每天都要增加这种“假装”的时间。

第13天

愤怒量表

今天你将开始学习愤怒和冲突管理技能。你一直用取悦来逃避愤怒和冲突，所以你管理愤怒的经验极其有限。现在，你将学习怎样安全、恰当、不失控地感受和表达愤怒。

制作你的个性化愤怒量化表

你首先要制作一张个性化的愤怒量化表。一旦你察觉到有什么事或人让你烦躁不安了，你将立刻用这张量化表来评价你的愤怒程度。

使用愤怒评价量化表可以非常有效地帮你避免失控。立刻分析和评价你的消极情绪，把它们具体化，这种做法恰恰可以让你的情绪跟你想要胡乱发泄的冲动保持距离。

此外，通过用量化表评价你的愤怒，你还可以让你的理智接管控制权。只要掌管一切的是你的理智而非你激动的情绪，你的愤怒就会得到有效的管理和控制。

愤怒管理的挑战在于：你要想办法防止愤怒恶化到失控的程度。

一旦你的情绪开始变得激动，愤怒管理就应该开始，而不能等到你的愤怒眼看就要失控的时候。

为了制作你自己的愤怒量化表，请拿出一张标准尺寸的纸，在距离左边大约 1 英寸的地方画一条上下贯通的竖线。

在线的最下端、正中间以及最上端分别标上“0”“50”和“100”三个刻度。然后，用稍微短些的线依次标出“10”“20”“30”等刻度。

在“0”刻度的旁边写下“冷静的 / 丝毫没有愤怒的”。现在，你将给余下的每个刻度线都加上一个文字标签。你将需要 10 个词语，它们按照从低到高的顺序，分别代表越来越强烈的愤怒程度。

下面列出的词语没有特别的顺序，你可以用它们来描述愤怒被唤醒的不同程度。你既可以从下面的清单中挑选词语，也可以另找你认为合适的词语。

你会注意到，“angry”（愤怒的）这个词在下面的清单中仅出现了一次。你可以用“angry”定义量化表上的任何一个刻度，但这个词你只能使用一次。

你的个性化愤怒量表可以选用的词语

大怒的（infuriated）
失望的（disappointed）
恼火的（burned up）
气愤的（resentful）
沮丧的（frustrated）
气得冒烟的（fuming）
愤怒的（angry）
心烦的（hassled）
烦乱的（upset）
恼怒的（irritated）
大发雷霆的（boiling over）
怒冲冲的（exasperated）
暴怒的（furious）
激动的（seething）

狂怒（rage）
勃然大怒（blowing my top）
恼火（vexation）
心怀敌意的（antagonized）
不开心的（displeased）
暴怒（enragement）
烦恼的（bothered）
盛怒的（irate）
激愤的（vehement）
恼火的（aggravated）
气恼的（ticked off）
恼火的（provoked）
恶意的（vicious）
不耐烦的（impatient）
暴怒（fury）
勃然大怒（blowing a fuse）
烦恼的（vexed）
不满的（dissatisfied）
恼火的（annoyed）
暴怒的（enraged）
焦虑的（disturbed）
厌烦的（pissed off）
易怒的（passionate）
大怒的（infuriated）
发脾气的（ferocious）

评价你的愤怒。现在，你有了一张个性化的愤怒量化表，它有 10 个在情感上对你有意义的刻度。接下来，你需要评价一些愤怒事件，以便真正熟练地使用这个量化表。

你需要搜寻你的记忆。即使你从来没有对别人表达过愤怒，那也不要紧。你现在的目标只是要回忆起一些曾经让你变得不冷静的事件。

为了帮你回忆起这样的事件，我设计了下面的问题。你会注意到，每个问题中都使用了“某种程度的愤怒”这一措辞，以泛指可以在你的个性化愤怒量化表上显示的任何情绪。请试着从你的记忆中为每个问题找出一个符合的事件。当然，如果某个问题对你不适用，你可以跳过去，接着看下一个问题。

当你已经确定了各个事件的等级之后，请用一些识别词来标记各个事件（比如“1992 年跟父亲争吵”或者“因计算机备份跟同事发生争执”)。然后，在愤怒量化表上给这些简短的事件描述找到恰当的刻度，并写在对应的文字标签右边。

让你愤怒的事件

1. 你能否记起有那么一回，你对你的母亲感到过某种程度的愤怒？

2. 你能否记起有那么一回，你对你的父亲感到过某种程度的愤怒？

3. 你能否记起有那么一回，你对你的兄弟姐妹感到过某种程度的愤怒？

4. 你能否记起有那么一回，你对你的配偶、女友或男友感到过某种程度的愤怒？

5. 你能否记起有那么一回，你因金钱或财务往来而感到过某种程度的愤怒？

6. 你能否记起有那么一回，你因涉及性的问题而感到过某种程度的愤怒？

7. 你能否记起有那么一回，你对你的雇主或员工感到过某种程度的愤怒？

8. 你能否记起有那么一回，你对你的同事或客户感到过某种程度的愤怒？

9. 你能否记起有那么一回，你对你的医生感到过某种程度的愤怒？

10. 你能否记起有那么一回，你对你自己感到过某种程度的愤怒？

找出你的调定点

在你的个性化愤怒量化表上有一个调定点，一旦超过这个点，如果你不马上采取行动解决问题，那么你的愤怒就极有可能迅速升级、爆发或彻底失控。请利用你个人的经历和信息，在你的愤怒量表上找出这个点。

这种危险并不意味着实际的伤害威胁。当你达到自己的危险点时，你的愤怒程度会让你非常担心你也许会失控。

至于这个点在量表上的什么位置，不同的人有相当大的个体差异。对有些人来说，这个点在“50”刻度线那里；而对另一些人来说，直到他们的愤怒程度达到“75”或“80”，他们才有可能失控。还有一些人的危险点更低，可能到了“40”或“45”就会失控。

你的目标是要找出你自己在愤怒量表上的危险点。请确定当你的愤怒达到什么强烈程度时，你会担心失控。然后，把你选定的刻度减去 10 点，留出一个安全区，好让你能在达到危险点之前采取行动。

危险点减去 10 点就等于你要采取行动的调定点。用蓝色的记号笔把你的调定点圈出来，然后再用红笔把你的危险点圈出来。当有任何情境达到调定点时，你就会知道你必须马上进入问题和冲突解决模式（这将在第 19 天讨论）。

怎样使用你的愤怒评价量化表。你现在已经练习过了把以往让你愤怒的事件放在你的个性化愤怒评价量化表上。从今天开始，你将注意那些哪怕是最轻微的愤怒。请记住，量化表上任何超过“0”的位置都意味着你被激怒了，不管你的愤怒多么轻微。

你将不再否认、压抑或试图逃避你自己的愤怒。而且，你将不再用取悦策略来防止别人生你的气。得不到表达的愤怒往往会在平静的表面下翻涌，变得越来越强烈。压抑的愤怒多半会升级到危险点，变得难以控制。听起来似乎矛盾，过度控制的愤怒几乎总是会变成无法控制的爆发。

从今天开始，你的新策略是注意并尽早察觉你的愤怒。这意味着你需要留心愤怒量表上心烦、沮丧、恼火以及气恼所在的低端区域。你现在知道，这些情绪是更强烈的愤怒的前兆。

至少要把你的愤怒量化表复印三份（所有的标签和事件说明都得带上），分别放在家里、办公室和钱包中。要努力练习尽早察觉愤怒的预警信号。当你感到疲倦、紧张或苦恼时，或者是在你容易变得烦躁的其他情况下，你更得特别注意。

一旦有什么人或事让你感到有点儿烦躁、心情不好、恼火或气恼，就请拿出你的评价量表测定一下。除非你能肯定你很冷静，丝毫没有生气（即处在“0”刻度），否则你就很可能已经被激怒了，尽管很轻微。

如果你不能肯定你丝毫没有生气，那你就要用量表评价一下，即使你还不能确定是什么让你感到心烦或气恼。你要密切注意你的愤怒程度。这仅仅意味着你察觉到了你有些烦躁，你的愤怒可能会升级。

一旦你察觉到了，你就会注意愤怒程度的变动。你必须密切关注你的愤怒是否在接近调定点。请记住，一旦你达到调定点，你离情绪很可能会失控的危险点就不远了。

如果你达到了调定点，你就需要采取行动，通过单方面的手段或恰当的问题解决互动来降低你的愤怒程度。在接下来的几天里，你将学习这些技巧。

第 13 天总结

★ 制作一张个性化的愤怒量表，找出 10 个恰当的词语来指示 10 等分的刻度。

★ 利用上面的问题帮你回忆过去曾让你变得不冷静的事件，评价你当时的愤怒程度，然后把这些事件放到评价量表的恰当位置上。

★ 找出你很可能会失控的危险点以及你要马上采取行动的调定点。

★ 把你的个性化量表多印几份，放在容易拿到的地方，这样每当你感到有点儿烦躁或气恼时，你就可以拿出量表测定一下。

★ 通过评价你的愤怒并密切注意愤怒程度的变化，你将让理智接管控制权，从而能更有效地管理和控制你的愤怒。

第14天

放松呼吸

今明两天你将学习愤怒管理的两项关键练习：放松呼吸和渐进放松。

请在家里或别处找个能让你安静、放松的地方，最好有床、沙发、吊床或躺椅能让你躺着。当然，如果你觉得舒服，你也可以躺在地板上。

放松呼吸需要你拿出3～5分钟有节奏地深呼吸。根据你的喜好和偏爱，你可以把灯光调暗，放上轻柔的音乐，或者点上有香味儿的蜡烛。总之，你要很轻松地营造一个有助于放松的环境。不要费太大的力气，因为在接下来大约一周的时间里以及你此后独立康复的过程中，你还要重复这项练习。

准备好了之后，请躺下并闭上你的眼睛。用鼻子做次深呼吸；吸气时慢慢数到5秒，屏住气停1秒，然后以同样的方式用嘴呼气，慢慢数到5秒。

请照上面的方式重复呼吸。在继续这样深呼吸时，请想象海浪轻柔地拍打着沙滩的画面。在慢慢退回海中之前，海浪会有1秒钟的凝固。这样的想象有助于控制有节奏的深呼吸。这项深呼吸练习要持续3～5分钟。

几乎所有的深度放松、自我催眠、冥想以及其他减压方法都包括放松呼吸。即使只是每周有几天拿出5分钟练习放松呼吸，这也会让你整个的身体和情感大大地受益。

不要努力放松；要顺其自然。不管做什么，只要你在努力，你就不会放松。无论是放松呼吸还是其他的放松技巧，你都不能想着要努力把它做得正确或完美。一旦你在注意和评判你做得如何，你就再也不是在放松了。

渐进放松练习

在做放松呼吸的过程中，你可以开始第二项练习：渐进放松。

你要一边继续有节奏的深呼吸，一边把你的“心、眼”或注意力集中到你的右手上。与此同时，你要大声地念或者默念：“我的右手正变得越来越沉、越来越暖。”

过了大约 30 秒之后，你会感到你的右手确实变沉了，正沉入你躺着的床或沙发里。而且，你会感到你的右手变得越来越热了。

接下来，保持深呼吸，并把你的注意力转移到你的右臂上，同时默念：“我的右臂正变得越来越沉、越来越暖。”

当你感到右臂变沉、变热了时（约需 30 ~ 60 秒），请把注意力转移到你的右肩。继续深呼吸，逐渐把你的注意力转移到身体的其他部分，并默念“变得越来越沉、越来越暖”。

继续转移你的注意力，直到沉重和温暖的感觉传到了你的左脚和脚趾。请注意这种感觉怎样传遍你的全身。这样做是为了渐进地放松你身体的每一个部分。整个练习应该需要 5 ~ 15 分钟。

在接下来的几天里，你将把这两项放松技巧跟其他的愤怒管理方法结合使用。你还会发现，这两项技巧也可以非常有效地管理一般的焦虑和紧张。

第 14 天总结

★ 练习放松呼吸；今天至少练习两遍，每遍 3 ~ 5 分钟。不要努力去放松，也不要试图评价自己做得好不好；只管顺其自然。

★ 然后，一边继续放松呼吸，一边练习渐进放松。从右手开始，到左脚结束，练习逐渐地放松身体的各个部分。

★ 今天，你可以把这两项放松练习当作你的两项娱乐活动。

第 15 天

怒气上升

愤怒管理的目标是让你学会怎样阻断和缓和趋于升级的愤怒。要想达到这个目标，一个重要的方法是运用自我诱导的放松方法来消解被激起的愤怒。

为了练习减轻愤怒，你首先需要学习让自己感到愤怒。通过允许自己在一个安全的环境中变得愤怒，你可以弄清楚你的思维和情感怎样加剧或减轻愤怒。正如你将会看到“怒气上升”的思维和情感会放大和夸大事态，使事态变得更加严重。相比之下，“怒气下降”的思维和情感是理智和慎重的，旨在避免失控。

用想象的场景激起愤怒

在第 13 天，你回忆了过去让你感到愤怒的一些事件。对于你能回忆起的每个事件，你在个性化愤怒量表上评价了你的愤怒程度。

现在，从你的个性化愤怒量表上挑出两个事件：一个是愤怒程度最高的，另一个是愤怒程度较低或适中的。如果可供选择的事件不止一个，那就挑你记得最清楚的——可能是发生时间最近的。

你需要为每个事件写下几段文字，作为诱发愤怒的场景。你的目标应该是构建两个场景，它们将能让你切实地感到愤怒。这两个场景激起的情感反应，应该跟你在真实事件中的感受非常相似。

请把自己想象成一个体验派演员，为了演好场景，你需要变得非常愤怒。体验派演员会利用自己真实的生活经历，从感官记忆中再现情感反应。为此，他们要想象和回忆跟试图再现的情感相关的感官线索。

你现在要用过去的两个事件来诱发愤怒。为此，你需要在脑海中再现跟每个事件相关的、让你感到最愤怒的场景或情境。在描述愤怒经历的真实情境时，你一定要把能想起来的其他感官记忆也都包括进去，它好让你的想象变得生动逼真。当时在下雨或者在刮风吗？阳光灿烂吗？你能听到什么声音吗？或者其他有关的人在哭喊吗？

尤其要回忆起你体内对愤怒的生理感觉。你的心在怦怦地跳吗？你攥紧了拳头、咬紧了牙关吗？你在流汗吗？你能再现身体中的紧张吗？

你不需要回想争论的所有事实细节，也不需要评判谁对谁错。但是，你的回忆会让你在脑海中重回事件，再现你当时感受到的愤怒。

增加“怒气上升”的思维。因为你想要诱发尽可能真实的愤怒，所以你应该有意识地再现场景中“怒气上升”的思维。实际上，这些思维只是为了让你的愤怒变得更加强烈。“怒气上升”思维是你感到冤枉时自我对话的典型方式。这样做会强化你试图重现的愤怒情感。通过有意地把“怒气上升”思维加进你的场景中，你就会变得对这些思维敏感，当你下次再处于让人恼火的情境时，你就能尽早察觉它们的毒性作用。

下面是一些“怒气上升”思维的描述和例子：

- **让糟糕的情境变得更加糟糕**。这种思维会让糟糕或不幸的情况变成灾难。使用可怕的、最糟糕的、毁灭性的或者令人震惊的这种词语，这会让你的愤怒变得更加强烈。其他典型的“灾难化”思维包括：

"我绝对应付不来。我讨厌他冲我大喊大叫。"

"这是我碰到的最糟糕的事情了。"

"这实在太可怕了/太糟糕了/太恐怖了/太令人震惊了!"

- **搞破坏的"应该"**。这种思维会用"应该"(或者"应当""须得""必须""一定要")苛求或强求你自己或别人。当你的期望得不到满足时,这种强求只会让你感到愤怒和烦躁,而且还会让你觉得自己很有理。这样的例子包括:

"他人应该永远也不拒绝我或批评我,毕竟我为他们做了那么多。"

"他不应该那样对我!"

"我为他们做了那么多,他们就应该在我需要的时候出现。"

- **消极的标签或污言秽语**。难听或者骂人的话会让愤怒变得更加强烈,给他人或者情境贴上消极的标签也有同样的效果。这样的例子包括:

"那个虚伪的马屁精!"

"这台电脑就是一堆垃圾/一坨屎!"

- **夸张和夸大**。这会不顾事实地夸大情境的重要性、模式或者趋势。像"永远不"或"总是"这样的词语会夸大认知,从而使愤怒反应变得更加强烈。这种思维的例子包括:

"他总是拖拖拉拉。我这一整天又要被他给毁了!"

"她永远只考虑她自己。"

"他竟然那样对我,我永远也不会原谅他。"

- **揣摩心思、臆想事实以及片面思维**。这就是说,你会臆想一些事实来支持你的愤怒,既不去核实,也不考虑其他可能的解释。不顾事实地把全部过错都归于一方,或者臆想不良的动机,这会让你变得更加愤怒。这样的例子包括:

“这全是他的错。”

“这一切都是我搞砸的，都是我的错。”

“这个家伙就是想惹我发脾气。”

完成你的场景。现在，你应该有了两个完成的场景，它们都基于曾经在一定程度上激怒过你的事件。

这两个事件场景应该都包括一两段描述性文字，使你能够“看到”你自己怎样变得愤怒。你的描述应该既包括内心感受，也包括你愤怒的外在表现。

你的场景还应该包括至少两三种“怒气上升”思维，比如上面提到的那些。你可以在一个句子中结合使用两种以上的“怒气上升”思维。

练习放松。明天，你将学习怎样把放松练习跟激发愤怒的场景相结合。练习放松呼吸和渐进放松很重要。你越擅长自我诱导的放松，你就会越擅长愤怒管理。

第 15 天总结

★ 从你的个性化愤怒量表上挑出两个曾经激怒你的事件：一个是愤怒程度最高的，另一个是愤怒程度较低或适中的。

★ 为每个事件编写一个场景，使你能够“看到”当时你的愤怒怎样逐步升级。要使用生动形象的感官描述。既要描述你的内心感受，也要描述愤怒的外在表现。

★ 每个场景还应该包括至少两三种“怒气上升”思维。

★ 练习放松呼吸和渐进放松。

第 16 天

怒气下降

今天你将学习先让自己变得愤怒，然后再阻断和逆转愤怒唤醒。你将把激发愤怒的场景跟放松呼吸和“怒气下降”思维结合起来。

当你完成了今天的训练，你就不会再那么害怕你自己的愤怒了。你会知道，你有能力让自己感到愤怒，而且更重要的是，你也有能力阻断愤怒的升级，让自己冷静下来。

“怒气下降”思维

昨天，你把“怒气上升”思维（有缺陷的思维，会让愤怒变得更加强烈）结合到了你的场景中。今天，你将学习用理智、冷静的自我对话来有效地对抗激化愤怒的有害思维。

下面是“怒气下降”思维的例子：

- **对抗那些会让糟糕的情境变得更加糟糕的思维。**要消解会把问题变成灾难的极端思维和夸张思维，要把问题化解为你能应对的恼怒或失望。这样的例子包括：

  “这不是我碰到过的最糟糕的事情，仅仅是一个令人不愉快的小问题，我完全能应付。”

“这是有点儿让我心烦，但还没到糟糕透顶的地步。我还能克制。这跟我以前恰当地处理过的很多事情没什么不同。”

“要保持冷静。我能应付这事儿。人生会遇到很多的灾难和悲剧，但这事儿不算什么。这不过是个小小的考验。”

- **对抗搞破坏的“应该”**。把要求重新表述为偏好或愿望。要提醒你自己，你不需要对整个世界负责，别人也没有义务按照你所谓的“应该”去做。这样的例子包括：

“但愿别人不会批评我，但我能够设法从他们的反馈中受益。”

“如果我知道别人会在我需要的时候出现，那我当然会更高兴。但是，我不能期望仅仅因为我说了应该怎样，他们就会怎样去做。”

“我但愿他会友善地对待我，但我管不了别人怎么做。”

- **对抗消极标签和污言秽语**。要反驳你的咒骂和粗鄙言语，要打消你想主观地给情境贴上消极标签的念头；这些东西只会让你变得更加愤怒。这种“怒气下降”思维的例子包括：

“他不是虚伪的马屁精；他只是一个让我生气的家伙。”

“这台电脑只是出了故障，还能修好。它实际上很有用，不是一无是处。”

- **对抗夸张和夸大**。不能允许夸大的言词存在。人们很少能符合“总是”或“永不”之类的标准。要用准确、适度的表述取代夸张的表述。这种“怒气下降”思维的例子包括：

“他时常迟到，但并非总是这样。另外，我不必让他的拖拖拉拉毁了我的一整天。我能抗住这样的时间压力。”

“她似乎很多时候都是首先想到她自己。但是，我不知道她一直是怎么想的。不过，我肯定不能指望她会成为我的好朋友。”

“我也许很难原谅他，但是时间会让我淡忘痛苦的记忆。或许有一天我会原谅他，但不是现在。”

- **对抗揣摩心思、臆想事实以及片面思维。**不要允许自己不加验证地臆想事实。只有一个人有错或者该承担责任，这种情况非常罕见。通常来说，一个巴掌拍不响，事情的发生不会只有一个原因。这种“怒气下降”思维的例子包括：

  “这事儿并不完全是他的错。他可能有责任，但不能全怪他。”

  “我不该这么急着责怪自己。我还没有那么大的能量造成这一切。但是，我会检讨我的行为，看看我跟这个问题是否有关系，以免我日后再犯同样的错误。”

  “这家伙让我很烦，但他是不够了解我，所以才会招惹我。这个家伙只是在做让我心烦的事儿，但我能应付，根本不会大发脾气。”

写出“怒气上升”和“怒气下降”陈述。拿出你昨天编写好的两个场景，把其中的“怒气上升”思维标出来。

现在，拿出一张白纸，从中间画一条竖线，把它分成两半。在左边的顶端写下“怒气上升思维”，在右边的顶端写下“怒气下降思维”。

接着，依次把你从场景中标出来的陈述抄写到左边这半张纸上。对于每个“怒气上升”陈述，根据上面的解释和例子，在右边写下一个起对抗作用的“怒气下降”思维。

检查你的“怒气下降”思维，确保它们是准确的，不含有刺激性或夸张的词语或想法。

把一切装配起来：怒气上升，怒气下降

你现在可以把你的愤怒管理技巧装配起来了。先躺下做 3 ~ 5 分钟

的放松呼吸。

当你感到自己已经很放松了，坐起来。你心里想着一个场景，大声阅读相应的“怒气上升”陈述。要念得跟真的一样，感受愤怒的产生和升级。你的目的是再现愤怒的感觉。你的呼吸在加快，你的血压在上升，你全身的肌肉都在绷紧。请感受你的愤怒，至少一分钟。

一旦你感到愤怒了，就让自己冷静下来。再次躺下，重新开始放松呼吸。想象海浪轻轻地拍打着海岸。把你的注意力集中在四肢上，假想它们正变得越来越沉、越来越暖。注意你开始变得多么放松。

大约 1 分钟之后，大声阅读来自场景一的“怒气下降”思维。你正在用这些“怒气下降”思维，具体地对抗刚刚致使你感到愤怒的“怒气上升”陈述。一定要保证你的拳头和牙关都松开了，全身的肌肉都不再紧张了。

让自己至少放松几分钟。当你再次感到完全放松了时，坐起来，再次大声重复来自场景一的“怒气上升”陈述。提高你的嗓门，攥紧你的拳头。要投入，要再次真正地努力变得愤怒。可以试着用拳头捶桌子，或者用脚跺地板，以强调你的愤怒。

过了一两分钟之后，重新进入放松状态。跟前次一样，开始放松呼吸，并用平静、柔和的声音阅读“怒气下降”思维。

对每一个场景都要把“放松 – 愤怒 – 放松”循环重复两次。记住，每次都要有放松开始和结束。

不要害怕让自己变得愤怒。如果你能随时激发自己的愤怒，你也就能随时消解它。激发愤怒然后再消解愤怒，这证明你可以控制你的愤怒，而不是被愤怒所控制。

当你完成了两个场景的组合训练之后，请花点儿时间夸夸自己：你正在掌握一项多么重要的技能啊！当你已经被激怒时，你有能力让自己冷静下来。你已经学会了放松练习，因此当你需要冷静下来时，你可以运用放松呼吸和渐进放松。通过教会自己怎样诱导放松，你为自己的愤怒创造了一种行为镇静剂。

第 16 天总结

★ 写下“怒气下降”的修正思维，对抗“怒气上升”的有毒思维。

★ 把一张纸分成左右两半，在左边列出两个愤怒事件场景中的“怒气上升”思维，在右边列出对应的“怒气下降”思维。

★ 交替进行放松与愤怒唤醒的训练，把整个愤怒管理训练结合起来。先用“怒气上升”思维激发愤怒，跟着再用放松和“怒气下降”思维消解愤怒，让自己冷静下来，这是愤怒管理训练的基础。

★ 你知道你能阻断愤怒的升级并让自己冷静下来。你已经证明了你有这种能力。通过不断地练习，你会对自己的愤怒管理技能越来越有信心。

第 17 天

暂　停

作为一个康复的取悦者，你将不再需要用取悦策略来逃避冲突或对抗。这并不意味着你现在会故意跟周围的人斗气儿或吵架，也不意味着你会跟家人、朋友或陌生人对着干。

请记住，愤怒的对抗或破坏性的冲突至少需要两个人。尽管你无法直接控制别人的行为，但你却可以控制和管理你自己的行为，从而对别人产生相当大的影响。

如果你跟周围的人发生过破坏性的冲突，或者害怕你可能会跟他们发生对抗，那你可能会请求他们合作参与预防性的冲突管理。例如，你可能希望把今天将要学习的“暂停”程序教给他们。

怎样叫“暂停”

“暂停”是一种最有效的冲突管理方法，其概念是让自己暂时离开现场，从而中止或打断冲突。这样做是为了让自己有机会重新控制你自己的愤怒，同时也间接地促使对方控制他的愤怒。

叫暂停有 6 个基本步骤：

1. 察觉你（或者对方）的愤怒正在升级的信号。

2. 用事先准备好的退场台词宣布你将离开，并说明你大约什么时候回来；发出能帮对方保全脸面的退场信号。

3. 用“破唱片”技巧转移消极反应。

4. 离开现场。

5. 用消解愤怒的方法让自己冷静下来。

6. 返回现场，宣布暂停结束。

叫暂停的步骤可能听起来容易但做起来难。然而，通过练习、准备和排演，你很快就会具备叫“暂停”以及有效地化解冲突的宝贵能力。现在，让我们依次探讨这些步骤。

第 1 步　第 1 步要求你尽早察觉你或对方的愤怒开始升级的信号。你已经制作了一张个性化愤怒量表，而且知道你应该采取行动的调定点在哪里。当你接近自己的调定点时，你将采取的行动就是“暂停”。

尽管你没有责任控制另一个成年人的愤怒，但是当你察觉到对方的愤怒信号正在升级时，你仍旧可以用“暂停”程序打断冲突过程。

这些信号一般不难捕捉。当怒气上升时，声音通常也会跟着提高。愤怒的人往往会口出恶言，或者做出一些挑衅的、激烈的、指责的手势，比如用手指戳戳点点。

就捕捉愤怒升级的信号而言，你要相信自己的直觉。像狗或其他动物一样，作为一个人类，你天生就有能力察觉同类的攻击性。当一条狗察觉到来自另一条狗的攻击性时，它后背上的毛会竖起来，它所有的感觉器官都会进入全面戒备状态。

如果另一个人正在变得对你具有攻击性和威胁性，你也会通过你的防御反应察觉到。你可能会感到脖子后面的汗毛几乎都直立了起来，或者，你会发现自己正在后退，远离那个让你害怕的人。

即使你知道自己很容易受到威胁，你在抑制冲突时也最好多一些谨慎。在这里底线很简单：如果你感到害怕了，这正是你该叫暂停的时候。

请注意，你要负责叫暂停。你不能跟对方说他正变得过于愤怒、反应过激或者即将失控。这些指责很可能只会激起更强烈的攻击性。很少有人会对让他们冷静的劝告做出积极反应，尤其是在他们已经被激怒的时候。告诉某个人他反应过激了，这等于是否定了那个人自己的感觉，几乎一定会让他变得更加愤怒。

然而，通过为自己叫暂停，并解释说你需要更好地控制自己的愤怒，你会给对方树立一个恰当应对的榜样。当你表明你需要时间冷静一下避免说出过后会感到后悔的话时，你就会间接地暗示对方他也应该这样做。

第2步 “暂停”程序的第2步是用精心排练过的退场台词宣布你将离开一段时间。你最好能够说明你要过多长时间才能回来。你必须承诺你会在合理的时间内回来继续讨论，否则你的离开就会让对方感到沮丧，会给他的愤怒火上浇油。

下面是一些可供练习的退场台词。请注意，其中有些台词也向对方发出了间接的退场邀请，顾及了对方的颜面：

- “我需要些时间重新考虑一下。我会在明天之前/（具体时间）/几小时之内再联系你，结束我们之间的谈话。”
- “我快要发脾气了；我不想闹到那个地步。我需要些时间冷静一下，这样我们才能用建设性的讨论解决我们的问题。”
- “我需要离开一会儿，冷静一下。我不想说出一些将来会后悔的气话。我相信你能够理解。稍后我会给你打电话，我们再另外安排时间商谈并解决问题。”

- “我开始生气了；我不想那样。我需要出去走走，冷静一下。等我回来，我们将结束这次商谈。”
- “我们的讨论越来越有火药味儿了。我不想让自己失去控制。我需要些时间冷静一下。我稍后 /（具体时间）/ 明天 / 几小时后再联系你。”
- “我不得不叫暂定了。我需要些时间冷静下来，这样我才能清晰地思考。我一生气就听不进别人的话了，而我希望听清你说的话。当我冷静下来时，我会再跟你联系。”

第 3 步 “暂停”程序的第 3 步至关重要。有的时候，尤其是在对方以前没有听说过或者不同意“暂停”的情况下，他可能会阻止你离开。对方甚至可能会利用你的离开声明故意激怒你，比如他可能会说：“你别想像个胆小鬼一样逃走”，或者说：“你想离开是什么意思？我讲话的时候谁都不能走开。想都别想！”

你必须要对这种抵制有思想准备，并用你的“破唱片”技巧与之抗衡。你可以利用下面的台词或者其他说辞来对付。只是你要记住，不要上当，不要辩解，也不要跟对方争论他对你的指责。

- “我理解你感到惊讶。你愿意叫我什么都行，反正我不想跟你争吵。我需要离开冷静一下。我保证我会在（具体时间）回来。”
- “我理解你的愤怒。我们俩都很愤怒，而这恰恰是我需要离开一会儿的原因。我得冷静一下，这样我才能保持克制，才能听进去你说的话，才能避免说出将来会后悔的话。我会回来的，到时候我们再把这个问题解决。”
- “我知道你认为我是在躲避你。我这样做是出于对你、对我自己的尊重。我是要控制自己的愤怒，而不是逃避你，这样我才能避免失控。等我回来时，我们可以理智地把这个问题解决。”

你要相信叫暂停是一件光荣体面的事，这一点至关重要。这是你打断和控制冲突的机会。这跟战败时的“投降”“背叛”“逃跑”或者“缓兵之计”不是一回事。

请想想体育比赛中的“暂停”。教练叫暂停是为了给队员出主意，调整队员的态度，打乱对方的进攻节奏，或者以其他方法帮助队员赢得比赛。就像在体育对抗中一样，当你叫暂停时，你是在行使调整策略和战略以及喘口气的权利。

不要道歉；你完全有权利歇口气，避免事态失控。也不要过多解释。如果你已经说了你打算离开，而且也就对方的指责和质疑做出了一两次回应，那么你就不必再多说什么，只管离开就是了。

第 4 步 “暂停”程序的第 4 步直截了当：离开。要克制激动的、愤怒的、挑衅的离开姿态，比如摔门而去或者猛踩汽车的油门踏板。如果你们在通电话，你只需告诉对方你要挂电话了。然后，跟对方说再见，并轻轻地放下听筒；不要使劲儿摔。

如果对方已经非常愤怒了，以至于他试图用身体阻止你离开，那么请不要尝试把对方推开。你要知道，如果对方已经失控到了这种地步，那么你的暂停肯定是叫晚了。

尽管如此，如果对方挡住了你的去路，你应该懂得“离开”谈话的唯一办法就是拒绝交谈。你可以这样告诉对方：

你把我强留在这里毫无意义。我必须先冷静下来，否则我既不听你说，也不跟你谈。让我有时间冷静下来，这对你我都有好处。我保证我会回来继续跟你讨论。

第5步 到目前为止，这一步我们已经很好地排练过了。你知道该怎样打断自己趋于升级的愤怒。这是你在愤怒管理训练中一直练习的东西。不要利用“暂停”来图谋报复计划、诅咒、摔东西或者踢东西。这些行为只会浪费时间，只会让你变得更加焦躁和愤怒。

用放松呼吸和渐进放松让自己冷静下来，用“怒气下降”思维消解愤怒。

即使你叫暂停的真实用意是要打断对方的愤怒升级，你还是应该让自己也冷静一下。如果你觉得受到了威胁，那么你的防御反应肯定会被唤醒，以保护你自己。愤怒有非常强的传染性。如果对方已经失控，那你就可以假设你可能比你自己想象的更愤怒。

第6步 最后这一步必不可少。你必须返回现场，继续讨论并表明解决冲突的办法。如果你觉得对方的愤怒对你威胁太大，你不想继续面对面的交谈，那么你可以通过电话来尝试解决问题。

当你宣布暂停结束时，你应该表明你已经做好了继续讨论的准备。然而，你还应该问问对方是否也做好了继续用建设性对话来解决问题的准备。在接下来的几天里，你将学习更多有效解决问题的方法。

当你回到讨论中时，你应该感谢对方也叫了暂停，但是不要感谢对方“允许”你叫了暂停。你完全可以认为，当你叫了暂停时，对方自然也跟着叫了暂停。

你还应该表明你的意图是解决问题。与此同时，你应该建议对方，如果冲突再次趋于失控，你可以再次叫暂停让你自己冷静下来。不要把这弄得像威胁或者是最后通牒；这只是一个信息点，暗含着控制住火气对每个人都好的意思。

你应该把叫暂停的知识和经验与周围的人以及可能跟你发生冲突的人分享。如果双方事先在原则上就认同暂停，那么当你（或者对方）在真实的冲突情境中行使叫暂停的权利时，事情就会进行得更顺利。一旦你跟他人达成了长期有效的暂停协议，并且分享了你使用暂停的成功经验，那你对冲突的恐惧就会大大地减轻，你的控制感则会大大地增强。

冲突解决须知

当你宣布暂停结束时，你需要把注意力集中在冲突的解决上。下面这些沟通建议很重要，可以让你的问题解决努力变得更有效：

1. 不要使用夸张的语言，比如“你从来不”“你总是”或者“你一贯”。

2. 不要让对方为你的感受负责，不要说“你让我感到自己很愚蠢”或者“你伤害了我的感情”之类的话。

3. 要对你自己的感受负责。要具体地描述对方的行为以及你的情感反应。例如，“当你提高嗓门时，我觉得你很失礼”，或者“当你取笑我时，我感到很伤心、很愤怒”。

4. 要采用 A、B、C、D 的沟通方法：“当你做了 A 时，我感到 B；而如果你做了 C，那我就会感到 D。”例如，“当你拂袖而去时，我感到沮丧和愤怒；如果你跟我说了你需要叫个暂停，那我就会感到宽慰，还会感激你让我也有机会冷静下来。

5. 要利用移情。要试着站在对方的角度看问题，要努力感受对方之所感。

6. 要认真地倾听。尽量不要打断对方。如果你有没听懂的地方，你要让对方做出进一步的解释。

7. 不要评判对方的感受是否正当。例如，不要说“你反应过激了”或者“你太可笑了，太小题大做了”。

8. 要复述你的理解，确保你没有误解对方的意思。例如，要采用

“那么，你想说的是……”或者“如果我的理解没错的话，你觉得……”这样的表述。

9. 要商定计划并遵照执行。要用“停止行动”的方法来监控冲突过程。例如，如果商谈正在偏离主题，你要说：“我想我们正在偏离主题。让我们接着讨论你怎么看这个问题吧”，或者说：“我们在努力地一步步地达成富有创造性的解决方案。让我们回到正题，看看我们已经讨论了哪些步骤以及接下来该做什么。”

10. 要征求对方的建议，用来纠正对方感觉你做得不恰当的地方。例如，你可以这样说：“你觉得我这样说伤害了你的感情，那么你希望我怎样说呢？”

第 17 天总结

★ 学习用“暂停”程序来管理冲突的 6 个步骤。

★ 练习“暂停”和“破唱片”技巧的台词，如果可能的话，找个朋友来帮忙。这些台词至少要练习 3 ~ 5 遍，直到你能坚定、直接、不含歉意也不带戒备地宣布你将叫暂停。另外，你还不能表现出敌意，也不能提高你的声调，不能让你的表述听起来像是在请求对方允许你离开。

★ 请注意，通过反复练习“暂停”程序和愤怒管理训练，你对潜在的愤怒和冲突的焦虑和紧张就会减轻。

★ 当你宣布暂停结束时，你要遵循有效的沟通和问题解决的原则。要用建设性的语气进行沟通，这会降低你再次被激怒的可能性，还会提高双方成功地解决冲突的可能性。

第18天

压力接种

今天你将学习怎样在模拟的冲突情境下使用“怒气下降”的自我陈述。这些陈述将帮助你做好准备，以便有效地应对真实冲突带来的压力。这些陈述还可以帮你监测和控制冲突期间愤怒的升级，抑制你想要做出挑衅或攻击性反应的倾向，从而也避免你激怒对方。

像生物接种一样，压力接种的概念也是少量地接触你害怕的情境，从而降低你的敏感度，让你形成压力耐受性。

“加道尔护盾”（Gardol Shield）与你肩头的教练。有了这些强有力的技巧，你将不用再没有保护、没有准备地面对造成焦虑的冲突情境。利用两个强大的概念，你将大大地增强果断地应对冲突和对抗的信心和能力。

第一个令人欣慰的概念是起保护作用的“加道尔护盾”。这个概念源于大约30年前电视上播放的一则牙膏广告——那个时候，广告一点儿都不精细。在这则广告中，一个笑容美丽动人的女郎站在透明的塑料屏障（加道尔护盾）后面，珍珠般洁白的牙齿闪闪发光。

在这个女郎炫耀她闪闪发光的微笑时，镜头外有人开始朝着她的脸上扔西红柿和其他糊状的食物。这些东西并没有让女郎花容失色，因为它们都被前面的塑料屏障挡住了，女郎则继续无所畏惧地卖弄她那光彩夺目的牙齿和笑容。

设想每当你发现自己处于潜在的对抗中时，你都被无形但不可穿透的心理“加道尔护盾”保护着。（如果你是一个“星际迷”，那你只要想想“展开护盾！”）当别人把挑衅、侮辱、批评、恶意评论等情绪西红柿砸向你时，这些东西都无法穿透那层护盾，不能给你造成情感上的伤害。继续想象你站在无形的护盾后面，而愤怒的对手恶意评论都像黏糊糊的烂西红柿一样，被护盾挡了回去，溅了自己一身。

第二个令人欣慰的概念是一个微型的你，穿戴像个体育教练，站在你的右肩，刚好够得着在你的右耳边低语。这个教练会陪着你经历潜在对抗的各个阶段，密切监控着你的行为，给你提供指导性的“怒气下降”陈述。

然而，这里所说的体育运动既没有竞争性也没有攻击性。因此，这个教练不会教给你怎样打败对方。正相反，这项运动的首要目标是避免破坏性的、愤怒的争斗。跟有人赢有人输的“零和游戏”不同，建设性冲突的目标是达成“双赢”、有效的解决方案。

有了这个教练站在你的肩上，随时给你提供“怒气下降”的自我陈述，再加上不可穿透的心理“加道尔护盾”提供的情感保护，你对冲突和压力的恐惧和敏感就会大大减轻。

指导你消解愤怒。想象在一次冲突或对抗期间，那个微型的教练正在你耳边嘀咕，给你提供“怒气下降”建议。

下面是你的教练在冲突升级的各个阶段可能会跟你说的一些话。

1. 为预期的冲突做准备。这些自我陈述的作用是在预期的对抗发生之前，调整你的态度，缓解你的压力。这些陈述会让你保持沉稳，使你不容易一上来就被对方击倒。这类自我陈述的例子包括：

- “这可能会让我有点儿心烦，但我能应付。”

- “如果我发现自己生气了或者心烦了，我知道我可以叫个暂停。”
- “我能想出一个方案来处理这个问题。”
- “我们没有任何理由争吵；一个巴掌拍不响，我相信我能控制住自己的情绪和反应。”
- “要保持灵活和冷静。做几次深呼吸。僵化固执只会让我们忽视备选方案。”
- “不管他说什么，我都有‘加道尔护盾’做保护，所以我不会受到伤害，也不会被激怒。”

2. **当对方愤怒地质问你时**。这些陈述应该提醒你，你已经做好了充分的准备，可以有效地应对愤怒和冲突。在这个阶段，你的“怒气下降”自我陈述应该最直接地针对保持控制，不让你的愤怒过度升级。这类自我陈述的例子包括：

- “要保持冷静和放松；生气也毫无意义。”
- “不要让他激怒我。”
- “要克制。我的理智掌控着局面，一切都会进展顺利。”
- “只要我保持冷静，我就不会失控。生气没有任何好处。”
- “他这样实在太糟糕了。我不会让他影响我，不会跟着他发疯犯傻、心烦生气。”
- “要放轻松，别把这事儿看得太严重。这一切最终会得到解决。”
- “我不需要证明我是对的而他是错的。我只能承认我们有个问题需要解决。”

3. **如果你被激怒了**。这些自我陈述将打断你趋于升级的愤怒，帮助你恢复克制。这些陈述应该直接专注于让你的愤怒保持在理想界线内——你可能需要变得足够愤怒以捍卫你的立场，但你不能因为太愤怒而使冲突变得充满敌意和破坏性。这类自我陈述的例子包括：

- “我能感觉到自己变得紧张了。我需要做几次深呼吸。”
- “我可能需要马上叫个暂停。我知道该怎样做，而且我完全有权利让自己冷静一下，恢复克制。”
- “重要的是我没有试图逃避。我需要坚持下去，我要相信我能引导这次讨论，促使我们双方达成一个合作的解决方案。”
- “我不会屈服，不会再变成一个取悦者。我还有其他的办法应对他的愤怒。我再也不必唯唯诺诺了。我能够捍卫我自己的立场和权利。”
- “我需要保持倾听。如果我变得怒不可遏，我就听不清他在说什么了。”
- “要听从我的教练。别忘了我有‘加道尔护盾’。”

4. **当你解决了冲突时**。这些自我陈述应该紧跟着成功的冲突解决。尽管期间可能有过一些敏感时刻，尽管你可能不得已叫过暂停，但你还是应该赞扬和认可你自己，因为你挺住了，没有屈服，没有重拾取悦于人的姑息策略。这类自我陈述的例子包括：

- “这一次我的感觉非常好。我们居然解决了冲突，而且双方都没怎么动气。”
- “我要赞扬我自己，因为我没有逃避冲突。我确实很害怕，但我的‘教练’陪着我挺过来了，我甚至能够引导冲突，促使双方达成一个可行的解决方案。”

- “我现在更加擅长应对愤怒和冲突情境了，我变得更加自信了。我已经不再像过去那么害怕了。”
- “除了恐惧本身，我什么都不用害怕。我已经在愤怒和冲突管理上下了很大功夫，我不会再走取悦于人的老路。”

5. **如果这一次冲突没有解决或者没有完全解决**。尽管没有达成预期的结果，但你还是应该为你处理冲突的过程赞扬你自己。别把问题看得太严重，要用自我陈述来开解自己，让自己不再耿耿于怀。这类自我陈述的例子包括：

- “假以时日和练习，我会变得更加擅长这种处理方式。我们这次没能解决冲突，但我们也没有变成敌人。我们同意保留分歧，这样也挺好。”
- “我为自己在这次冲突中的处理方式感到骄傲。我很遗憾他不能再合作一些或者再灵活一些。我相信，要是他不那么固执的话，这个问题肯定已经解决了。”
- “别再为这件事耿耿于怀了，那只会继续让你心烦。你已经花了不少时间，暂时先别去管它了。”
- “不是什么事情都能调停；不管怎样，我的任务不是当一个‘调停者’。我们确实没能把这个问题解决，我能接受这个事实，但我没必要把这看成是我个人的失败。”

你应该复习和练习上面的自我陈述，并设想你在对抗或冲突情境的各个阶段可以怎样使用它们。如果你愿意，你可以编写一些你自己的自我陈述。你的自我陈述越符合你自己的说话习惯和思维方式，你的“教练”就会越有效。

聆听教练的心声

一旦你用一段练习剧本学会了压力接种的技能，你就可以用它来降低自己的敏感度，让自己为预期的冲突、对抗或其他令人紧张的情境做好准备。

用下面的剧本来练习。你可以找个朋友或亲戚帮你扮演剧本中“朋友”的角色，你也可以自己扮演所有角色。

念出所有台词。请注意，教练的角色旨在模仿你的心声。在头几次练习中，你要用非常小的耳语念出教练的台词，就好像那是从你的内心发出的声音。在练习了几遍之后，不要再出声地念教练的台词，但要继续在心里默念并“聆听”。请注意教练的“怒气下降”陈述是怎样帮助你控制自己的愤怒。

练习剧本的主题是金钱。你的朋友借了你的钱，你让他还你。为了收到更好的效果，“朋友”的台词应该用愤怒的语气念出。关键在于，你要学习怎样面对和管理可能会有敌意的对抗。

在开始念剧本之前，想像有“加道尔护盾”围绕着你。当你念剧本时，你要保持这种想象。不管那位“朋友”变得多么愤怒，她的话都会被你周围看不见的护盾挡回去。

你剧本练习遍数越多，压力接种就会越有效。如果你愿意，你可以用这三个角色为另一个潜在的冲突或对抗情境编写你自己的剧本。

你：我得跟你谈谈几个月前你从我这儿借的那笔钱。我们当时说好了，你会在六周之内还钱给我，可到现在了我还没看见一分钱。

朋友：六周？我记得我们说的是六个月！你知道我现在的处境有多困难。我刚刚找到新工作，有很多的欠债要还。[开始生气了] 我真不敢相信你会这样催我。我一直当你是我的好朋友。

教练：好啦，要保持冷静。她开始激动了，但我能应付，我能保持冷静。我需要认真地倾听，不能采取防御姿态。要做几次深呼吸。

你：我理解你觉得我是在催你，但我需要你开始还钱。或许我们可以商定一个还款计划，这样你就不会有那么大的压力了。

朋友：[更加愤怒，嗓门也提高了]要是你不再嘲笑我，我就真的不会有那么大的压力了！你算什么朋友？你知道，这些年来我帮了你很多忙。为什么你非得现在就管我要钱呢？你完全有能力再等等。我还有别的债主要对付呢！

教练：别动气，要保持冷静。跟着她动怒毫无意义。她在百般辩解；她只是想让我感到内疚。我需要坚持我的"破唱片"技巧，并克制我的愤怒。如果我开始失控，这次谈话就会迅速恶化。

你：我真的很能理解你感到心烦。我知道背着财务压力很不好受。我自己也有财务困难，这正是我急着让你还钱的原因。我已经尽力体谅你和支持你了，所以我当初才会借钱给你。还是让我们来看看能不能商量出一个我们俩都能接受的还款计划吧。

朋友：[非常愤怒，大声喊道]你什么都不理解。财务压力都快把我逼疯了！你很清楚这一点，可你现在也来催我还钱！

教练：我的确得叫个暂停了，否则我就要发脾气了；我可不想那样。要冷静。要让她明白，我需要先冷静一下。

你：我可不想跟你争吵。让我休息几分钟，冷静一下。我去趟洗手间，也就5分钟吧，等我回来，我们会商量出一个解决办法。

朋友：好吧，或许你是对的。

教练：太好了！暂停之后她就会消气了。

你：[暂停过后] 好啦，让我们保持冷静，这样我们一定可以找到一个解决办法。毫无疑问，我们没必要为此争吵，我们能做得更好。

朋友：[眼含泪水] 我真的感觉糟透了。你让我感到非常内疚。我以为你会理解我的处境。我刚换了新工作，要买新鞋和新衣服。我还有其他的账单要付。你肯定不像我这样马上就需要这笔钱。

教练：不要争辩，也不要道歉或找理由。是她欠我钱。我没有义务资助她改变生活方式。做几次深呼吸。不要被她吓住。继续使用“破唱片”技巧。

你：我知道这次谈话很不愉快；我也不想这样。我认为，解决这笔钱的问题对我们的友谊很重要。这关系到我们当初的商业协议，不是个人问题。还是让我们商定分期还款的计划吧。只要我们达成了还款协议，我们俩的心里就都会好受一些。

朋友：[不太情愿，但也不那么愤怒了] 嗯，我没有能力一次还清。你得对我有些耐心。我会尽我最大的努力，但我最近的支出真的让我拿不出什么钱来了。

教练：放松。她显然很不高兴，很烦躁。千万不要挖苦她“最近的支出”，那只会让事情变得更加糟糕。我眼看就要成功了——只要我尊重她，提出一个能让她接受的解决方案。

你：好的，让我们坐下来商定一个我们俩都能接受的还款计划吧。我深信这件事不会影响我们的感情。我知道欠人钱的滋味儿不好受，可不得已催朋友还钱的滋味儿也不好受。我们能把这事儿处理好。让我们努力找出一个解决办法吧，因为我们都不想争吵。

这个练习的重点在于“聆听”消解怒气的心声，训练你自己在真实的冲突或对抗中保持这种内心的独白。

第18天总结

★ 设想有一道看不见的“加道尔护盾”保护着你，可以帮你挡住他人的敌意。

★ 想象“你肩上的教练”一直在默念消解怒气的陈述。“聆听”你的这种内心独白，让你在潜在的对抗中保持冷静，以免你愤怒失控。

★ 学习潜在对抗各个阶段的“怒气下降”自我陈述，以便你能监测和控制你的愤怒和冲突。

★ 练习压力接种剧本：小声念或者默念“教练”的台词，大声念其他角色的台词。请注意反复的练习怎样给你“接种”，怎样减轻你的紧张和压力。

第 19 天

跟朋友一起解决问题，而不是替朋友解决问题

朋友和亲戚经常会带着他们的问题来找你，因为你一向是个爱帮忙的取悦者。他们之所以会这样做，主要是因为他们期望你会帮他们解决所有难题，处理所有危机。你过去的行为让他们产生了这样的期望。

作为一个康复的取悦者，你需要让他们知道，当他们再带着问题来找你时，你会做出跟过去不同但更健康的反应。

优先考虑你最想帮助的那些人

毫无疑问，你仍然可以选择帮助那些你最在乎的人，解决他们的问题。然而，你不可能去解决每一个人的问题。有些人只得靠他们自己了。

在大多数情况下，你最终决定在多大程度上帮助别人解决问题，这要具体情况具体分析。当然，在你生活中仍然有少数人，你几乎愿意尽一切努力帮助他们解决任何问题。

在你的日记里写下“我最想帮助的人”，然后在这个标题下列出那些人；这个名单应该非常短。如果你得用两只手才能数过来，那你在名单上列出的人就太多了。请记住，你的名单应该代表精挑细选的少数

人——那些在你的生活中最重要、最亲密的人。你希望把时间和精力留给这些人，以防他们确实需要你帮助他们应对危机或者其他重大的人生问题。

请记住，当你因为努力帮那些不在精选名单上的人解决问题而变得疲惫不堪时，你就潜在地削弱了帮助那些最亲近的人解决突发问题的能力。

精选名单上列出的那些人也重视你和关爱你。当他们看到你因为帮助太多的人而累得筋疲力尽时，他们可能就不太愿意来求助于你了，尽管他们才是你最想帮助的人，因为他们不想再增加你的负担。

当朋友请你帮他解决问题时

下一次再有朋友或家人带着问题来找你时，你需要用一个不同的剧本取代你惯常的反射性反应。当然，你以前的反应就是下意识地把他的负担接过来放在你身上。你以后的反应将是下面两种选择之一：

1. 说“不”。对他的感受表示理解和同情，但他的问题留给他自己去解决。祝他好运，并表示你相信他会搞定。如果朋友直接请求你帮助，你要做好说“不”的准备；

2. 拖延时间。认真考虑你愿意出多大力气帮助他解决问题。在先前的训练中，你已经知道了拖延时间的基本要素：

- 承认对方的苦恼，表示你的理解和同情；
- 不要做任何承诺，只说你需要时间考虑；
- 答应对方你会在相对较短的时间内再和他联系。你给出的日期或时间一定要尽可能具体。

对带着问题来的朋友说“不”

下面是两个怎样把解决问题的责任“物归原主”的例子。大声阅读这些例子，然后请再写出一两段这样的表述。

- “我真的很能理解你的烦恼。不过，我知道你肯定会找到解决办法。”
- “我很遗憾这事儿让你碰上了。我只能想象这让你感到多么不快。我真的希望你的一切能尽快好起来。”

如果你愿意，你可以根据自己的实际需要再多编写一些剧本。当你练习这些剧本时，不要道歉或者过多地解释你为什么不马上答应帮对方解决问题。你完全有权利把时间和精力留给自己，或者用来帮助精选名单上的那些人。

请记住，仅仅是倾听你就已经帮了对方。

用“拖延时间”对付带着问题来的朋友

当一个朋友或别的什么人带着问题来找你时，你可以用下面这样的答复拖延时间：

- “我理解你很烦恼，希望我能帮你解决这个问题。我需要些时间考虑一下，看看怎样才能最好地帮助你。我会在 [星期几 / 具体时间] 答复你。”
- “我知道这个问题让你感到非常难受。让我考虑一下怎样可以最好地帮助你。我需要检查一下我的时间安排。我会在 [星期几] 答复你。”
- “我能感觉到这肯定让你非常烦心。我知道你需要一些答案或者解决办法。让我先考虑一下，一两天后答复你。”

你还是可以编写更多拖延时间的剧本。如果你心里有具体的人或问题，那会很有帮助。

练习拖延时间的剧本，以便下次再有人让你帮忙而你想要先考虑一下时，你可以足够熟练地使用它们。

问题解决的 7 步模式

要帮助朋友解决问题，你能做得最有帮助的一件事就是提供一个合理、有效、结构化的方法。正如下面你将会看到的，你可以用这个模式来确定你想在多大程度上参与实际的问题解决过程。

下面是有效解决问题的 7 个步骤：

1. 把问题定义为有待做出的一个决定。
2. 集思广益找出所有可能的解决方案。
3. 在合理时限内收集相关信息。
4. 权衡各个可选方案的利弊。
5. 选择最佳方案（或者最可取的方案）。
6. 实施你的决定。
7. 评价解决方案的效果；把新的问题定义为有待做出的决定（返回第 1 步）。

决定帮忙到什么程度

你现在可以决定在多大程度上参与对方的问题解决。你有三种参与级别或程度可以选择，其中第三级或者说最大程度的参与一般应该仅限于你的精选名单上的那些人。即使是选择最大程度的参与，你的目标也是跟朋友或亲戚一起解决他们的问题，而不是替他们解决问题。下面是三种参与级别以及每种级别的实施方法：

第一级：你的朋友得靠他自己了。在这个最低参与级别上，你基本上画出了一条清晰的界线，告诉对方："这是你的问题。我可以表示理解和同情，但我不能帮你或替你解决问题。"在这一级别你应该采取下面的基本步骤：

- 重新联系你的朋友 / 亲戚 / 同事。
- 复述他的问题，表明你听得很仔细。
- 对他的感受表示理解和同情（比如，"我知道你很烦恼"）。
- 明确、坚决地表示你只能提供一些基本的问题解决建议，并且过几个星期会再打电话来询问事情进展如何。例如：

"或许，你应该去跟心理治疗师或心理咨询师谈谈，那会很有帮助。"

"集思广益，尽你所能地找出所有可能的解决方案，这应该是个好主意。在找出所有可能的方案之前，先不要评价什么好什么不好。请让我知道事情进展如何。"

"有时候我发现，把各个解决方案的利弊写下来会很有帮助——这能让我们做出客观的评价。等你找到了解决办法之后，打电话告诉我一声。"

第二级：跟朋友一起集思广益。在这里，你要跟朋友一起探讨问题，集思广益地寻找解决方案。除了解决问题的 7 步模式，你还应该给朋友鼓励。在这一级别你应该采取的基本步骤是：

- 重新联系对方。
- 教对方使用问题解决的 7 步模式。
- 表示愿意跟对方一起讨论问题，集思广益找出可能的解决方案。但是，要明确你的参与仅限于讨论和集思广益。

- 退出问题解决过程，把收集信息、评价可选方案、选定和实施方案的责任交还给对方。

第三级：跟朋友一起解决问题。跟对方一起参与问题解决的整个过程（这对你的孩子会特别有帮助）。请注意：这是级别非常高的参与，应该留给精选名单上那些特别亲密的人。然而即便是帮助他们，你要做的也不是接手解决问题或处理危机的责任。那是取悦行为，你再也不会那样做了。第三级参与的基本步骤是：

- 重新联系对方。
- 表示愿意跟对方一起协力完成解决问题的7个步骤。
- 表明你会参与整个过程，但解决问题的最终责任（以及功劳）是对方的，不是你的。
- 确定对方会承担最终选定解决方案的责任。
- 在解决方案的实施阶段，你的角色是支持者，而不是主导者。

第19天总结

★ 学习问题解决的7步方法。

★ 在你的日记里列出你最想帮助的那些人；这个名单应该非常短。

★ 练习拖延时间以确定你想帮忙到什么程度。

★ 练习三种参与级别的基本步骤。

★ 注意你的措辞、语气和声调，不能听起来像是你在为没能替对方解决问题感到抱歉或内疚。请记住，你的目标是从取悦症中康复，同时仍然愿意支持和帮助朋友或家人。

第 20 天

纠正错误的假定

当你已经成为了一个康复的取悦者时，别人会对你的行为有怎样的反应呢？今天你将学习检验你对他人反应的预测。

在过去，你一直倾向于认为如果你不取悦别人，或者不顺从他们的意愿，那么他们就几乎一定会生你的气、拒绝你、反对你或者抛弃你。而现在，你多半已经宽慰地得知，当你对别人说了“不”或者拒绝了他们的请求时，没有谁会做出激烈的反应或者不依不饶地逼你顺从；他们也不会因此反对你、抛弃你或拒绝你。

要相信你的家人和朋友。那些真的爱你和关心你的人会支持你的努力。只要你不重回取悦于人的老路，他们就会适应新的现实。面对改变的你，他们会克服所有暂时的不适应，而依然会真心地关爱你。

你要相信，从长远来看，治愈你的取悦症对每个人来说都是正确的选择。当你让别人看到你尊重自己时，他们只会更加尊重你。

为了克服你的恐惧，你需要有勇气检验你的预测。

随着时间的推移，当有越来越多的证据表明你的恐惧毫无根据时，你的忧虑就会逐渐减轻，最终彻底消失。

检验你的假定是否正确

检验你的预测。在你的个人日记中，把一个空白页分成三栏，左右两栏较宽，中间一栏可以很窄，只要写得下“是”或“否”就够了。

给这三栏分别加上标题：左边一栏是“我的预测”，中间一栏是“是 / 否”，右边一栏是“实际结果”。

从下面的列表中选出你下周肯定会做的一种行为：

1. 对别人的请求、要求、邀请或者帮忙等说“不”。

2. 分派一项工作、杂活或任务。

3. 请求帮助。

4. 要求某人别再打扰你，建议他改变行为。

5. 倾听某个人诉说他的问题，但不要提出建议，更不要答应帮他解决；你只要表示理解和同情，然后把解决问题的责任推回给对方。

6. 对某个人表达某种消极情感（比如愤怒、失望、指责、反对），并提出建设性的改变意见。

7. 按照你自己的条件对某个请求或要求提出折中方案。

这张列表代表着你在前面练习过的 7 种行为；在有些情况下，它们已经融入了你的生活。如果你尚未完成前几天布置的分派任务或说“不”的作业，那么现在就是你的机会。

这项练习的意图就是让你承诺要做一种设定界线或不取悦别人的行为，以便你能检验你对自身行为后果的预测。

当你从上面的列表中选定了一种行为之后，请把这种行为放在有具体对象的具体情境中。例如，假设你选定了“请求帮助”，那么你要给这种行为设计这样的情境：“我将请我丈夫帮我准备我的工作绩效考核。我需要他扮演我的上司，帮我演练要求加薪。”最后，你还要加上这样的预测："我认为我丈夫会感到很烦，不会花时间来管我的破事儿。如果我让他扮演我的上司，他会很不耐烦，会生气，而且多半会拒绝我。"

当然，下一步至关重要。你必须实施这种行为，看看会有什么结果，从而检验你的预测。

如果你的预测是准确的，就在中间一栏里写下"是"；如果你的预测是错误的，就写下"否"。在右边那栏里，写下实际发生了什么以及对方究竟说了什么、做了什么。

也有可能，你拿不准该怎样解释对方的情感反应。例如，你害怕（并因此预测）你丈夫会心烦，会生气。然而，当你实际请求他给予帮助时，他却同意扮演你的上司，乐意花一个小时帮你准备提出加薪要求。

很显然，你认为他会拒绝帮你的预测是错误的。但是，假设你仍然不知道他的情感反应。因为你害怕他会心烦生气，所以你在理解那些情感时可能会加进你对其行为的认知。

如果你不清楚对方的情感反应，你要问。在本例中，你可以借此机会感谢他，使他更乐意帮助你。与此同时，你可以让他描述一下他当时的感受。他确实心烦了、生气了吗？你可能会得知，恰恰相反，他很高兴你愿意听取他的建议，很高兴你让他能有机会以这样一种具体的方式帮助你。

继续检验你的预测。每次你划定了一条个人界限，或者以其他行为证明了你是一个康复的取悦者时，你都应该用日记记录下你的预测与实际结果。

这样做有两个目的：首先，预测检验练习有助于保持你对新习得的一系列康复行为的投入。因此，在检验你的预测时，你实际上会一次次地重复新的行为。

其次，这会以大量真实的证据证明，你的取悦观念是错误的，是对你自己不利的。你花了很多年的时间才形成了根深蒂固的取悦观念，而要想打破这些观念，让你明白你其实不必靠取悦去赢得和保留他人对你的喜爱和尊重，这也将需要反复的生活体验。你的预测检验日记可以帮你收集实际信息，证明你的消极预测其实是错误的。

用卡片来控制取悦倾向

现在你就快完成你的“21天行动计划”了。即使你完成了整个计划，你还是需要经常提醒自己控制你的取悦倾向。

教师会用卡片来教小孩记住基本的数字、文字、图形等，训练他们的机械记忆能力。可以说，你现在的取悦症康复进程，就像一个人的早期发育阶段。

像一个正在学习乘法表的小孩一样，你在学习做回自己、不再强迫性地迎合他人需求的新规则——也就是那些可以帮你记住怎样成为康复取悦者的词语。你必须反复练习这些新规则，把它们灌输到你的记忆中，使它们变成你的第二天性。

为了制作你的卡片，你需要准备一支记号笔和一堆3×5的索引卡片。你要制作的卡片是单面的——你不需要翻转卡片来给出答案。

下面列出了50组词语，你可以把它们抄到你的卡片上。对你来说，其中有些词语会特别有意义或者特别重要。然而，你最好制作一套完整的卡片，把这50组词语都包括在内。

写到卡片上的词语

1. 说“不”

2. 暂停

3. 分派任务
4. 不当好人也没关系
5. 我需要自己的认可
6. 时间
7. 设定界限
8. 怒气下降
9. 控制
10. 听从我的教练
11. 问题就是挑战
12. 自尊
13. 我的“加道尔护盾”
14. “7 步”法
15. 数到 10
16. 做出正确的选择
17. 灵活性
18. 我的生活我做主
19. 严禁“应该”
20. “破唱片”技巧
21. 放松
22. “三明治”技巧
23. 娱乐活动
24. 呼吸
25. 自我认可
26. 试金石
27. 精选名单
28. 自我保护
29. 逐步康复
30. 康复的取悦者
31. 假装我是康复的取悦者
32. 放松呼吸
33. 建设性冲突
34. 恰当的愤怒
35. 我的愤怒量表
36. 我的愤怒调定点
37. 阻断愤怒
38. 结束暂停
39. 停下来消解怒气
40. 我是什么人并不取决于我做了什么事
41. 照顾好我自己
42. 我不是不可或缺的
43. 改变的勇气
44. 喜欢我自己
45. 尊重我自己
46. 备选答复
47. 禁止内疚
48. 排练
49. 压力接种
50. 我有选择权

你可以随时增添你自己的卡片。你制作的卡片越个性化越好。你可以把任何一个词语做成卡片，只要它特别容易让你想起，你怎样把自己从强迫性的取悦者改造成了康复的取悦者，怎样重新掌控了你的生活。

温习卡片。在接下来的一个月到 6 个星期里，你每天至少要把卡片温习一遍；这会对你大有裨益。你可以随身带着这些卡片，随时抽空浏览几张。你也可以把它们放在床头柜上，每晚睡觉前温习一遍。

重要的是，你要让自己一直关注这些帮你改善了生活态度的关键概念。随着你作为一个康复取悦者的自我概念越来越牢固，你很可能会发现，某一天的事件让两三张特定的卡片变得尤为贴切，而换到另一天，另外一些特定的卡片可能会更突出。

如果你愿意，你可以制作多套卡片，以便你可以随时查阅。对这些促使你改变的重要概念保持高度关注，这是防止你故态复萌的最佳措施。

等这一个月到 6 个星期的时间过去之后，你可能会感到这些卡片上的词语已经灌输到了你的意识当中。尽管如此，你还是应该继续温习，每周至少两三遍。

强化训练：继续贯彻你的行动计划

重要的是，你要继续实施整个“21 天行动计划”指定的所有活动。要每周安排两三次强化训练，重复计划中对你帮助最大的那些练习和活动。

要尽可能有规律地从事你的娱乐活动和放松练习。从理想上来说，这些活动应该成为你日常作息的一部分。

到了现在，你应该很清楚哪些活动对你克服特定的坏习惯和弱点最有效。尽管你在行为上无疑会跟其他的取悦者有很多共同点，但你的取悦症也肯定会有你自己的特点。

你应该持续地下大力气克服那些最根深蒂固的取悦习惯。比方说，不要指望仅仅练习了一两遍，你就会自然而然地变得擅长分派任务或者对别人说“不”。持续的练习将有助于你把新习惯融入到你日常的生活方式当中。

请复习“21 天行动计划”每天末尾的总结。这些总结可以方便地提醒你每天的练习和目标。在今后几个月的强化训练中重复所有的练习，这会让你大大受益。

强化训练有助于巩固你习得的新技能以及你做出的重要改变。你越是强化你的新行为，你正确地对待自己以及他人的新方式就会变得越根深蒂固。

第 20 天总结

★ 在接下来的 7 天里，承诺做一件设定界线、请求帮助或者其他自我保护的具体行为，比如分派一项任务或杂活、对一个请求说“不”、表达一种消极情绪等从而检验你的预测。

★ 写下你打算做什么以及你相信对方会有怎样的反应。

★ 观察和收集你的体验信息。记录你的预测是否得到了证实，然后更详细地记录实际上发生了什么。

★ 用上面给出的 50 组词语制作一套卡片；这些词语是你从取悦症中康复的关键。你可以把任何词语做成新卡片，只要它们有助于巩固你作为一个康复取悦者的自我概念。

★ 在接下来的一个月到6个星期里，你每天至少要把卡片温习一遍；在那之后，你还是应该继续温习，至少每周两三遍。对你的自我改造保持高度关注，这是防止你故态复萌的最佳措施。

★ 复习“21天行动计划”每天末尾的总结。每周安排两三次强化训练，重复整个计划中对你帮助最大的那些练习和活动。

第 21 天

庆祝康复

借用一句老话，今天是你作为一个康复的取悦者重获新生的第一天。祝贺你！

你已经完成了这个计划，而且理应为此庆祝。翻开日历，选定一个月后的某个日子（别离今天太远），用于庆祝和奖励你的自我改造的成功。

为了庆祝你的康复，请安排一天让自己高兴一下。

尽情地享受美妙的一天。做让你感到放松和愉快的事，安排你最喜欢做的活动，花钱犒赏你自己，这些都是你应得的！

不管你决定做什么，你的庆祝日都要体现你所发生的变化以及你对康复的重视。请记住，你对自己的认可是你获得的最重要的肯定。

衡量你的变化

再做一遍第 1 章的“你有‘好人情结’吗？”测验，并把这一次的得分跟第一次的得分比较。请注意你的行为、思维和情感（取悦症三角形的三条边）发生了怎样的变化。

当然，你很可能还有进一步改善的空间。这是令人兴奋的消息，因为你现在已经知道，把问题当作挑战，利用有效的策略来实现自我改善和个人成长，这会极大地增强你的自信心。正如实业家亨利·凯泽（Henry Kaiser）曾经说过，“我永远把问题看成是穿着工作服的机会”。

建立互助小组

对于你的康复而言，另一个重要、强大的支持来源就是其他人。跟你的朋友和同事聊聊，听听他们对取悦症有哪些切身体验。

俗话说，惺惺相惜，如果你知道有人仍然饱受取悦症的困扰，那么你可能希望为他们的改变提供支持。反过来，他们也可以成为你的支援团。

那些真的在乎你的人会渴望帮助你过上更健康、更快乐的生活。你要告诉他们怎样才能支持和帮助你。要坦率地请求他们给予帮助。这些行动恰恰可以证明，你已经从取悦症中康复了。

每当参与“12 步计划”的人感到自己容易旧病复发时，他们都会给互助小组的成员打电话。你要跟一个朋友或家人（最好也是康复的取悦者）达成协定，这样一旦你发现自己正在重拾以前的取悦习惯，你就可以找他聊聊。

如果有可能，你会发现定期跟互助小组聚会非常有好处。你们的聚会一定要方便、愉快。例如，很多人都方便参加每个月一次的午餐聚会。或者，你们可以轮流在组员的家里举行气氛轻松的聚会，每个月一次。

跟一群同病相怜、惺惺相惜的人结成互助小组，这非常有助于你巩固改善成果。

访问网站 www.diseasetoplease.com

在互联网时代，互助小组的概念具有了一个全新的维度。www.diseasetoplease.com 这个网站能让你进入众多取悦者的世界，跟他们相互支持。

通过这个网站，你还可以为那些仍受取悦症困扰的人提供支持。通过分享你的知识和经验，你将大大地增强和扩展你的康复所产生的影响。

这个网站还可以提供忠告、问答、额外的自助活动和练习、应对取悦挑战的具体建议以及其他的有用信息，支持和帮助你保持康复。我希望你会积极地访问这个网站并做出贡献。

万一旧态复萌了再打开：一封写给自己的信

现在请坐下来给自己写封信，留着等你感到自己正重拾旧习惯时打开念一念。

即使倒退了也不必惊慌。在接触这个计划之前，你几乎一直是个坚定的、难以自拔的取悦者。不要陷入完美主义的、于己不利的思维。你不需要为了康复而追求完美。

如果你刚刚改变了构成取悦症三角形的某些基本的思维、情感和行为，那么你就正在走向永久康复。在这一路上，你可能会发现自己走了回头路，又在本想说“不”的时候说了“行”，或者又再为某个组织、家人或朋友做太多事情。

毕竟，慷慨和付出是你的天性，而且这是好事。但是，你必须坚守刚刚划定的界线。在康复的头几个月里发生的倒退，不会变成势不可挡的复发，除非你任由这种情况发生。

密切注意和监控你的思维、情感和行为，这意味着你会察觉到退步的发生。当退步发生时，不要犯错误，不要苛刻地贬低、否定和批判你自己。

相反，请打开你正在写的这封信。这封信的语气应该温和而又坚定。在这封信中，你应该让自己回想起取悦症曾经让你的人生变得多么失控、多么沉重。

要用一些事例来说明你对自己的苛求已经变得多么过分。你可以查阅第一次接受“你是否患有取悦症？”测验时给出的回答。要描述强迫性取悦行为的消极影响。要提醒你自己，当好人未必能让你免遭他人不友好的对待，还会让消极对待变得更加难以理解和毫无来由。相信好人永远会得到公平对待，这只能让你陷入自责、内疚和沮丧。

现在，给自己留下一段信息，在你退步时让你醒悟。你不想重蹈消极的、于己不利的取悦模式，不想再承受取悦症所造成的内疚和无能感，不想让自己的努力前功尽弃。

你已经认识到了认可自己的重要性。而且，经过一番努力，你已不再对他人的认可上瘾，也不再强求每个人都喜欢你。你要在这封信中写明，你正在靠自己的力量保持这些来之不易的胜利。要提醒你自己，克服取悦症是靠每天前进一小步才实现的，大变化乃至完全的转变仅仅是小步骤的积累。

如果你退步了，你只需要注意，然后重新致力于康复，并在取悦挑战再次挡住你的去路时做出正确的选择。忽视错误或者再犯同样的错误，这才是真正的错误。你要在信中告诉自己，你可以从错误中学习。

要告诉自己回去温习卡片和强化训练。如果你退步了，那仅仅意味着你需要更加小心，以防重蹈过去那种让你感到不快乐、不安全、不自信、筋疲力尽的生活方式。

要在信中提醒自己访问我们的网站，利用网站上提供的信息、练习、提示以及忠告。如果你愿意，你可以把你的这封信跟互助小组或者其他访问者分享。

通过分享你的故事以及你克服取悦症的经验，你可以在照顾好自己的同时，继续有意义地帮助别人。

第 21 天总结

★ 庆祝你的康复！

★ 留出一天时间来高兴一下，犒赏自己，尽情享受成功的快乐。

★ 跟其他已康复或正康复的取悦者建立互助小组，交流彼此的故事和经验，相互帮助，相互支持。

★ 经常访问 www.diseasetoplease.com，保持和巩固你的康复。

★ 写好这封信，以备你退步时打开念念。不要追求完美。你很可能会退步，会重拾某种取悦行为。要注意你的退步，要从错误中学习，要重新致力于改变取悦症三角形的任何一条边，然后你就会重新回到正确的轨道。

后　　记

一些最后的感想

尽管你已经来到了本书的结尾，但我相信这将是你全新的生活方式的起点。在这种新的生活方式中，你会对自己、对你跟他人的关系感到更满意。你已经变成了一个康复的取悦者，对自己的生活有了更多的掌控，也更深刻地意识到了自己的改变能力。

现在你知道该怎样确定自身的问题，该怎样遵循系统的策略来抛弃坏习惯，用更好的新习惯取而代之。如果你已经改变了自己长期的取悦症，那你就能重新掌控你的行为、外表、健康习惯、人际关系、思维或情感的几乎任何方面。

当你翻开这本书之后，我领着你学习了上篇的三个部分以及下篇的“21 天行动计划”。如果你没有这样做，那么你现在就该回过头去读完跳过的部分，这会让每一个取悦者都大受裨益；你当然也不应该让自己吃亏。

感受而不仅仅是阅读个人改变的过程，这会增强你的力量和信心。我要赞扬你，因为你显示出了克服取悦症所必需的承诺、纪律和勇气。而且，我要鼓励你珍视和保护你重新赢得的尊重，尤其是愿意看到你获得重蹈取悦习惯的那些人的尊重。

你现在的意图是照顾好自己的同时，有选择地响应他人的需求；你要实践和关注你的新意图，要用正确的选择取代强迫性的取悦习惯。

注　释

第2章

1. For more on cognitive therapy and cognitive-behavior therapy, see A.T.Beck, *Cognitive Therapy and the Emotional Disorders* (New York: International Universities Press, 1976); D.Burns, Feeling *Good: The New Mood Therapy* (New York: Avon Press, 1992); and D.Burns, *The Feeling Good Handbook* (New York: Plume Press, 1990).
2. See K.Horney, *The Neurotic Personality of Our Time* (New York: Norton, 1993).
3. See A.Ellis, *Reason and Emotion in Psychotherapy* (New York: Birch Lane Press, 1994) and A.Ellis and S.Blau (eds.), *The Albert Ellis Reader: A Guide to Weel-Being Using Rational-Emotive Behavior Therapy* (New Jersey: Citadel Press, 1998).
4. A.Ellis, *Keynote speech* (Los Angeles County Psychological Association, Annual Convention, Anaheim, California, 1999).

第3章

5. H.Selye, *The Stress of Life* (New York: McGraw-Hill, 1978) and H.Selye, Personal interview, *Psychology Today*11 (10) (March

1978): 60-70.

6. H.Braiker, ***Lethal Lovers and Poisonous People*** (New York: Pocketbooks, Hardcover, 1991).

第 11 章

7. D.Burns, ***Therapist's Toolkit*** (Los Altos Hills: Burns (self-published), 1997 upgrade).

第 12 章

8. M.T.Friedman and R.Rosenman, ***Type A Behavior and Your Heart*** (New York: Knopf, 1974).

第 14 章

9. For a more detailed examination of the three-tiered conflict model, see H.Braiker and H.Kelley, "Conflict in the Development of Close Relationships," in ***Social Exchange in Developing Relationships*** ed.R.L.Burgess and T.E.Huston (New York: Academic Press, 1979).

思考力丛书

学会提问（原书第12版·百万纪念珍藏版）

- 批判性思维入门经典，真正授人以渔的智慧之书
- 互联网时代，培养独立思考和去伪存真能力的底层逻辑
- 国际公认21世纪人才必备的核心素养，应对未来不确定性的基本能力

逻辑思维简易入门（原书第2版）

- 简明、易懂、有趣的逻辑思维入门读物
- 全面分析日常生活中常见的逻辑谬误

专注力：化繁为简的惊人力量（原书第2版）

- 分心时代重要而稀缺的能力
  就是跳出忙碌却茫然的生活
  专注地迈向实现价值的目标

学会据理力争：自信得体地表达主张，为自己争取更多

- 当我们身处充满压力焦虑、委屈自己、紧张的人际关系之中，
  甚至自己的合法权益受到蔑视和侵犯时，
  在“战和逃”之间，
  我们有一种更为积极和明智的选择——据理力争。

学会说不：成为一个坚定果敢的人（原书第2版）

- 说不不需要任何理由！
  坚定果敢拒绝他人的关键在于，
  以一种自信而直接的方式让别人知道你想要什么、不想要什么。